国家出版基金项目
“十三五”国家重点出版物出版规划项目
安徽省文化强省建设专项资金项目

十日谈续编

Итальянская новелла Возрождения

［意］乔凡尼·薄伽丘等◎著
冀 刚 力 冈◎译

安徽师范大学出版社
·芜湖·

图书在版编目(CIP)数据

十日谈续编 / (意) 乔凡尼·薄伽丘等著; 冀刚, 力冈译. — 芜湖: 安徽师范大学出版社, 2018.1

(力冈译文全集;10)

ISBN 978-7-5676-3275-2

Ⅰ.①十… Ⅱ.①乔… ②冀… ③力… Ⅲ.①短篇小说-小说集-意大利-中世纪 Ⅳ.①I546.43

中国版本图书馆CIP数据核字(2017)第259005号

十日谈续编 [意]乔凡尼·薄伽丘等◎著 冀 刚 力 冈◎译

SHIRITAN XUBIAN

责任编辑:孙新文 崔龙健

装帧设计:刘 畅 桑国磊

出版发行:安徽师范大学出版社

芜湖市九华南路189号安徽师范大学花津校区

网 址:http://www.ahnupress.com/

发 行 部:0553-3883578 5910327 5910310(传真)

印 刷:浙江新华数码印务有限公司

版 次:2018年1月第1版

印 次:2018年1月第1次印刷

规 格:880 mm×1230 mm 1/32

印 张:10.75

字 数:254千字

书 号:ISBN 978-7-5676-3275-2

定 价:68.00元

力冈先生文学翻译的历史意义

——序《力冈译文全集》

刘文飞
中国俄罗斯文学研究会会长

在力冈先生诞辰91周年的今天，在力冈先生去世20年后的当下，在洋洋19卷23册的《力冈译文全集》面世的此刻，我们终于可以试着归纳一下他的文学翻译所具有的历史意义了。

一

力冈先生的文学翻译苦行僧形象是具有典型意义和感召力量的，这是中国老一辈俄苏文学翻译家留下的一个苍凉背影，也是他们为自己建起的一座“非人工的纪念碑”。翻译是一项苦差事，是需要坐冷板凳的，是一项付出和回报往往不成正比的工作，是一种注定要与孤独和寂寞为伴的工作。文学翻译至少需要出色地掌握两种语言，而好的外语或许能让人找到另外一种更为轻松、更有利可图的工作，好的翻译家若用其母语来进行创作，大约自己也能写出像样的文学作品来。可是，文学翻译似乎像电子游戏、像吸食鸦片一样是一种能让人上瘾的事情，一旦上手，一旦品味到其中的甘苦，往往便欲罢不能。始自玄奘的翻译姿态和翻译精神，似乎成了中国一代又一代译者的宿命，即专注和吃苦，苦修和执着。

力冈先生1926年生于山东乡间，自幼失去母亲，生活贫苦，到他上中学时，家乡被日寇占领，他流亡河南、甘肃、陕西等地。1950年，他考入哈尔滨外国语专门学校俄语专业，毕业后志愿来到安徽师范大学任教，不久就开始了文学翻译工作，陆续在报刊上发表一些短篇译作，至1956年，他的单行本译作《里雅希柯小说集》已由上海新文艺出版社推出。然而次年，他便在反右运动中蒙冤，被开除公职，押往新生耐火材料厂劳教。1960年7月，他因“劳动表现突出”被摘掉右派帽子，重返学校，他在教学之余立即重拾译笔，在短短数月间便译出苏联作家艾特马托夫的中篇小说《查密莉雅》，这篇译作在《世界文学》杂志1961年第10期刊出，引起轰动，“力冈”这一译家大名从此进入人们的视野。就在力冈先生准备大展宏图、施展拳脚的时候，“文化大革命”却突如其来，1968年，他再度被逐出校园，下放至宣城地区新田公社劳动改造，直到“文革”结束后的1978年方得以重返讲台，此时他已过天命之年，用他自己的话说就是：“噩梦醒来，已是人生的黄昏。”文学翻译需要天赋，但也是一种力气活，在对于一位翻译家而言的黄金时期，即30—50岁，力冈先生却两度蒙冤，两度再拾译笔，重新开始，这需要何等的勇气和坚韧！他两落三起的翻译经历，几乎就是20世纪五六十年代中国的俄苏文学翻译家们跌宕起伏的人生经历的缩影，就是那一时代中国知识分子命运的象征。令人惊讶的是，重返译坛的力冈先生以超乎常人的工作激情和翻译速度，在1978年后的20年间陆续出版20余部译著，平均每年一部，总字数达700余万。在20世纪80年代，最初几部译著的出版使力冈先生挣到了以当时标准看相当不菲的稿酬，甚至成为所谓“万元户”，但他似乎无暇也无意去享受自己的劳动成果，依然粗茶淡饭，素衣裹身，与此同时却以更大的热情继续译事，终日伏案，不懈地爬格子。1997年2月，力冈先生因肝癌病在芜湖弋矶山医院逝世，据家人说，他在生命的最后时刻仍在念叨着未译完的最后一部译作《罪与罚》。我们或许可以说，他是被文学翻译累死的；我们肯定可以说，文学翻译是他最为看重的毕生事业。

力冈先生少年时四处漂泊，中年时命运多舛，老年时病魔缠身，他的一生似乎都不是给最需要安宁和平静的翻译家所准备的；力冈先生的职业是教师，他偏居小城，又不善交际，这些似乎都不构成他迅速成长为一位全国著名翻译家的前提条件。但是，正如吴笛教授在他纪念力冈先生的文章中所言：“他的一生就是用出人意料的成就表现了悲怆的境界。面对种种意想不到的遭遇和不公，他并没有沉沦，也没有片面地记恨，而是在艰难的岁月中怀着对人性的憧憬，将厄运升华为创作的动力，在逆境中不忘呼唤人性和仁爱，将种种遭遇视为生命中的财富，在悲怆的境界中抒写诗意人生，毫不气馁地追求生命的意义，在自己所献身的俄罗斯文学翻译事业中，做出了杰出的贡献。”

普希金说过：“译者是文明的驿马。”笔者曾对此说法加以引申：“如果说广义的译者是文明的驿马，那么专事文学翻译的人士便是‘文学的驿马’了。凑巧的是，在汉语中，译者的‘译’和驿马的‘驿’不仅同音，而且在词源、词形和词义上也很相近，区别似乎仅在于后者为‘马儿’而前者是‘文人’（言者）。……用在驿站间往复奔波的马儿来形容译者，每个有过译事经验的人大约都能在这个比喻中品味出某种艰苦和辛酸，甚至是束缚和无奈。……既要有出众的能力还要有忍辱负重的秉性，日复一日的奔波只能换得微薄的粮草，还得时刻提防路途中遍布的坑洼和沼泽，能善此业者非驿马莫属也。”力冈先生就是这样一匹忍辱负重、砥砺前行的“文学的驿马”。力冈先生以他的作为告诉我们，文学翻译是一项可以托付终生的事业，是一种富有意义的存在方式；力冈先生及其文学翻译活动是一种燃烧生命的举动，一个与命运抗争的典范，同时是他的翻译意志奏出的一曲凯歌。

二

力冈先生是在中国改革开放的热潮中展开他最积极的翻译活动的，他的大部分译作出版于20世纪80年代。浏览一下力冈先生的译作书目，可以发现出版于80年代的译著有十余部之多，计有格鲁兹杰夫的《高尔基传》（与济凯合译，江西人民出版社1980年版）、冈察尔的《爱的归宿》（安徽人民出版社1983年版）、巴巴耶夫斯基的《野茫茫》（浙江文艺出版社1983年版）、艾特马托夫的《白轮船》（外国文学出版社1984年版）、阿列克谢耶夫的《儿时伙伴》（山东文艺出版社1984年版）、波利亚科夫的《别林斯基传》（黑龙江人民出版社1985年版）、普希金的《暴风雪》（春风文艺出版社1985年版）、肖洛霍夫的《静静的顿河》（漓江出版社1986年版）、帕斯捷尔纳克的《日瓦戈医生》（与冀刚合译，漓江出版社1986年版）、帕斯捷尔纳克的《含泪的圆舞曲——帕斯捷尔纳克诗选》(与吴笛合译,浙江文艺出版社1988年版)、卡里姆的《悠悠儿时情》(安徽文艺出版社1989年版)和格罗斯曼的《风雨人生》(漓江出版社1991年版)等。从这个目录还可以看出,力冈这一时期的译作总体上以苏联当代文学作品为主要翻译对象。

20世纪80年代是中国当代史上的一个特殊时期,那是一个文化转型期,甚至可以说是中国现当代的一场文艺复兴,是一个文化觉醒的黄金时期。在那场汹涌壮阔的思想解放运动中,在整个改革开放后中国当代文化的建构过程中,对外国文学和外国文化的翻译和介绍起到了无可替代的重要作用,中国当今的现代化,从某种意义上说就是一种"被翻译过来的现代化"。那是一个文学的时代,也是一个翻译文学的时代;那是一个开放的时代,更是一个对外国优秀文学和文化开放的时代,在精神上饥寒交迫的国人首度面对外国文学的盛宴,饕餮之余,最应该感谢的就是那一时代的翻译家。在中国改革开放后出现的外国文学翻译热潮中,俄苏文学也是重要的译介对象之一,力冈先生的译著也和其他众多翻译作品一样,是对改革事业的添砖加瓦,是为思想解放运动注入的燃料,对当时中国社会的文化重建、国民文化性格的重塑起到了重要作用。

中国的俄国文学翻译始自19世纪末,在五四时期出现第一个高潮,如今人们在探讨五四运动的起因时,常将俄国的文学与德国的马克思主义和法国的启蒙思想并列为三大思想资源,由此不难看出俄国文学在当时中国社会所发挥的强大思想作用。后来,在抗日战争时期,在新中国成立之后的50—60年代,俄苏文学再度发挥“军火”和“样板”功能，而在改革开放时期，包括俄苏文学在内的外国文学，又一次成为国人解放思想、放眼世界的意识形态工具和思想武器。如果说，鲁迅那一代翻译家是“给起义的奴隶偷运军火”的人，那么，改革开放时期的这一代中国翻译家同样是为国人“盗火”的普罗米修斯，功莫大焉，没有包括力冈先生在内的这一代翻译家的辛勤工作，国人的思想解放就是难以想象的。如果我们把出生在19、20世纪之交的翻译家如鲁迅、瞿秋白、蒋光慈、茅盾、巴金、耿济之等视为中国第一代俄国文学翻译家，那么20世纪第一个十年前后出生的姜椿芳、曹靖华、戈宝权、查良铮、汝龙、满涛、叶水夫等就是第二代，而力冈以及去年去世的草婴和刚刚去世的高莽等人则构成中国的俄国文学翻译家的第三代方阵，这一代翻译家同样以自己的辛勤努力为中国的思想启蒙和文化构建做出了历史性的贡献。

中国第三代俄国文学翻译家的工作也对当代中国文学的发展进程产生了深远影响。在20世纪80年代初起，俄苏文学在中国的译介出现一个“井喷”现象，十余年间，全国近百家出版社先后出版的俄苏文学作品多达近万种，在译作的种类和印数上，可能要高出此前所有同类出版物的总和。在这样一种铺天盖地的外国文学译介热潮中，受益的不仅仅是中国的读者，自然也包括中国的作家。王蒙在他的《青春祭》(作家出版社2006年版)一书中写道：“我们这一代中国作家中的许多人，特别是我自己，从不讳言苏联文学的影响。是爱伦堡的《谈谈作家的工作》在50年代初期诱引我走上写作之途。是安东诺夫的《第一个职务》与纳吉宾的《冬天的橡树》照耀着我的短篇小说创作。是法捷耶夫的《青年近卫军》帮助我去挖掘新生活带来的新的精神世界之美。在张洁、蒋子龙、李国文、从维熙、茹志鹃、张贤亮、杜鹏程、王汶石直到铁凝和张承志的作品中,都不难看到苏联文学的影响。张贤亮的《肖尔布拉克》、张承志的《黑骏马》以及蒋子龙的某些小说都曾被人具体地指认出苏联的某部对应的文学作品;这里,与其说是作者一定受到了某部作品的直接启发,不如说是整个苏联文学的思路与情调、氛围的强大影响力在我们的身上屡屡开花结果。”这里提到的张承志,就对力冈先生的译作赞不绝口,曾感慨:“我恨不得倒背如流!”由此不难窥见力冈先生的译作对改革开放时期中国作家产生的影响。

三

1984年,漓江出版社推出力冈先生重译的《静静的顿河》,这是新时期名著重译的第一部,而自90年代起,力冈先生更将名著重译当成首要任务,相继重译了多部俄国文学经典,如托尔斯泰的《复活》(译林出版社1992年版)和《安娜·卡列尼娜》(浙江文艺出版社1992年版)、屠格涅夫的《猎人笔记》(河北教育出版社1994年版)、莱蒙托夫的《当代英雄》(河北教育出版社1994年版)等,他作为翻译家的最后一项工作,就是重译陀思妥耶夫斯基的《罪与罚》。力冈先生是俄国文学经典著作重译的倡导者和先行者之一,他几乎将他翻译艺术炉火纯青的最后十年都用在了名著重译上。

文学名著重译始终是译界的一个有趣话题。中外文学史上的名作原著，无论出现在什么时代，一代又一代读者捧读的均为同一个文本，而文学名著的译本，即便是著名的译本，却常常会随着时间的推移而“衰老”，会被所谓“新译”所取代。日本著名斯拉夫学者、契诃夫的日译者沼野充义有一次曾对笔者说，被译成日语的契诃夫作品每20—25年便要新译一次，以适应新一代的读者。他的话让笔者大吃一惊，可转而一想，外国文学作品的汉译其实也有着大致相同的命运，尽管其存活期未必一定就是20—25年。汉语文学中的原创名著，如唐诗宋词元曲，如《三国演义》《水浒》《西游记》《红楼梦》，自然在任何时代都不需要也不允许做任何文字加工，可汉语文学中的翻译名著，即便是近现代翻译大家们的著名译作，如严复译的《天演论》、林纾和魏易译的《黑奴吁天录》、鲁迅译的《死魂灵》等，如今也会让人觉得不无“过时”之感，至少会让当下的读者阅读不畅。也就是说，文学名著是永恒的，不朽的，它们的译作却是相对短命的。笔者曾在一篇文章中对名著重译现象作过一番思考：首先，从读者方面看，读者为什么会在面对原作和译著时持有不同的阅读态度呢？他们对于原作和译作这种不同的阅读取舍究竟源自何种阅读心理呢？这种厚此薄彼的取向究竟是先天的还是后天的，是产生在翻译活动出现之后还是之前，这种倾向与文学名著重译这两者之间究竟存在着什么样的互动关系呢？其次，从译者的角度看，在进行重译和新译时究竟该如何面对已有的译作，尤其是已有的优秀译作，是刻意回避，还是尽量汲取原有译作的经验和精髓呢？如果对原有译作尤其是名译作的经验和精髓有所汲取，又该如何避免抄袭的嫌疑和版权的纠纷呢？如果对前辈翻译家宝贵的翻译经验视而不见，每位新译者均另起炉灶，真的能做到青出于蓝吗？如果新译在翻译质量上无法与旧译比肩，甚至不如旧译，那么重译的意义和价值又何在呢？最后，从翻译实践活动自身来看，用16、17世纪的汉语去翻译莎士比亚当然是可笑的，但是，用21世纪的汉语网络语言去翻译莎士比亚就一定具有历史的必然性和合理性吗？不断地重译、新译，会在多大程度上减少或抹去原作的时代感和历史感，把每一部新译作都作为当下的作品来读，是不是一种最大程度的误读呢？

力冈先生在进行文学名著的重译时，不知是否也曾遭遇此类问题，但他在晚年义无反顾地执着于重译，一定是一种有意识的抉择。我们猜度，他在他翻译事业的黄金时段做出这一重大转向，可能有如下几种原因：首先，他觉得在他之前的译本还有继续加工的余地，还有再度提升的空间。力冈先生重译的这几部俄国文学名著在他之前早已有过出自名家的名译，它们是不止一代中国读者捧读的对象，但力冈先生却不畏权威，另辟蹊径，公开与多位前辈翻译大家打擂台，这或许是力冈先生个人性格的一种显现，但他敢于“叫板”，无疑因为他自信他可以比之前的译著译得更好，或至少能译出他自己与众不同的特色。其次，在译出十多本书后，作为一名富有经验的翻译家，力冈先生大约也会产生出如何超越自己的问题，重译名著，既可以与前辈译家一较高低，同时也能时刻与俄国文学史上的名著及其作者进行跨越时空的深度交流，这无疑是一种更富有挑战也更富有趣味的工作。最后，名著之所以成为名著，就因为它们往往具有更为完满的艺术价值和更为恒久的艺术生命，翻译这样的作品，无疑更能呼应社会的阅读需求，赢得更大的社会意义。

力冈先生晚年重译的多部名著如今仍在一次又一次地再版，这说明力冈重译的俄国文学经典具有长久的生命力，也说明他当年重译名著的抉择是正确的。一位翻译家，只要他的译作还能出版，还能被人阅读，这位翻译家就还活着，好的译作就是译者的生命之延续。从更为广泛的意义上说，力冈先生是我国改革开放之后名著重译之风的倡导者之一，而名著重译，对于深化我们对外国文学经典的理解和认识、对于发展我们的翻译实践和理论而言，都是极具历史意义的。

四

力冈先生是一位翻译家，也是一位大学老师，教书育人是他的本业。作为恢复高考后步入安徽师大外语系俄语专业的20名学生之一，笔者有幸受教于王老师（力冈本名王桂荣，我们当时都称他“王老师”）。记得先生1978年从插队的宣城乡村回到安徽师大后，不久就开始给我们授课，他教的是“文学选读课”。先生是一个颇为“另类”的老师：他上课不用现成的教材，没有固定的教案，就以他当时正在进行的翻译工作为授课内容；他在教室里不来回走动，几乎不做板书，仅端坐讲台，摊开那本他正在翻译的原著，一旁摆着一摞他最新出炉的译稿，按部就班、一句一句对照着讲下去。对文学没有兴趣、对文学翻译没有兴趣的学生，听这样的课或许会感到无味，当时王老师课的课堂气氛也的确有些沉闷单调，但王老师并不在意，只管自顾自地讲下去，他会讲他为什么要这样译，讲到兴奋处，他会突然提高嗓门，用带有山东腔的口音高声朗读他最得意的译文段落，读完后，他会抬起眼睛，久久地盯着天花板，似在掩饰眼里涌出的泪水。记得是在讲解《当代英雄》时，他时时指出其他译者，甚至是非常著名的翻译家的错误，并向我们分析这些错误之所以出现的可能的原因，他也时常让我们在他的译文中“挑错”或为他的译文“润色”，如果我们偶有所得，他往往显得比我们还要高兴。与王老师的文学选读课构成呼应的，是我们在大三时学的翻译课，翻译课教师张本桂先生常常给我们一些原文片段，让我们动手翻译，并在下一次翻译课上让译文出色的同学朗诵其译文，并对他认为好的译文再逐字推敲。正是在力冈先生以及张本桂先生和其他老师的精心培养下，安徽师大俄语专业涌现出一大批俄罗斯语言文学专业的人才，其中多位如今已成为国内知名的翻译家，有译著面世的人更多达十余位，如吴笛、张杰、周启超、吴嘉佑、冯华英、朱少华、陈建硕和刘文飞等。名不见经传的安徽师大俄语专业，在短短二三十年间居然成为中国的俄语文学翻译家的摇篮，王老师在天之灵也会因此而深感欣慰！

我们这个俄国文学译者群体的崛起，在很大程度上要归功于力冈先生及其同事们的言传身教。首先，他在课堂上逐字逐句的中俄文对照讲解，他关于译者甘苦的诉说，对于有志于文学翻译的学生而言弥足珍贵，这其实就是一个文学翻译的工作坊和实验室，让我们当年在初步掌握俄语后不久便接触到了俄语翻译的真谛，亲眼目睹了一位翻译家的工作过程和工作方式。其次，他既与我们分享他的翻译过程，也与我们分享他的翻译收获，记得我们在校时，他和济凯先生合译的《高尔基传》已经出版（江西人民出版社1980年版），他送给全班同学每人一本译著，并用规整的笔迹在扉页上题字签名，不难想象，我们接到这样的馈赠时会多么激动，同时也会觉得译书和出书不再是一件遥不可及的事情。最后，他以他的翻译行为和翻译意志告诉我们大家，庙小并不妨碍念经，更不妨碍修身。他在翻译课上不畏权威，真诚地点出翻译名家们的长处和短处，让我们较早地感受到某种翻译民主精神，并从而确立自己的翻译人格。在他之前的大翻译家往往都生活和工作在大城市，而他在成名后却安居小城，潜心译事，他的存在方式构成一种垂范和激励，使我们很早就意识到，一位翻译家原本可以在任何环境里成长和工作。力冈先生作为一位翻译家的作为和风骨，为他的学生们树立起一个光辉的榜样。

五

力冈的文学翻译有着其鲜明独特的文字风格。译者作为一部作品中的“被动创作者”，究竟应不应该体现其风格，这也是翻译学中一个争论已久的问题，一个见仁见智的问题，有人认为，译者的责任就在于原封不动地传导原作的风格，而不能擅自发挥，喧宾夺主。但是，译作毕竟是由译者用另一种语言进行的文学再创作，译者个人的修辞习惯和语言风格不可避免地会在其译作中得到体现，也就是说，所谓“译者风格”实际上是难以避免的。在这种情况下，如何让译者的风格与作者的风格相互接近、相互吻合，往往就成了决定译作成败的关键因素之一。译者无法在作品的风格范畴里肆意妄为，但译者毕竟有权利选择与自己相近的原著，或者说，选择自己较容易处理的翻译对象，或者说，在一部作品的翻译过程中更注重在自己的风格较易发挥的地方施展拳脚。原作风格和译者风格的吻合虽是一个可遇不可求的事情，但一旦相遇，便是译者的幸事，也是原作者的幸事，更是读者的幸事。

在力冈先生的译著中，较之于人物对话和心理描写，大段落的抒情和大场面的写景似乎得到了译者更为精心的处置，他往往能借助这些段落营造出一种悲凉壮阔、哀婉抒情的氛围，更确切地说，他往往能细腻精准地传导出原作中的此种氛围。力冈先生钟情于这样的段落，钟情于这种文学氛围的营造和传导，无疑与他饱经沧桑的生活经历相关，也是他既刚正不阿又侠骨柔情的性格使然，更是他的审美趣味和文字风格的要求。他的几部译著在书名翻译上的处理，就在一定程度上体现了他的这一追求。巴巴耶夫斯基的小说原名 ***Приволье***，这是一个很“地道”的俄语单词，意为“广阔的地方”“无拘无束”等，力冈成功地将其译成《野茫茫》，这个译名既契合小说描写苏联斯塔夫罗波尔草原地区生活的主题，也暗含着我国著名的北朝民歌《敕勒歌》所具有的苍茫壮阔的抒情力量。卡里姆的小说原题 ***Долгое-долгое детство***，力冈先生最初发表在《世界文学》上的译文题为《漫长漫长的童年》，后来出版单行本时，他将书名改为《悠悠儿时情》，

“漫长漫长的”和“悠悠”这两种均使用了叠词的译法都是对原文题目中的修辞手法和诗意情绪的准确再现，但“悠悠”较之“漫长漫长的”似乎更符合中文习惯，再加上之后的“儿时情”，无疑更有抒情味。冈察尔的小说 *Берег любви* 通常被译为《爱的彼岸》或《爱之岸》，力冈先生却译为《爱的归宿》，译者似乎也是在有意地“拓展”作为小说描写对象的爱情的辐射范围。力冈最重要的译作之一《生活与命运》最初的译名是《风雨人生》，力冈是在20世纪80年代末结束此书的翻译的，想必他在译完这部作品时，回顾自己和社会遭遇的种种磨难，不禁百感交集，故将格罗斯曼的原书名 *Жизни и судьба* 译成《风雨人生》。需要说明的是，在广西师范大学出版社不久前再版力冈先生的这部译著时，笔者建议将译著的书名改为《生活与命运》，因为这部小说如今已与托尔斯泰的《战争与和平》并列，而作者格罗斯曼在为这部小说取名时也的确是对托尔斯泰那部史诗的有意模仿，“生活与命运”和“战争与和平”，都是对人类生活最高程度的归纳和概括。

我们或许可以将力冈先生的文学翻译风格概括为“大气的诗意”或“壮阔的悲凉”，即一种融悲剧与抒情于一炉、广阔的画面感与内在的节奏感相互呼应、一气呵成的连贯调性和力透纸背的史诗感相映成趣的译文风格。在他精心翻译的《静静的顿河》和《日瓦戈医生》等巨著中，他的译笔很好地传达出了原著中原本就饱含的由抒情性、悲剧性和史诗性抱合而成的小说整体氛围，而在《生活与命运》的翻译中，他的这一风格又得到了更为充分的彰显。请读一读这部史诗长篇的结尾：“在这种宁静中，会想起去年的树叶，想起过去的一场又一场风雨，筑起又抛弃的窠巢，想起童年，想起蚂蚁辛辛苦苦的劳动，想起狐狸的狡诈和鹰的强横，想起世间万物的互相残杀，想起产生于同一心中又跟着这颗心死去的善与恶，想起曾经使兔子的心和树干都发抖的暴风雨和雷电。在幽暗的凉荫里，在雪下，沉睡着逝去的生命——因为爱情而聚会时的欢乐，四月里鸟儿的悄声低语，初见觉得奇怪、后来逐渐习惯了的邻居，都已成为过去。强者和弱者、勇敢的和怯弱的、幸福的和不幸的都已沉睡。就好比在一座不再有人住的空了的房子里，在和死去的、永远离开这座房子的人诀别。但是在寒冷的树林中比阳光明丽的平原上春意更浓。在这宁静的树林里的悲伤，也比宁静的秋日里的悲伤更沉重。在这无言的静默中，可以听到哀悼死者的号哭和迎接新生的狂欢……”这一史诗性的小说结尾写得好，译得也好，善于再现悲剧抒情风格的翻译家力冈先生的功力和风格在这里体现得淋漓尽致，炉火纯青！

俄国诗人叶夫图申科在1986年访问中国之后，深为中国俄苏文学翻译家们忍辱负重、坚持不懈的精神所感动，写下一首题为《中国翻译家》的诗作，在由笔者译成中文的这首诗的最后，诗人写道：“知识分子的良心，/就是一家出版社，/它仍能工作，/即便没有印刷机，/无论监狱、痰迹还是侮辱，/它仍能用诗句的春燕/把各个民族连系。/翻译家们在做什么？/他们让各国人民相互走近，/越过国境，/越过谎言的沼泽地。/总有一天，要用他们的姓氏/为巨轮命名，/稻穗和麦穗，/会向他们鞠躬致敬。/伟大的译文，/就像神的预言。/翻译过来的细语，/会成为震耳的呼喊。/但愿能有一座纪念碑，/献给无名的翻译家，/那最为可敬的基座，/就由无数的译著垒成！”我们相信，力冈先生的译著，应该也被垒入这座纪念碑的基座;力冈先生的名字,应该也被刻上这座纪念碑的碑身!

二〇一七年初秋于京西

目　录

《十日谈》节选

乔凡尼·薄伽丘

第二天　第五个故事

佩鲁贾人安德柳乔来到那不勒斯买马，一夜之间三次遇险，结果一一逃出险境，还带了一枚宝石戒指回家。

话说，在佩鲁贾有一位少年，名叫安德柳乔·狄·彼得，是个马贩子。他虽然从来没有出过远门，可是一听说那不勒斯的马十分便宜，就带了五百块金币，和其他一些买卖人一起上那不勒斯来了。他在一个星期天的傍晚来到那不勒斯，向店主人打听了一番之后，第二天早晨就来到市场上，看到许许多多的好马，眼睛都看花了，他到处问马的价钱，问了这匹，又问那匹，但都没有成交。然而为了表示自己是诚心诚意来买马的，没有经验而且疏忽大意的安德柳乔每次都掏出装金币的钱袋给过往的行人看看。

就在他问价钱和掏出钱袋给人看的时候,恰巧有一个年轻的西西里姑娘从他旁边走过。这姑娘是一个绝色美人,然而又是一个烟花女子。他没有看到她,她却看见了他的钱袋。她一看见这沉甸甸的钱袋,就在心里说,“不管用什么法子,非要把这些钱弄到手不可!”接着又继续往前走。

和姑娘同行的是一个老婆子,也是西西里人。老婆子一看到安德柳乔,就撇开姑娘,走过去将他紧紧抱住。姑娘就一声不响地走到一旁,等着老婆子。安德柳乔回头一看,认出了老婆子,十分高兴。老婆子也没有多说什么,只说一定要到客店里去看他,然后就分手了。安德柳乔继续在市场上看马,讲价钱,不过这一天早晨他一匹马也没有买成。

却说那姑娘先是注意到安德柳乔的钱袋,后来又注意到他和老婆子相识,就打定主意要把他的钱弄到手,至少也要弄到一部分。所以就开始小心翼翼地向老婆子打听,他是什么人,从哪儿来,来这儿干什么,他们是在哪儿认识的。老婆子就把安德柳乔家的底细一五一十地对她说了,说得再详细不过了,因为她侍候他父亲多年,先是在西西里,后来在佩鲁贾。老婆子并且告诉她,他是来干什么的,住在哪一家客店里。

那姑娘知道了安德柳乔一家人的底细和他一家人的名字,就想凭这些来施行她骗财的巧计。回家以后,她故意找许多事让老婆子忙活一整天,叫她没有工夫去看望安德柳乔。到傍晚时候,姑娘叫来一个能说会道、专办这一类事情的侍女,派她到安德柳乔下榻的客店里去。侍女来到客店里,恰好在门口与他相遇。他一个人站在门口,她向他打听安德柳乔在哪儿,他回答说,他就是安德柳乔。于是她把他拉到一旁，说："先生！如果您得便的话，这城里有一位名门小姐想和您谈谈。"安德柳乔听到这话，心里思忖了一番。因为他以为自己相貌不凡，所以他认为这是小姐看上了他，就好像天下再也找不到像他这样的美男子了，于是他连忙回答说，愿意和小姐相会，并问，什么时间、在什么地方见面。

侍女便回答说："先生，如果有便的话，您能否跟我走？她在家里等您呢。"

安德柳乔也不向店里说一声，当即对侍女说："请你带路吧，我跟你去。"

那侍女领着他转弯抹角，来到小姐家里。小姐家住在烟囱巷。叫烟囱巷还不如叫烟花巷，因为这是烟花女子聚居的地方。安德柳乔毫不知情，也毫不怀疑，只当自己是来到一个很体面的地方，来会见一位高贵的小姐。他让侍女在前头带路，毫不犹豫地跟着侍女跨进大门，登上楼梯，侍女唤了一声"小姐"，就呼喊道："安德柳乔来啦！"安德柳乔就看到小姐走出来迎接，站在楼梯口等着他。

小姐正当青春妙龄，花容月貌，娇艳异常，而且穿戴和打扮都十分华丽。安德柳乔迎着她走去，姑娘竟张开双臂，走下三级，用双臂搂住他的脖子，一声不响地站了一阵子，就好像一时间悲喜交集，激动得连话也说不出来了；然后她眼里含着泪水，吻了吻他的前额，并且用激动得上气不接下气的声音说："欢迎，欢迎，我的安德柳乔啊！"

安德柳乔受宠若惊，只是心慌意乱地说："小姐，能见到您，十分荣幸！"

于是她拉住他的手，领他上了楼，来到客厅里，又一句话不说，领着他进了卧房。卧房里又是玫瑰花，又是橙子花，各种各样的花香，芬芳扑鼻。他看见一张豪华的绣榻，锦帐低垂，一套又一套的衣裳按照城里的气派挂在衣架上，一切陈设都很漂亮，很富丽。他这个没见过世面的人一见到这种气派，就认定自己见到的至少是一位大户人家的小姐。他们并肩在床前的长凳上坐下来以后，她开言说：

"安德柳乔，我知道，我对你这样亲热，又喜又悲，你一定觉得大惑不解，因为你并不认识我，甚至也许还没有听到过我的名字呢。可是，等我把话说出来，你更会大吃一惊的：你要知道，我是你的亲妹妹呀。说起来，这也是上帝的恩典，使我在有生之年能够和我的一个哥哥见面（我如果能见到所有的兄弟，那又多好啊！），上帝给我这样的幸运，我现在真是死而无怨了。你如果还一无所知的话，那我就把一切原原本本地说给你听听吧。你该知道，咱们的父亲彼得罗在巴勒莫住了很久。父亲为人又和善又热心，至今巴勒莫的人和过去在巴勒莫住过的人都还记得他。但是在爱慕他的人当中，有一个人爱他爱得最深，那就是我的母亲。她是一个名门女子，当时正在寡居。她对他一片痴心，所以就不怕父兄的监视，不顾惜自己的名声，和他亲近起来，亲近的结果就生下了我，就是你现在所看到的人。后来父亲彼得罗由于某些原因，离开巴勒莫，回到了佩鲁贾，丢下了我们母女两个。据我所知，从此他就把我们母女忘得一干二净。如果他不是我的生身父亲的话，我一定要痛斥他对我母亲无情无义（而且奇怪的是，他对我这个亲生女儿没有一点感情，我又不是他和侍女或者不三不四的女人生的,这些话我就不说了)。我母亲还不了解他的底细,仅仅因为爱他爱得十分痴心,就把自己的一切,连同自己的身子交给了他。这又有什么好说的呢?大错已经铸成,后悔也来不及了。过去的,已经过去了。他把我们丢在巴勒莫的时候,我还很小,后来我渐渐长大了,等我快要长到现在这个模样儿,我母亲就要我出嫁。我母亲原是一位有身份的太太,所以把我嫁给了阿格里真托一个大户人家的公子。我丈夫为了我母亲和我,就搬到巴勒莫来定居。他是一个激烈的教皇党分子,参加了国王查理的密谋。计谋还没有实现,已经被腓特烈皇帝发觉。就在我一心盼望着成为西西里岛上最显赫的贵夫人的时候,却不得已从这个岛上逃了出来。我们带出的东西不多(这是说,和我们原来的东西相比),抛弃了庄园和宅第,来到这座城里避难。查理王为了表示感谢,补偿了我们因为他所遭受的一部分损失,赏了我们一些田产和房屋,而且对我的丈夫,也就是你的妹夫,十分厚待,经常给他很多钱,这情形你很快就可以看到的。所以,我就这样在这里住下来了,想不到就在这里终于见到了你,见到了我的好哥哥。"

她说完这番话,又搂住了他,高兴得流着眼泪,吻了吻他的额头。

安德柳乔听了这篇娓娓动人的故事,听她说得那样有条不紊,不打一个奔儿,又想起父亲确实在巴勒莫住过一段时期,而且根据切身经验也知道,风月场上的年轻人是十分轻率的,又看到她那欢喜的热泪,还有那亲热的接吻和拥抱,就完全信以为真,等她把话一说完,他就说道:"夫人!不用说,我听了您这番话,自是感到十分惊讶:我的父亲不知为什么从来没有提起过你们母女，也许他提起过，可是我没有注意到，所以我委实没想到有您这样一个人。在异乡客地遇到自己的亲妹妹，这在我真是喜出望外的事。能够结识您，任何一个高贵的男子都会感到十分荣幸，更别说我这样的小商贩了。不过，请您告诉我：您是怎么知道我在这儿的？”

她于是回答说：“我是今天早晨听一个穷苦的老婆子说的。她常常上我家来。她说，当年咱们的父亲住在巴勒莫和佩鲁贾的时候，她一直在侍候他。我觉得，请你到我家里来，比我到陌生的地方去看你更要合适些，要不然我早就去看你了。”

接着她又提到他家里许多人的名字，详细询问他们的近况，安德柳乔于是把家里人的情况对她说了说。因为她问得这样详细，他就对不该相信的事坚信不疑了。

他们谈了很久。这时候房里十分闷热。那女子叫人端来葡萄酒和点心，请他小饮。等到晚餐时候，他起身告辞，可是那女子不放他走，而且装出生气的样子，抱住他说：“真想不到！你一点也不喜欢我呀，我看出来啦。你这是生平第一次见到亲妹妹，第一次来到妹妹家里，本应该一来到就住在妹妹家里的，可是你现在连吃晚饭还要回客店里去吃，不行，没有这个道理！你听我的：和我一块儿吃晚饭！当然，可惜的是我的丈夫不在家，可是我还是要尽我一个女子的本事让你好好地吃一餐。”

安德柳乔想不出什么理由来推托，只是说：“我很喜欢你，完全拿你当亲妹妹，不过如果我不回客店去，人家就要等我一个晚上，这在我总有些不大礼貌。”

她听了这话，又说：“这有什么为难的？我就不会派个人到客店里去说一声，叫他们不要等你吗？不过，最好还是把你所有的朋友都请到这儿来，和咱们一块儿用晚餐，用过餐之后，你再和他们一块儿走，这样要更周全些，这也是你理所当然应该做的。”

安德柳乔回答说，他愿意留下来用晚餐，不请朋友们也行，一切听从她的安排吧。于是她装作派人到客店里去关照，叫朋友们不要等他回去吃晚饭。然后，他们又东拉西扯地闲聊了一会儿，就坐下来吃晚饭。晚饭十分丰盛，有好几道菜，而且她想方设法拖延时间，所以这一顿饭一直吃到深夜。等到他们俩从饭桌上站起来，安德柳乔就想告辞，可是她说，无论如何都不能让他走，因为在那不勒斯，夜里在外面走路是很不安全的，尤其是外地人，更是危险。她说，先前派人到客店里去，不仅关照朋友们不要等他吃晚饭，也关照过不必等他回去睡觉了。安德柳乔相信了她的话。因为他没有认清她的真面目，所以很乐于和她在一起，就高高兴兴地留了下来。晚饭之后，她又别有用心地和他聊了很久。一直谈到深夜，她才让他睡在她的卧室里，留下一个小厮听他使唤，她便带着侍女到别的房里去了。

这天夜里十分闷热。安德柳乔脱掉上衣、裤子和袜子，只穿贴身衬衣。这时候他觉得肚子发胀，就想解手，问那小厮，茅房在哪里，那小厮指了指房角上一扇小门，说：“就在那儿。”安德柳乔拉开小门，毫不犹疑地跨了出去，谁知一脚踩在一块没有钉牢的板子上，咕隆一声，安德柳乔随着板子一起跌了下去，不过还算走运，虽然从高处跌下，并未跌伤，只是浑身沾满了臭泥，因为这地方到处是泥污。为了使诸位明白这回事儿以及后来发生的事，我来把这地方的情形说一说。这里是一条狭窄的小胡同，两边贴墙装着两根木条子，木条子上面钉几块木板，可以当座位。常常可以看到这种情形。现在安德柳乔就是随着这样一块木板跌了下去。

安德柳乔跌了一身臭泥，十分懊丧，连忙呼唤那小厮，可是那小厮听到他跌下去的响声，却飞也似的向女主人报信去了。那女子急忙来到安德柳乔住的房里，拿眼睛四处扫了扫，看他的衣服是不是在这里，衣服果然还在，钱果然也装在衣服口袋里，因为他自作聪明，对谁也不相信，总是把钱随身带着。那女子装成巴勒莫女子，又装成安德柳乔的妹妹，使他落入圈套之后，便拿了钱，把安德柳乔上茅房的小门闩上，再也不去管他了。

那小厮一直没有答应，安德柳乔就没命地喊叫，可是依然没有人应声。到后来他终于起了疑心，这时候他想到受骗虽然迟了，可他还是翻过小胡同里的一道矮墙，来到大街上，走到他还记得很清楚的那个大门前，又是叫喊，又是敲门、撞门，闹腾了半天，还是没有人应声。这时候他才意识到自己倒了大霉，就伤心地痛哭起来，边哭边叫喊："我多么倒霉呀！五百金币和一个妹妹，一眨眼工夫就没有了！"

他哭喊了很久，后来又拼命地撞门，又大声地嚎叫，周围有许多人被他闹醒了，从床上爬了起来。那女子家的一个侍女也装出一副睡得迷迷糊糊的样子，走到窗口，用不高兴的腔调问道："外面是谁呀？"

"你怎么，不认识我啦？"安德柳乔嚷道。"我是你家菲奥尔达丽佐太太的哥哥安德柳乔呀。"

那侍女回他说："先生，看样子，你是喝醉了。回家去睡觉吧，有事明天再来。我根本不认识什么安德柳乔，也听不懂你瞎说的是什么。你还是趁早走开，不要闹得大家睡不成觉。"

"你当真不懂我说的是什么？"安德柳乔高声叫道。"装得倒挺像！如果你们西西里人这样翻脸不认人的话，至少也要把我的衣服还给我，我就走我的。"

那侍女憋住笑，说："伙计，你好像是疯啦！"她把窗子一关，就进房里去了。

这一下子安德柳乔完全明白自己是受骗上当了，想到自己的钱落到别人手里，几乎要气疯了。既然说道理没有用，他决定来硬的，于是他拿起一块大石头，又撞起门来，撞得比以前更加凶猛了。很多邻居都被他闹醒，起了床，都以为这是一个无赖，胡编乱造，来和一个有身份的女子捣蛋，而且大家都恨他这样吵闹，一个个都从窗户里探出头来，朝他大声吆喝，就像本地的一群狗发现一只生狗跑到本街上来了："你这下流货，深更半夜里在这儿吵吵嚷嚷，胡说一气，糟蹋人家规规矩矩的女人，你想干什么？哼，伙计，你还是快点儿走，让大家睡觉吧！你要是找她有什么事儿，明天再来吧，不要在夜里吵得人不得安宁。"

这位规规矩矩的女子家里有一个汉子，是个乌龟头，原来未露过面的，现在也许是邻居们的话鼓起了他的劲儿，他走到窗口，用打雷般的声音厉声喝道："是谁在那儿闹？"

安德柳乔抬起头来，在黑暗中模模糊糊看到一个彪形大汉，一脸黑胡子，打着呵欠，揉着眼睛，像是好梦初醒似的。安德柳乔心中不免有些胆怯，就回答说：

"我是这一家太太的哥哥……"

可是那汉子不让安德柳乔把话说完，就用更加凶狠的声音喝道："我这就下楼去，好好揍你一顿，叫你忘记姓啥。你是头癞驴，该死的醉鬼，闹得人人不能合眼！"他说过这话，就关上窗子，走开了。

有些邻居深知这人的脾性，就很担心地劝安德柳乔说："伙计，你赶快走吧，不然就要挨揍了。你要是想保住小命，就快走吧。"

安德柳乔看到那汉子的凶相，听到他的吆喝声，吓得心惊胆战，听到邻居们劝说，心想他们多半也是好心好意，又想到讨还金币也是无望，只好灰心丧气地往回走，顺着侍女领他来的那条路朝客店走去。后来他觉得身上的气味实在难闻，就想到海边去洗一洗，于是他向左一拐，顺着卡达伦街朝前走去。他正朝海边走，忽然看到有两个人提着灯笼迎面走来，他以为这是巡警或者是什么强人，为了不叫他们看见，就悄悄躲进路边一座小屋里。可是那两个人好像也是特意要到这座小屋里来，也随着他走了进来，其中有一个人把肩上扛着的铁家什放了下来，两个人就开始察看那铁家什，并且议论那家什是不是管用。

过了一阵子，其中一个人说道："他妈的怎么一回事儿？怎么这样臭？臭死人啦！"他说过这话，举起灯笼，于是两个人看见了倒霉的安德柳乔，惊愕地问道："你在这儿干什么？"

安德柳乔一声不响。他们举着灯笼径直走到他跟前，问他为什么落得这一副模样，到这里来干什么。于是安德柳乔把自己倒霉的事原原本本地对他们说了一遍。他们一下子就猜出了出事的地点，不约而同地说："这事儿一定是出在大骗子布达福科家。”

于是其中一个转过头对安德柳乔说:“伙计,虽然你丢了钱,可是你还是应该好好地感谢天主,因为天主叫你跌了下去,你就进不了那座房子了。说实在的,如果你不跌下去,那么,你会很快就入睡,等你睡熟之后,他们会把你弄死,那时候连钱带命一起完了。你哭也没有用。你想要回一文钱,比到天上摘星星还难。你得小心,这事还不能张扬出去,要不然那家伙还会要你性命。”

说过这话,他们两个人又商量了一番,就又对他说:“你要明白,我们很同情你。现在,我们要干一桩事,如果你愿意帮我们干,我们可以担保:你得到的好处,不仅可以补偿你的损失,而且还有多余。”

安德柳乔已经身无分文,不怕再丢失什么了,于是就说愿意同去。

原来就在那一天,刚刚为那不勒斯大主教菲利浦·米努托洛举行过葬礼。随葬的宝物十分丰富,有一只宝石戒指,价值就在五百金币以上。他们两人想盗取这些宝物,就把他们的打算对安德柳乔说了说。安德柳乔一想到有利可图,再不多加考虑,就跟着他们一起去了。

因为安德柳乔身上的臭味实在难闻,在前往大教堂的路上,其中有一个人说:“最好找地方让他洗一洗身子,要不然实在把人都熏死了。”

另一个人说:“离这儿不远有一口井,井上有辘轳,辘轳上吊一个老大的水罐,咱们就到那儿去,把他放下去洗一洗吧。”

他们来到井边,看见辘轳上只有一根绳子,水罐却被人提走了。看到这种情形,他们就决定用绳子把安德柳乔缚住,放下井去,等他把身子洗干净了,扯一扯绳子,他们就把他拉上来。他们这样说过,就这样做了。

可是,他们刚把他放下井去,就有几名巡警,不知是因为天热,还是因为追赶什么人跑得口干舌焦,到井边来喝水。那两个人一看到巡警,马上溜掉了,所以巡警来到井边,并没有看见他们。这时候安德柳乔洗净了身子,扯了扯绳子。急着要喝水的巡警以为井里是大水罐灌满了水,就把盾牌、刀枪和披风放在地上,一齐使劲拉那绳子。安德柳乔来到井口,就放开绳子,双手抓住井沿。

巡警们一看到安德柳乔,吓得魂都没有了,一句话也没有说,扔掉绳子就跑。安德柳乔也吃了一惊,如果不是他已经紧紧攀住井沿的话,他准会跌下井底,非伤即死。等他爬上地面,却看见地上有刀枪,他更感到吃惊了,因为那两个同伴没带刀枪呀。他左思右想,感到惶惑,只怪自己命里多灾多难,于是他决定赶快离开这儿,什么也没有去碰,就走开了。走出不远,就碰到那两个伙伴,他们是想回去把他从井里拉上来的。他们看到他,十分惊异,就问是谁把他拉上来的。安德柳乔回答说,他自己也不知道是怎么一回事儿,只是把经过情形一五一十地对他们说了一遍,自然也说了在井边还看见了什么东西。他们猜到了这是怎么一回事儿,就笑呵呵地对安德柳乔说了说,刚才他们为什么跑开,把他从井里拉上来的人又是谁。这时候半夜已过,为了不耽误宝贵的时间,就又朝大教堂走去,很顺利地走了进去,来到一座老大的大理石陵墓前,用铁棍把一块沉重的大石板撬起,撬得可以容一个人出入，然后用东西把石板撑住。

撑牢之后，那两人中有一个人问："谁下去？"

另一个人说："我才不下去呢。"

"我也不下去。"原来发问的那个人说，"叫安德柳乔下去吧。"

"我不下去。"安德柳乔说。

于是那两个家伙就对他来硬的："你当真不下去？说实在的，你要是不下去，我们拿这铁棍朝你头上一下子，你就没命了。"

安德柳乔害怕了，不过，他一面朝坟墓里爬，一面在心里嘀咕："他们这是想捉弄我：如果我把坟里的东西都给他们弄出来，等我从坟里爬出来，他们早跑得没有影子了，我只落得两手空空。"于是他打定主意首先要把自己应得的一份好处弄到手。他想起了他们说的那一枚贵重的戒指，所以，一下到坟底，就赶紧把大主教手上的戒指捋下来，戴在自己的手上。然后才把手杖、法冠、手套递给他们，又把死者的衣服剥光，一件一件都递给他们之后，就说，坟里再没有什么东西了。那两个人说，应该还有一枚戒指，要他好好地找一找。他说，没有戒指，一面装着仍在寻找，好让他们等一会儿。可是他们两人比他更诡诈，一面叫他再仔细找找，一面瞅准机会抽掉了撑石板的支柱，两个人扬长而去，把安德柳乔活活地憋在坟墓里。安德柳乔听到头顶上大石板砰的一声落下来，他的感觉如何，就可想而知了。

他几次试着用头或肩膀往上顶，想把石板顶起来，但是不管用多大力气，那石板还是一动不动。他吓得昏迷过去，倒在大主教的尸体上。如果这时候有人看到他们两个，就很难分辨出哪个是死人，哪个是活人。等到安德柳乔苏醒过来，定神一想，又吓得痛哭起来，因为他想到摆在他面前的只有两种可能性：要是没有人来掀开石板，他就要在坟墓里饿死或者被尸体的臭味熏死；要是有人来，在坟墓里发现了他，那他就会因为盗墓被绞死。他正在一个劲儿地伤心悲痛，却忽然听到脚步声和说话声，他立刻猜想到这是有人来干他和那两个伙伴刚才干的勾当了，但是他想到这里更加害怕了。走来的几个人把石板撬起，用东西撑住之后，就开始争执：该谁下去。谁也不愿意下去。争执了很久之后，终于有一个神父说："你们怕什么呀？他又不会把你们吃掉！死人是吃不掉活人的。让我下去好啦。"他说过这话，就把头朝后仰着，拿胸膛贴着坟沿，两条腿朝下伸去。安德柳乔站起身来，一下子抓住神父的腿，做出往下拖的姿态。那神父觉得有人在扯他的腿，尖声叫了起来，慌忙从坟里爬出来。其余的人也都吓得要死，撒腿就跑，就好像背后有千万个魔鬼在追赶似的，那墓穴就这样开着，没人管了。

这时候安德柳乔看到这种意想不到的好机会，真是喜出望外，马上从坟里爬了出来，转眼工夫就出了大教堂，就像进来时那样顺利。这时天已放亮，安德柳乔手上戴着戒指，试探着朝前走去，走到海边，后来终于回到了客店，才知道他的同伴和店主人一直在为他担心，一夜都未睡。他把自己遇到的事说了一遍，店主人听了，就劝他赶紧离开那不勒斯。他当即听从了店主人的劝告。回到佩鲁贾之后，把戒指卖了，又带了卖得的钱出外买马去了。

第八天　第七个故事

一个学者爱上一个小寡妇。小寡妇却爱着另一个人，而让学者在雪地里等了她一夜。后来学者在七月中旬把她诱骗到塔顶上，她光着身子，让苍蝇叮、牛虻咬，让毒热的太阳晒了一天。

女王吩咐潘比涅娅继续讲下去，于是她又讲了起来：

诸位姐妹！捉弄别人的人，往往被别人捉弄，所以捉弄别人不是聪明的事。我们听了一些故事，觉得有很多捉弄人的事儿十分好笑，但是我们还没有听过捉弄人的人受到报复的故事。我就来讲讲我们城里有一个受到应有的惩罚的女人，叫你们看看她有多么可怜。她捉弄别人遭到报复，差点儿把小命都丢了。诸位听听我的故事不是无益的，今后不至于一味地捉弄人，今后头脑更加清醒。

不久以前，佛罗伦萨有一个少妇，名叫艾莲娜，容貌俏丽，出身高贵，享尽了富贵荣华，所以骄矜异常。丈夫去世之后，她不愿改嫁，因为她情有所钟，爱着一位风流美少年，就借一名心腹侍女牵线搭桥，时常和他相会，忘乎一切地尽情享受爱情的欢乐。

当时城里有一个年轻人，名叫林耶利，也是出身名门，在巴黎求学多年，而且他不愧是一个出身高贵的人，求学是为了明白事理，通晓大义，不像许多人那样，求知识是为了出卖。他当时从巴黎回到佛罗伦萨，因为出身高贵，又有渊博的学识，所以很受尊敬，日子过得很阔绰，很自在。

但是，往往最有学问的人，最容易陷入情网，这位林耶利就是这样。有一天，他去参加舞会，在舞会上看到穿着黑衫黑裙，一身寡妇打扮的艾莲娜，他觉得他从来没看到有哪个女子有她这样美，这样迷人。他认为，如有哪个男子有幸把她那香酥的玉体搂在怀里，那就是进入了天堂。他一面在一旁打量她，一面心里估量，知道这样的福气不是可以轻易得到的，就决定想方设法讨取她的欢喜，能得到她的欢喜才能得到她的心，能得到她的心，才能如愿以偿。那位少妇的眼睛也不是只盯着地面，她在卖弄风姿的同时，拿眼睛四处搜寻着。有人艳羡她的美色，她立即可以发现，她一注意到林耶利，就暗暗笑起来，心想："今天也算不虚此行。如果我没有弄错的话，一只呆鸟撞到我手里来了。"于是她也不时地对他瞟两眼，让他产生错觉，以为她也对他有了情意。她认为，拜倒在她的裙下的人越多，越能提高她的身价，尤其是那个占有了她的美色和爱情的人，更会把她看作绝色佳人。

那位学者再也不做学问了，把全部心思都放在艾莲娜身上。他打听出她住的地方，就装作有这样或那样的事情，经常在她家门前走来走去，以求博得她的青睐。由于上面已经说过的原因，她见他这样痴心，自是得意非凡。于是她装出一副欢喜的样子，似乎见到他很高兴。那学者见到这种情形，就瞅了个适当的机会，去打通她的侍女，把自己的心事对她说了，要求她在女主人面前多美言几句，成全这桩好事。那侍女满口答应过之后，就把他的话一五一十地告诉了女主人，女主人听了，哈哈大笑，说："怎么，他从巴黎带回来一肚子学问，怎么一下子就丢干净啦？那好吧，咱们就来成全成全他。等他下次再来找你，你就对他说，我爱他，比他爱我还厉害呢。但是我得保住清白的名声，我得像一切有身份的人一样，能够把头抬得高高的；如果他真像大家所说的那样聪明，那他应该比我更重视我的声誉！”

唉，可怜的女人呀！她还不知道有学问的人的厉害呢。

且说那侍女见到年轻学者，就把女主人叫她说的话全对他说了。那学者听了十分欢喜，因而追求得更热烈了，又是写情书，又是送礼物。那女人把礼物全部收下，却只给他几句笼统的回话，就这样把他糊弄了很久。

她把一切全都告诉了她的情人，那少年很有些恼她，甚至吃起醋来。于是，她为了让他知道他的猜疑毫无道理，就派侍女去找到那位苦苦追求她的学者，传达她的话说，承蒙他的错爱，却一直未能回报他，圣诞节快到了，她希望在圣诞节能和他相会，所以，如果他方便的话，请他在圣诞第二天晚上到她家院子里来，等她一有可能，就出来跟他相会。那学者自是喜出望外，等约定的时间一到，他就前去赴约，侍女把他带进院子，锁上门，他就在院子里等候艾莲娜。

这天晚上，艾莲娜把情人找来，高高兴兴地吃过晚饭之后，才说起今夜她要教训那只呆鸟。并且说：“你不用吃醋了，现在就可以看看我究竟是不是爱他、心疼他了。”她的情郎听了这话，自是高兴异常，急不可待地要看看她导演的这场趣剧。那天刚下过一场大雪，到处是白皑皑的雪堆，那学者很快冻得浑身打哆嗦，不过他想着与心上人相见时的甜蜜，就拼命忍着。

过了一会儿，艾莲娜对她的情郎说：“咱们到外面屋子里去，到窗口去看看，那个使你吃醋的人在干什么，再听听他说些什么，因为我已经叫一名侍女和他说话了。”

他们走到窗口，在窗口可以看得清外面的情形，外面的人却看不见他们。他们听到侍女和那学者在说话。侍女说：“林耶利呀，我家太太真急死了：她的哥哥来了，谈了很久，又要留下来吃晚饭，到现在还没有走呢，不过她现在很快就要出来和你见面。她请你不要因为久等生她的气。”

那学者没有想到这是骗人的话，就回答说：“请你告诉我爱慕的人，叫她不要为我担心。没办法脱身，就不要着急，等她能够脱身时，再出来好啦。”

侍女就回房里睡觉去了。

“怎么样？你还有什么说的？”艾莲娜对她的情郎说，“我如果真像你胡思乱想的那样，对这个人有什么情意，那我能叫他在外面挨冻吗？”她说过这话，就和她那已经放下心来的情郎上床睡觉，尽情地寻欢作乐，还拿那倒霉的学者当笑料。

那学者为了暖和身子，在院子里走来走去，并且拼命地活动身子，但还是冻得受不住，于是他咒骂起不肯走的艾莲娜的哥哥。他一听到有什么响声，就以为是她来给他开门，但是他的希望一次一次地落空。

艾莲娜跟她的情郎欢娱到半夜，又问他：“我的心肝儿，你觉得我们这位学者好玩儿吗？你看，他的学问，能不能胜过我对他的爱情[①]？前几天我跟你说着玩儿，你就生气了，现在我让他冻了

①这一句与下文有出入，此处似有误。这一句应为：你看，他的傻劲儿，能不能胜过我对你的爱情？

半夜,你的气该消了吧?”

“我的宝贝儿!”她的情郎回答说,“现在我完全看出来,你就是我的幸福、我的安慰、我的欢乐,是我的一切,而我也是完全属于你的!”

艾莲娜说:“那你就吻我一千次,我就相信你的话了。”于是情郎就紧紧把她搂在怀里,拼命吻她,不是一千次,而是十万次以上。

艾莲娜又和情郎说了一会儿话之后,就对他说:“咱们起来去看看。我那个新冒出来的多情郎在情书中说,他整天都被爱情的火焰燃烧着,现在咱们就去看看:他的火焰熄灭了没有?”

他们于是下了床,又走到原来那个窗口,朝院子里一看,只见那学者冻得浑身打战,咯咯地敲打着牙齿,一个劲儿地在雪地上蹦跳,跳得又快又急,从来还没有见过有人会这样蹦跳。艾莲娜就问:“我的心肝儿,怎么样?你看,我的多情郎不用喇叭,不用风笛,就能为我跳快步舞,不是吗?”

“我看见啦,我的宝贝儿!”她的情郎笑着回答说。

艾莲娜又说:“咱们到门口去。你不要作声,我和他说说话。听听他怎么说。也许,他的话比他的模样儿更好玩儿呢。”他们踮着脚从房里走了出来,走到大门口,艾莲娜并不开门,只是把脸贴在钥匙孔上,小声唤了唤年轻学者。

那学者听到呼唤他,就以为是要叫他进房里去,不由得在心里向上帝表示感谢。他跑到门口,说:“太太,我在这儿呢,看在上天份上,快开门吧,我冻死啦!”

艾莲娜说:“你真经不住冻啊!这怎么算冷呀?只下了一点

点儿小雪！巴黎的雪要大得多呢！我还是不能给你开门呀，我那该死的哥哥吃过了晚饭，还是不肯走呢。不过他快要走了，他一走，我马上就给你开门。我这是好不容易抽身出来一下子，叫你不要等得着急。”

那学者哭叫道：“哎哟，好太太呀！看在上帝面上，把门开了，让我暖和暖和吧。下了一天大雪，现在还在下呢。我要是有块地方避一避寒风、大雪，要我等多久都行。”

艾莲娜说：“不行啊，我的好宝贝儿！这门响得厉害，可不能叫我哥哥听见了。不过我马上就送他走了，等他一走，我就来开门。”

那学者央求说：“请你快点儿吧！还要请你行行好，把炉子烧旺些，等我进去好烤烤火，要不然我就要冻僵了。”

艾莲娜又说：“不会冻僵的。你在给我的信中说过嘛，说你整天都被爱情的火焰燃烧着。这可是不对头，你简直是拿我开玩笑呀！好，我走了，你等着吧，别泄气。”她的情郎听了这番对话，心满意足，就高高兴兴地同她一起回卧房去了。不过这一夜他们也是几乎没有睡觉，只是寻欢作乐，再就是嘲笑那学者。

且说那倒霉的学者冻得像狼一样牙齿咬得咯咯直响；他已经猜到这是在捉弄他，几次试着打开院子的大门，又找别的出入口，然而都是白费力气，于是他像关在笼子里的狮子一样，到处乱冲乱撞起来，一面咒骂天气这样冷，咒骂那女人阴险毒辣，咒骂冬夜这样长，同时也咒骂自己愚蠢。他对那女人极其气愤，以至于使多少天来的炽热爱情一下子就变成强烈、疯狂的仇恨；他已经在思量着各种各样的复仇方法，想出来的方法一个比一个狠毒，因为此刻他一心想着报仇,其急切的程度,超过了不久前盼望与美人儿相会的急切心情。

夜长得似乎没有尽头,但是终于天亮了。那侍女才依照女主人的吩咐,来到院子里,开了大门,并且假惺惺地带着怜惜的表情,对学者说:"唉!昨天来的客人真可恶!他害得我们一夜不得安宁,害得你冻了一夜。不过你不要难过,这一夜错过了,下一次总不会再这样。我家少奶奶为这事儿难受死了,真的,她难受极啦!"

学者这时候满腔怒火,但他是一个有头脑的人,十分明白,打草惊蛇,往往反被蛇咬,因此他把就要冲口而出的一肚子愤怒的话憋住了。他既没有提高嗓门儿,又没有露出恼怒的表情,心平气和地对侍女说:"说实在的,这一夜真冻坏了,我还从来没受过这样的罪呢,不过我明白,这一点不怪你家少奶奶,而且她还很怜惜我,下楼来向我表示歉意,鼓励我不要灰心丧气。你不是说吗:这一夜错过了,下一次总不会再这样。请你替我问候你家少奶奶。好啦,再会吧!"

那学者冻得浑身抽搐着,好不容易回到家里。一到家里,又疲惫,又困倦,再也支持不住了,一下子倒在床上,就睡着了。等他醒了过来,就觉得手和脚都不是自己的了。于是他派人请来大夫,说明了自己是怎样冻坏的,请大夫给他治疗。大夫给他用了速效的良药,经过一段时间的治疗以后,他的筋肉才恢复正常状态,手脚又能活动自如了。多亏他年富力强,而且天气已经回暖,不然的话,他的罪还有得受呢。等他身体复原之后,就把自己的仇恨深深隐藏起来,表面上却装出更痴心的样子,好像现在比以往更迷恋那寡妇了。

过了一段时间，老天爷就给他提供了报复的机会。原来寡妇所爱的那个少年，辜负了她的一片心意，爱上了另一个女子，对待艾莲娜冷淡了，不再和她来往了，这么一来，艾莲娜十分伤心，整日以泪洗面。那侍女见女主人这种样子，心里也替她难受，但是却不知怎样才能解除她对那负心郎的思念之苦。这时候那学者正在艾莲娜的窗前走来走去，这个侍女一看见学者，就想出一个很轻率的主意：用法术将负心郎原来那番情义呼唤回来。她以为学者都是精通法术的，就把自己的主意向女主人说了。那寡妇也是个没有见识的女人，也不想想，如果那学者真懂什么法术的话，那他自己早就应该用用了。她当下完全听信了侍女的话，就派侍女去和学者谈判，如果他肯答应帮忙的话，不管他有什么要求，都可以得到满足。

那侍女找到学者，把女主人的意思仔细说了一遍。学者听了，心中暗暗高兴，心想："谢天谢地！真是天赐良机。我一心爱慕她，她却利用我的痴心侮辱我一场，现在我可以惩治惩治这个歹毒的女人了。"可是他对侍女说："你转告我一心爱慕的人，叫她不要难过。就算她的情郎远在印度，我也能马上把他召回来，叫他向她求饶，忏悔自己的负心。不过到底该怎么办，却必须当面奉告，请她约好时间和地点，见面后再谈。你就这样告诉她，让她放心好了。"侍女把他的回话转告了女主人，那寡妇就约学者在普拉托的圣柳契教堂相会。

等到艾莲娜和学者见了面，两个人交谈起来，艾莲娜把她当初几乎让他冻死的事全忘了，竟把自己的心事向他和盘托出，请求他的帮助。学者就回答说:“夫人,不瞒您说,我在巴黎求学的时候,也学了一些法术,可以说,深得其中奥秘,不过施行法术,是违拗天意的事,所以我发过誓,无论为自己,还是为别人,决不妄用法术。可是既然我这样爱你,不论你要我干什么,我都无法推却,即使我因此下地狱,我都甘心去做。只不过我要向您说明,施行法术是件难事,绝不如您想象的那样容易,尤其是如果为了使一个男子来爱一个女子,或者使一个女子来爱一个男子,那就愈发不容易了。因为做这种法非得有当事人参加不行,而且还要胆大。因为做法要在深更半夜,还要避开人单独进行。我就不知道,您有没有这种胆量。”

艾莲娜既无见识,又一心思念那情郎,就迫不及待地回答说:“只要能召回那个无缘无故把我抛弃的负心人,叫我干什么都行。请你快告诉我:我该怎样表示我有胆量?”

学者的眼里不由得闪过一阵恨恨的凶光。他回答说:“夫人,我要用锡做一个人像,代表你所爱的那个人,我很快就做好,给你送去,你必须在夜里,睡醒头觉之后,在月亮快要落山的时候,脱光身体,手握锡制人像跳入河水中,沐浴七次,然后依然光着身子爬到树上,或者爬到不住人的房舍顶上,手持锡制人像,面朝北方,把咒语连念七遍,咒语我自会教给你。等你念完咒语,就会有两位美貌的仙女来到你面前,向你请安,恭恭敬敬地问你有什么吩咐。你就照实地、详细地对她们说一说,只不过要多加注意,千万不要说错了名字。你说过之后,仙女就受命而去,你就可以下来,穿上衣服回家了。我可以担保,到第二天夜里,你的情郎就会到来,痛悔自己的过失,祈求你的饶恕,而且今后再也不会离开你去爱别人了。”

艾莲娜听了学者的话，信以为真，顿时变得十分高兴，好像她的愿望已经实现了一半，她觉得好像又把情郎搂在自己的怀里了。于是回答说：“毫无疑问，这些我都可以照办，而且我也完全有可能做到。在阿尔诺河上游，离河不远的地方，有我的一座庄园，现在又是七月天，正是下河洗澡的时候。我还记得，离那儿不远，有一座没有住人的塔，还有一个栗木梯子靠在塔上，有时候牧人爬到塔顶上，瞭望走失的牲口在哪儿。那真是一块僻静无人的地方。我就上那儿去，你要我怎样做，我一样一样都能做到。”

年轻学者很熟悉那些地方，也知道那一座塔，他见那寡妇下了这样的决心，心中好不欢喜，就对她说：“夫人，我还从来不曾去过那些地方呢，也不知道你们家的庄园和塔，不过，那地方如果真像您说的那样的话，那就再好没有了。就这样吧，过不多久我就把锡制人像和写好的咒语给您送去，不过请您千万要守信用：等您如愿以偿之后，别忘记了我为您效过劳，那时候要记着我，要履行您的诺言。”艾莲娜说，决不食言，请他放心，就告别了他，回家去了。

年轻学者眼看着自己的计谋就要实现，心中自是得意，就用锡做了一尊人像，还故弄玄虚，在上面划了一些道道儿，又胡乱写了一些字，算是咒语，然后派人将这两样东西给她送了去，并且转告她，此事不能延误，必须在今夜依照他的话去做。他这样吩咐过，就带了一名仆人前往一位朋友家，这位朋友正住在那座塔附近，他要在这里品尝自己的得意之作结出的果实。

那寡妇艾莲娜也带着侍女来到自己的庄园里，等到夜里，她装出马上就要睡觉的样子,打发侍女早早去睡了。快到睡醒头觉的时候,她悄悄地从庄园里溜了出来,来到阿尔诺河边的那座塔跟前,朝四下里打量了很久,只见四周围静悄悄的,一个人也没有,于是她脱光了身子,把衣服藏到树棵子底下,手握锡制人像在河水里沐浴了七遍,然后,依然光着身子,手握锡制人像,朝那座塔走去。那学者天一黑就带着仆人躲在塔旁柳树丛中。她在河里沐浴,他全看见了。等她光着身子从他面前走过,那白嫩的玉体在夜幕下闪闪发亮,他看清了她的酥胸,看清了她的整个身体,他惊叹她的周身上下长得那样完美丰腴,一想到这身体过一阵子就要受到怎样的折磨,就觉得似乎有点儿舍不得,而且这时候禁不住欲火中烧,他憋不住要跳起来,搂住艾莲娜,满足一下自己的肉欲。总而言之,他被两种感情折磨得十分难受。等他定下神来,想起自己受的侮辱和为什么受辱,就又是满腔怒火,赶跑了怜惜心情和欲火,下决心把事情干到底,就没有动,让艾莲娜从面前走了过去。艾莲娜爬到塔顶上,面朝北方,念起学者胡乱写给她的咒语。过了一会儿,学者踮着脚走到塔跟前,悄悄搬走了那上塔的梯子。艾莲娜仍然在塔顶上。学者就开始观察她的动静。

艾莲娜把咒语一连念了七遍,就开始等待两位仙女降临,可是她冻得打着哆嗦一直等到东方发白,还是不见仙女降临。她见学者说的事没有应验,十分懊丧,不由得想:“莫不是他有意叫我受一夜罪,就像当初我捉弄他那样?如果是这样的话,那这样的报复太不高明了:这一夜比那一夜短得多,而且那一夜比这一夜冷多了。”于是她决定下去,不能在大白天光着身子留在塔顶上。这时候她才发现,梯子已经不翼而飞。顿时她觉得天旋地转,一颗心紧缩起来，她晕倒在塔顶上。等她苏醒过来，就痛哭起来，抱怨自己的命运。她已明白，这是那学者在报复她，她责怪自己不该得罪那学者，也责怪自己不该把冤家当作亲信。就这样过了很长时间。她又四下里看了看，看看有没有其他办法可以下去，但是看来毫无办法，她绝望了，又哭了起来，边哭边号叫："我真倒霉呀！等到有人发现我赤身裸体在这儿，张扬开去，我的兄弟们、我的亲戚、街坊和整个佛罗伦萨的人该怎样说呀？大家一向把我看作一个清白的女人，这一下子完啦，名声全坏啦。即使我能找出什么理由为自己开脱，可是那该死的学者知道我的底细，他会把什么都抖搂出来。我怎么会落到这一地步呀：失去了我爱不够的冤家，又丢掉了名声！"这时候她痛心到极点，差点儿从塔顶上跳下去。

这时候太阳出来了。寡妇艾莲娜走到塔边，四下里望了望，看看有没有放牲口的牧童来到，如果有的话，她可以叫他去叫她的侍女。这时候那学者已在树下睡过一小觉，醒来了，看到了她，她也看到他了。他问道："夫人，早安！怎么样，仙女来过了吧？"

艾莲娜看见学者，听了他的话，又痛哭起来，并且求他到塔跟前来，她要和他谈谈。这一次学者倒很勤快，立刻走了过来。艾莲娜趴在塔顶上，这样在下面只能看见她的头。她流着泪说："林耶利呀，那一回我叫你受了一夜苦，不过，说实在的，你现在已经狠狠报复了我：这会儿虽然是七月天，可是我也冻坏了，因为我是一丝不挂呀。再说，我又哭了一夜，恨只恨我当时不应该欺骗你，还恨我自己太蠢，不该信了你的话，奇怪的是，还没有把我的眼睛哭坏。那我现在就求求你，看在你以前对我的情分，你虽然已经不再爱我了，但你是高贵的，我请求你宽大为怀：你已经报复够了，到此为止吧，不要太过分了。你叫人把我的衣服拿来，让我下去吧，不要叫我坏了名声，我的名声一旦坏了，以后你就是想帮我挽回，也不可能了。那一夜我没有同你欢聚，今后我可以补偿你，你想要多少夜都可以！总而言之，你到此为止吧。你是一位君子，你已经报了仇，教训了我，你该满足了。不要捉弄一个女人了。一头鹰制服一只鸽子，有什么值得夸耀的？看在上帝面上，也为了你自己的名誉，不要和女人较量，饶恕我吧！”

下了狠心的学者一遍又一遍地回想着自己当初所受的侮辱，此时又听到她的痛哭和哀求，因此又得意又怜惜，这两种感情在心里斗争着。得意的是，他很久以来，最大的心愿就是报仇，现在大仇已报；同时怜惜心却又激发了他的仁慈心，仁慈心一动，他又心疼起这个受他折磨的女人。然而仁慈心还是没有战胜他的幸灾乐祸的心情，所以他回答她说：“艾莲娜！在那个风雪交加的夜里，我在你家院子里冻得要死，我虽不曾像你现在这样声泪俱下，甜言蜜语，但我也曾苦苦哀求你，你当时如果稍微有一点恻隐之心，放我进去哪怕暖和一小会儿，那我今天答应你的要求，也就不难了。你既然看重自己的名声，那你过去就不应该一点不珍惜。你既然觉得赤身裸体不大雅观，那你就去求另一个人吧，就在那天夜里，你听见我在你家院子里冻得牙齿咯咯响，在雪堆里跳来跳去的时候，你正赤身裸体、毫不羞耻地睡在那人怀里呢。就让他来帮助你，给你送衣服来，给你搬梯子来，让他来关心关心你的名声吧，因为你为了他，一次又一次毫不顾惜地拿自己的名声做赌注。你怎么不叫他来呀？不叫他来救你，还能指望哪一个呢？

你是他的心肝宝贝儿呀。他不保护你、搭救你，又会保护谁、搭救谁呢？傻女人，你叫他来吧，你就证实你对他的爱情再加上你的机灵和他的机灵能胜过我的傻劲儿，能把你救出去吧，因为你在跟他寻欢作乐的时候，就问过：依他看，我的傻劲儿，能不能胜过你对他的爱情？现在你不必向我许愿了，我现在不稀罕了，如果我要怎样的话，反正你也无法推却。如果你能活着离开这儿的话，你就把一个一个的夜晚留给你那情郎吧。我全让给你们，我有那一夜就够了，不想再上第二次当了。现在你想打动我，拼命对我恭维，说我是君子，说我是高贵的，你以为这样可以更巧妙地利用我的善心，忘掉你的歹毒，轻轻放过你了。但是，不论你的恭维，还是甜蜜的许诺，都迷惑不了我，我现在老练了，在巴黎待了好几年，并没有学到什么，多亏那一夜你把我教老练了。就算我要表示宽宏大量，也不该对你这种人宽大。如果是别人向我请求宽大，那我当然可以到此为止；然而像你这样的禽兽，就只能消灭，不消灭不足以清算其罪恶。我不是什么鹰，你也不是鸽子，你是一条毒蛇，我要拿你当不共戴天的死敌，毫不客气地惩治你。其实，我今天对待你，不能算报复，只能算惩罚。因为报复应该变本加厉，超过所受的侮辱，而我的所谓报复，实在算不上真正的报复。如果我真想好好报复的话，我一想起你当初对我的狠毒，那我别说杀死你一个，就是杀死一百个像你这样的女人，也不解我心头之恨，而且我毕竟只能杀死一个卑鄙、狠毒的女人呀。如果不是你那漂亮的小脸蛋儿，你究竟有哪一点比那些卑贱的侍女强？你那脸蛋儿不久就会越来越难看，因为几年一过，皱纹就会越来越多。可是，正如你刚才说的，我这样一个高贵的君子，差一点儿死在你的手里；我在一天里为人类做的贡献，超过一千个像你这样的人一辈子做的。总而言之，我是想教训教训你，叫你知道，不能捉弄有头脑的人，不能捉弄有学问的人，如果你今天还能活着出去的话，以后再也别干这种混账的事。哦，你既然在那儿忍受不住，为什么不从塔上往下跳呀？如果上帝垂怜，叫你跌断脖子，那你就用不着难受了（看样子，你真有点儿不好过呢），我也成了天下最开心的人了。我对你说的话就这些了。我有办法叫你爬上塔顶，那你也像当初想办法捉弄我一样，现在自己就想想办法下来吧。”

在学者说话的时候，那倒霉的寡妇一直眼泪汪汪地在哭。时间一分钟一分钟地过去，太阳越升越高，等到学者把话说完了，她开言说：“狠心肠的人呀，你听我说！如果那可恨的一夜使你受了太大的委屈，如果我的所作所为使你伤透了心，以至于我的青春、我的美貌，我痛哭流涕、苦苦哀求，都不能打动你的心，那么，你至少应该想一想，因为我对你信任，把我的心事全告诉了你，才使你有可能唤醒我的良心，叫我愧悔，如果我不信任你的话，即使你报仇心切，也无可奈何呀，所以，你想想我对你的信任，也应该可怜可怜我，消消你满腔的怒气呀！别生气了，好歹饶了我吧！如果你能饶恕我，放我回去，我愿意舍弃我那个薄情郎，把你当作我唯一的心上人和夫君。虽然你把我的美貌说得一钱不值，认为我的美貌不会长久，而且并不那么迷人，不过，我明白，不管我的美貌怎样，我的美貌也会跟任何女子的美貌一样，至少可以使年轻男子得到快乐、欢娱和享受，要知道你也没老呀！尽管你对我这样发狠，我总不相信你真的愿意眼睁睁地看着我死，看着我从高塔上跳下去,因为尽管你现在已经不承认,然而当初你是看见我就着迷的呀。看在上帝面上,可怜可怜我,别折磨我啦!太阳渐渐热起来啦。夜里我冻得够呛,现在又要热得受不住了!”

那学者觉得拿话逗逗她,心里十分快活,就又说道:“艾莲娜呀!你信任我,并不是因为爱我,而是因为一心想唤回你那负心的情郎,所以应该受到更严厉的惩罚。你以为我只有在这种情况下才能报仇,那就错了。我的办法多着呢。其实,我一面假装仍然在爱你,一面却在你周围设下了许许多多圈套,即使你这一回不上圈套,过不多久,也必然会落入其他的圈套,那时候你遭受的痛苦和羞辱更要厉害多了。我现在选用这种办法,不是为了让你过得舒坦,而是因为这种办法最好玩儿。即使我所有的报仇办法都落空了,那我手里还有一支笔,我可以绘声绘色地写出你的丑恶行径,等你知道了(你是不可能永远不知道的),你一天会悔恨一千次,恨自己生到世上来。笔墨威力之大,不曾领教过的人是想象不出的。我向上帝起誓(上帝既然为我报仇提供了可喜的开端,就必然会赐予一个可喜的结局),假如我写出你的丑行,不但叫别人看了觉得不堪入目,就是你自己看到了,也要挖掉自己的眼睛,免得再看见自己!小河的水总是要注入大海,这是不能怪大海的!我已经说过,我再也不稀罕你的爱情,不想做你的情夫。如果你有本事召回你原来的情夫,还是去和他过吧。以前我很恨他,现在我喜欢他了,因为他对你来了这一手。你们这些女人就爱那些年轻后生,追求他们,因为他们的脸蛋儿白嫩,小胡子黑亮,因为他们什么都会:又会跳舞,又会击剑,虽然有些年纪的人也都会,而且还胜过年轻人。此外,你们还认为年轻男子会骑马，跑得比成年男子快。这我倒是同意：年轻人确实有一股冲劲儿；不过，成年人比较老练，他们善于辨别事物的内涵，和年轻人不同。宁要少而浓郁，不要多而淡薄。疯狂奔驰容易劳累和疲惫，如果慢步前进（即使年轻人也是如此），到达目的地虽然晚一些，但可以少消耗体力。你们都是一些没有头脑的动物，你们不知道那漂亮的外表后面藏着多少丑恶的东西。年轻男子从来不是占有一个女子就满足的；不管有多少女子从他们眼前经过，他们总是见一个爱一个，因为他们相信，没有哪一个女子是他们弄不到手的。所以他们的爱情是不长久的。现在你有了痛苦的切身经验，可以明白这一点了。年轻男子都认为，女人都应该宠爱他们，向他们献媚。他们最喜欢夸耀的是自己如何使女子着迷。所以有许多女人宁可去做教士的情妇，至少他们可以守口如瓶。你以为，你干的好事，除了你的侍女和我，谁也不知道，那就错了；如果你真这样想，就太糊涂了。不论在他的周围，还是在你的周围，都在纷纷议论你们的事情，只不过被议论的当事人往往到最后才能听到这些话。再说，那些年轻男子总是要刮你们的钱，而成年男子往往对你们有所馈赠。总而言之，你挑选得不好。不过你既然委身于他，就和他过下去吧；你既然嘲笑过我，那就不要来和另一个女人争夺我，因为我已经找到一个女人，比你好得多，她非常看得起我，和你大不一样！你不相信我说的话，但是你应该从我的眼神中看出来，我是多么希望看到你自尽呀！所以，为了带着这最后的感想上阴间去，你就快点儿往下跳吧，那么，你的灵魂（毫无疑问，你的灵魂此时此刻已经在魔鬼手掌里了）就会看到，我看着你从塔顶上飞速地往地上落，脸色是不是有丝毫的改变。不过我相信,你是舍不得牺牲自己,让我来开开心的。你还是听听我的意见:如果太阳晒得你难受,那你就想想当初你叫我挨冻的情形,拿今天的热和那时的冷比一比,就可以得出结论,今天还算不上怎么热呢。”

艾莲娜听出,学者句句话都说明他已经下定了狠心要收拾她,感到绝望已极,又痛哭起来。她说:“你听我说!既然我无法打动你,使你可怜我,那你就为了对另一个女人的爱情,可怜可怜我吧。听你说,她比我聪明,她很爱你,那你就看在她的面上,饶恕我,把我的衣服拿来,让我下去吧。”

那学者大笑起来,这时已是上午十点多钟了,学者就说:“那好吧,你既然要我看在那位好女子面上,那我不能不答应了。你告诉我,衣服藏在哪儿,我去拿来,再帮你下来。”

艾莲娜信了他的话,打起了精神,就告诉他,衣服藏在什么地方。学者吩咐仆人不要走远,要在这里看着,不叫任何人到塔跟前来。吩咐过之后,就径直上朋友家里,快快活活地在朋友家里吃过午饭,饭后又上床休息去了。

艾莲娜留在塔上,显然抱着一线希望,多少宽心了一些,但心中依然很不是滋味。她靠在墙边一小块背阴的地方坐了下来,痛苦地思想着,等待着。她一会儿觉得有希望,觉得学者会给她送衣服来,一会儿又感到绝望,她这样胡思乱想,苦恼了一阵子,脑子里全乱了,到后来终于因为苦恼伤神,又加上一夜未睡,就昏昏沉沉睡着了。这时已经快到中午了,太阳无情地炙晒着,火辣辣的阳光直射在她那娇嫩的肉体和无遮无盖的头上,那向阳处的皮肉像火烧火燎似的,裂了许许多多口子。尽管她睡得很死,灼热的阳光还是晒得她疼醒了。她感觉出晒得很疼,身子便动了动,这么一动,就觉得她那热辣辣的皮肤好像是烤焦了的羊皮纸,只要轻轻一扯,就开裂,就破碎了。她的头疼得就像要炸了。塔顶上热得烫人,既不能坐,也不能站,艾莲娜一面哭着,一面跑来跑去。再加上这一天又没有一丝风,成群成群的苍蝇和牛虻飞到塔顶上,落在她的光光的身上,叮得她生疼,每叮一口就像利箭扎进她的肉里,因此她不停地在挥手驱赶苍蝇和牛虻,一个劲儿地在咒骂自己和自己的命运,咒骂她的情郎和学者。烈日当头,炎热难当,苍蝇和牛虻叮得浑身发疼,肚子又饿,更难忍的是口里十分干渴,再加上心急如焚,因此再也不顾虑什么,决定大声呼救,而且她站了起来,想看看附近有没有什么人,能不能听到人的声音。可是,该她倒霉,周围一个人也没有。因为天气炎热,农夫们都没有下地干活儿,只是在自己的家前屋后打打场。艾莲娜只能听见蝉声,看见阿尔诺河,她看见那滚滚的河水,并没有解除干渴,而是干渴得更厉害了。四下里望去,可以看见绿茵茵的树林和一座座房舍,但这都是可望而不可即的。没说的,这个女人真是倒霉透了。火热的太阳,灼烫的塔顶,再加上苍蝇、牛虻叮咬,把她折腾得变了模样。原来那白嫩的皮肉,在黑夜里还白亮白亮的,现在成了火红色,像茜草一样红,而且鲜血淋漓,看着都叫人害怕了。

她看到没有什么人会来搭救她,无计可想,就觉得真不如死去。终于到了太阳偏西时候,那学者一觉醒来,想起了艾莲娜,就来到塔边,看着她究竟怎样了,并且让没有吃饭的仆人去吃点东西。被折腾得痛苦不堪、筋疲力尽的艾莲娜一听见他来了,就走到塔顶边沿上，坐下来，哭着说道："林耶利呀！你报仇报得太过分了。我让你在院子里冻了一夜，可是你让我在塔顶上晒了一天，这简直不是晒，是挨火烧，而且不给我吃，不给我喝。看在上帝面上，你到塔上来吧！我想死，可是自己下不得手，所以我求求你，把我杀了吧！我太痛苦、太难受了，所以现在死是我得救的好办法。如果你不肯给予我这样的恩惠，那你至少让人给我弄点儿水来，让我润一润嘴唇，我干渴得要命，浑身像火烧一样，单靠泪水滋润是不行的呀。"

学者听到她的声音，知道她已经折腾得够呛了，看到她已经晒成了那种样子，又听到她那种低声下气的哀求，不禁对她有些怜悯起来，不过他还是对她说道："不行，如果你想死的话，你是个心狠手辣的女人，可以自己动手嘛，用不着我来帮你。你向我要水喝，就像那时候我向你要求烤火一样，都是办不到的。还有一点是我心里很窝囊的：我冻伤之后，用温热的粪来敷，臭烘烘的；你晒坏了，可以用花露水来治，又香又凉爽；我几乎因为血中毒死去，你只不过像蛇蜕去一层皮，还会像原来一样漂亮的。"

艾莲娜大声叫起来："我就是因为漂亮倒霉的！我愿意把漂亮奉送给我的对头冤家。你比野兽还残忍：怎么能忍心这样折磨我呢？即使我惨无人道，杀了你的全家，你对我又能怎样呢？即使惩治卖国奸贼，哪怕全城毁于他一个人之手，又能想出什么刑罚，比你对付我，比让太阳烤、虫子叮更残酷的呢？而且，你连水都不给我喝。就连杀人犯，在赴刑场就刑的时候，如果要喝酒，都可以喝个够。我看出来，你心狠手辣，不论把我折腾成什么样子，你都不会手软的，那好吧，我只有乖乖地等死了，就让上帝拯救我的灵魂吧！那时候我会祈求公正无私的上帝看看你是怎样对待我的。”她说过这番话，就十分吃力地爬到塔顶平台中间，认为自己反正是逃不脱毒日的炙烤了。有很多次她觉得，她就要死于干渴，死于难以忍受的痛楚，眼看着自己这一辈子完了，就伤心地大声哭了起来。

不过，到了傍晚时候，那学者觉得自己的气已经出够了，就吩咐仆人把她的衣服拿了来，用斗篷包着，带了衣服来到艾莲娜的庄园里，看到那侍女正在大门口。侍女又忧愁又焦急，神情十分慌乱。他问她：“大姐，能不能告诉我，你家夫人在哪儿？”

侍女回答说：“我不知道呀，先生。昨天晚上，我看着她上床睡了，今天早晨我满以为她还在床上呢，可是她连人影子都没有了。我真不知道她出了什么事儿。我都快急疯了。先生，您是不是知道她哪儿去了？”

学者听了这话，回答说：“真遗憾，你没有和她一起落入我的圈套，要是把你也收拾收拾就好了！不过你也逃不出我的掌心，你欠下的账我早晚也要和你算算，叫你记住我的厉害，下次不要再捉弄人。”他吩咐仆人：“把衣服给她吧，告诉她，如果要找她的少奶奶，可以到哪儿去找。”

仆人把衣服递过去，又把那地点说了说。侍女看到这果然是女主人的衣服，又听了刚才的一番话，以为女主人恐怕是被杀害了，所以吓得差点儿要叫起来。等学者一走，她就大哭起来，并且急急忙忙朝那座塔跑去。

那一天，艾莲娜庄园里有一个长工丢了两头猪。他到处寻找，找了很久，学者走后不久，他就来到塔跟前，一听见那个倒霉的女人的哀哭声，就拼命朝上跳了几下，叫喊道："谁在那上面哭？"

艾莲娜马上听出这个长工的声音。她叫了叫他的名字，说道："你去找找我的侍女，叫她上这儿来。"

那长工听了声音，知道这是他们的女主人，不由得惊叫道："哎呀，我的天哪！您怎么在这儿呀？您的侍女找您找了一整天，可是谁又能想到您在这儿呢？"

他把梯子搬来，靠在塔上，用树条子把横挡扎结实。这当儿，那侍女跑来了，她惊愕得把两手一拍，忍不住哭喊起来："哎呀，你这是怎么啦？我的好太太，您在哪儿呀？"

艾莲娜尽量放大了嗓门儿喊道："我的亲人啊，我在塔顶上呀！别哭啦，快把我的衣服拿来吧！"

侍女听到声音，知道这是女主人，于是才放下心来。这时候那长工已把梯子收拾好，扶着她上了梯子，她爬上塔顶，一看见女主人赤身裸体，气息奄奄，躺在塔顶上，被折腾得完全变了模样，很像是一段烧红的木头，就像哭死人一样对着女主人号啕大哭起来，并且拿手乱抓自己的面孔。可是艾莲娜叫她别哭，快点儿帮她穿起衣裳。艾莲娜得知除了学者和他的仆人以及长工之外，没有人知道她在哪里，她多少放心些，就要求侍女和长工千万别把这事张扬出去。他们商量了一阵子之后，因为艾莲娜已不能走动，就由长工把她背起，顺着梯子下了塔。那侍女也紧跟着他们顺着梯子往下爬，可是她合该倒霉，一个不小心，脚一滑，从梯子上跌了下来，跌断一条大腿，疼得哇哇大叫起来。长工把艾莲娜放在草地上，去看那侍女，看到她跌断了大腿，就把她抱起，抱到艾莲娜身边放下来。那侍女是艾莲娜的心腹和指望,她看到侍女跌断了腿,觉得真是祸不单行,绝望已极,不禁又伤心地哭了起来,长工劝了她一阵子,见她还是哭得那样伤心,不由得也跟着哭了起来。这时候太阳就要落山了,他们必须在天黑以前离开这里,长工就遵照伤心的女主人的吩咐,赶回家中,叫他的老婆和两个兄弟带上一块木板,来到塔边,把侍女放在木板上,抬回家去。那长工又对艾莲娜说了一些宽慰的话,给她喝了一些凉水,然后又把她背起,送回卧房。长工的老婆伺候她吃过晚饭,又帮她脱了衣裳,扶她上床休息了一阵子,然后他们叫人连夜把主仆两人送回佛罗伦萨。

艾莲娜本来是一个异常狡猾的女人,现在就为自己和侍女编造了一套又离奇又玄虚的谎话,居然使她的兄弟姐妹和其他人都相信她们是遇了邪。艾莲娜又在床褥上受了不少罪,痛苦了很久,被单常常粘在皮肉上,揭床单往往连皮一起揭掉,不过到后来医生治好了她的高烧,也治好了所有其他的毛病,同时也给侍女治好了大腿。艾莲娜经过这场风波之后,再也不去想她的情郎,而且谨慎、庄重起来,再也不敢卖弄风骚,捉弄男人了。那学者听说侍女也跌断了腿,觉得仇也报够了,气也出尽了,对这件事也就只字不提了。

这就是一个自作聪明的少妇捉弄学者的下场。她以为学者也像别的什么人一样,是可以随便捉弄捉弄的,却不知学者大都是(即使不能说全都是)不好惹的。所以,诸位姐姐,千万别捉弄人,尤其学者,更是捉弄不得。

第十天　第十个故事

萨鲁卓侯爵的僚属一再劝他成婚。侯爵说要自己择妻,结果娶了一个农家姑娘。她为他生了两个孩子。他佯装无情,使她认为他已把两个孩子处死。后来又说她已经使他厌了,他要另娶新人。于是她只穿了贴身的衣服回到娘家。侯爵却派人把自己的女儿接了回来,对人说,这就是他要娶的新人。到最后他终于相信,妻子对他是百依百顺的,觉得她现在比过去更为可爱了,就派人把她接了回来,让她和已经长大成人的两个孩子见面。他对她倍加敬重,并要求其他人尊之为侯爵夫人。

除了季奥纽,别人都没有故事好讲了,于是他又开口说:

贤德的小姐们!如果我没有记错的话,今天大家讲的都是帝王、苏丹和其他一些高贵的人物的故事。我也不想有伤大雅,且来讲一个侯爵的故事,不过不是讲他如何宽宏大量,而是讲他干的一件极其愚蠢的事,虽然这事最后得到美满的结局。我奉劝世人不要仿效他,因为他的乖僻行为获得美满结局,只不过是一种侥幸。

很久很久以前,萨鲁茨基家有一位公子,名叫格瓦尔特里,没有妻室儿女,天天骑马打猎,全不想娶妻和生儿育女的事,说明他的头脑不同凡响。可是他的手下人却不赞成他这样,一再劝他成婚,免得身后无嗣,也免得臣民日后无主,而且他们都愿意为他物色一位出身名门的贤淑小姐,保他称心如意,无后顾之忧。

可是格瓦尔特里却反驳他们的意见说:“诸位好心的朋友!你们想要我做的事情,就我自己的心愿来说,我是无论如何不愿意做的,因为我知道,找一位情投意合的妻子,是难上加难的,天下多的是性情和我不相投合的女子,一个男子如果挑了个不合心意的女子为妻,日子是很难过的。你们以为,看父母的性情,就能准确无误地判断出女儿的性情,由此得出结论,说你们可以为我物色到合意的妻子,真是荒唐可笑。我真不懂,你们怎么能弄清一个姑娘的父亲的心思或者母亲的秘事,况且,即使你们把姑娘父母的底细弄得一清二楚,那也靠不住,因为女儿完全不像父母,是常见的事。不过,既然你们一心想给我套上这副锁链,我也不想违拗你们的好意,不过我有一个条件,那就是:我的妻子由我自己来找。这样,如果我找错了人,就只能怪我自己。我还要事先对你们说明白:不论我选中哪一个女子,你们都要尊她为夫人,否则我要怪你们逼着我成婚,才造成尴尬的局面。”好心的人们都回答说,只要他肯成婚,一切都可以从命。

格瓦尔特里早就迷恋着附近村庄里一个贫穷的姑娘,看中了她的善良的品性,而且她的相貌也是美丽动人的。格瓦尔特里认为,和她结为夫妻,将是幸福美满的。他想,幸福就在眼前,何必远处去寻,就决定娶她,于是派人去把姑娘的父亲——一个十分贫苦的老汉找了来,同他谈妥了一切有关婚娶的事。

然后格瓦尔特里把所有的朋友都召了来,对他们说:“诸位朋友!你们一直主张要我成亲,那好吧,我就成亲,不过这不是我多么希望成亲,而是为了满足你们的心意。你们还记得你们对我许下的诺言吧？那就是说：不论我娶的是谁，你们都满意，都要尊她为夫人。我履行了我的诺言，你们也履行你们的诺言吧。我在附近找到一位姑娘，很合我的心意，我就要把她接过来，和她成亲。你们就张罗张罗，让婚礼尽可能办得隆重些，要用盛大的仪式迎接我的夫人，总而言之，要使你们和我都非常满意。”

好心的人们都十分欢喜，众口一声地说，他们都非常高兴，又说，不管他娶的是什么人，他们都尊她为夫人，今后永远以对待夫人之礼相待。然后，大家就着手筹办丰盛、豪华而热闹的喜筵，格瓦尔特里也亲自参与其事。他说，一定要把婚礼办得很隆重、有排场，并且吩咐把许许多多亲戚朋友、附近的显贵和平民都请来参加婚礼。另外又觅得一位姑娘，他认为这姑娘的身材跟他要娶的那姑娘完全一样，叫人照着她的身材剪裁和缝制了许多华丽的服装；此外，他又叫人买了扣带、戒指和贵重而美丽的冠冕，总而言之，凡是新娘佩戴的东西，应有尽有。

在迎亲的那一天，早晨七点钟，格瓦尔特里和所有的来宾都上了马。又做了一些必要的安排之后，他便说：“诸位先生！现在该去迎接新娘了。”大家催动马匹，朝那座小村子走去。快到那姑娘家门前，格瓦尔特里遇到了那姑娘。她刚才是去提水，现在正急急忙忙赶回家来，因为她想和其他的姑娘一起来看看格瓦尔特里的新娘子。格瓦尔特里唤了一声她的名字“格莉雪尔达”，问她的父亲在哪里，她听到唤她，羞臊了一阵子之后，就回答说：“大人，他在家里。”

格瓦尔特里下了马，叫同来的人都在门外等着，他一人走进那简陋的茅舍，见到那老汉詹努柯列，对他说：“我来迎娶格莉雪尔达来了;不过,我首先要当着你的面,和她说几句话。”于是,格瓦尔特里对她说明了来意,然后说,如果他娶她为妻,她必须处处满足他的心意;不管他说什么,做什么,她都不应该生他的气,她必须听从他的话,等等,并且问她,这些事她是否都答应;格莉雪尔达完全答应下来。于是格瓦尔特里拉住她的手,把她领出门来,吩咐当着所有来宾和当地众人的面把她的破衣烂衫全脱了,然后尽快地把为她置备的衣衫和鞋袜一一给她穿上,又把礼冠戴到她那乱蓬蓬的头上。大家看到这情景,都非常惊愕,格瓦尔特里就说:“诸位!我看中的就是这位姑娘,如果她肯嫁给我,我现在就娶她。”于是他转身朝着羞羞答答、不知所措的姑娘,问道:“格莉雪尔达!你愿意做我的妻子吗?”

格莉雪尔达回答说:“大人,我愿意。”

格瓦尔特里也说:“我也愿意做你的丈夫。”他和格莉雪尔达在人山人海中举行过婚礼之后,就把她扶上一匹骏马,迎回府邸。豪华而丰盛的喜筵开始了。那场面之隆重,就好像格瓦尔特里娶了一位法国公主。

新娘子一换了华丽的服装,似乎精神、气质也都变了。我已经说过,她本来就是十分美丽、十分苗条的,现在美丽之上又增加了其他许多动人之处:她变得那样娇媚和艳丽,那样雍容华贵,看着她的样子,使人不由得想,似乎她以前从来没有放过羊,她也不是一个庄稼汉的女儿,而是一位出身名门的小姐,凡是在她出嫁前认识她的人,看见她今天的样子都十分吃惊。而且她对丈夫百依百顺,体贴入微,使他感到无限幸福、无限美满;她对待他的下属也是亲切而慈祥,所以大家都出自内心而不是慑于权势地爱戴她，敬重她，祝愿她幸福、顺遂，祝愿她荣华一世。如果以前许多人都说格瓦尔特里娶这个女子是很不明智的话，现在大家都承认他是世界上最贤明、最有眼力的人了，因为任何别的人处在他的地位，都不会看出在她那破破烂烂的农家衣衫里面隐藏着这样崇高的美德。总而言之，不仅是侯爵领地里的臣民，就是领地以外的人现在到处都在赞誉她的美德和品行了，大家对于格瓦尔特里娶她为夫人，也不再非议，而是纷纷表示赞同了。格莉雪尔达不久就怀了孕，时间一到，就生下一个女儿，为庆贺女儿的出生，格瓦尔特里再一次大宴宾客。然而，过了不久，格瓦尔特里忽然生出一个奇怪的念头：他要让她经受一番长时间的痛苦考验，试试她的耐心如何。他先从责难开始；装作很不高兴，对她说，他的手下人对他十分不满，都说他娶了个贫民女儿为妻，现在又生下了孩子，而且生的还不是儿子，竟是女儿；所以他们很看不惯，纷纷抱怨。格莉雪尔达听了，面不改色，丝毫看不出她有什么表示要改变善良的初衷。她只是说："大人，一切听你的，你要怎样就怎样，只要能保全你的声望，能使你幸福康泰，我什么都乐意做；我知道，我和他们相比，实在算不上什么；你好意抬举我，使我享受尊荣，我也实在不配。"格瓦尔特里听了妻子的回答，感到十分满意，因为他看出，格莉雪尔达虽然备受他和其他人的尊敬，却没有丝毫骄傲之心。

又过了几天，格瓦尔特里又故意暗示她说，他的手下人都不能容忍她的女儿。然后又派一名仆人去见她，那仆人装出一副很为难的样子，对她说："夫人！ 侯爵大人有命令，我若不奉行，性命难保。他吩咐我把您的女儿带去……"仆人没有把话说完。

格莉雪尔达听了这话，又看了看仆人的脸色，并且想起了侯爵对她说的话，便猜到仆人是奉命来把女儿处死。她心里虽然痛如刀绞，可是连哆嗦也不哆嗦一下，很快地把女儿从摇篮里抱出来，吻了吻她，为她祝过福，就亲手交给了仆人。对他说："抱去吧，你我的主人要你怎么办，你就怎么办，不许违抗，只是不要让这孩子的尸首被鸟兽吃掉，当然，这是说如果主人没有特别吩咐的话。"仆人抱起女孩，来向主人复命，把格莉雪尔达对他说的话说了一遍，格瓦尔特里见她这样刚强，着实吃惊，就吩咐仆人把孩子送到波伦亚一个亲戚家去，央求亲戚不辞劳苦把孩子抚育成人，而且无论如何不要泄漏出她是谁家的女儿。

过了不久，格莉雪尔达又怀孕，时候一到，生下一个儿子，格瓦尔特里自是欢喜异常。但是，显然他觉得那一次给妻子的考验还不够，于是他又在妻子心上扎了更深的一刀。有一天，他带着十分懊恼的表情对她说："夫人！自从你生了儿子之后，我的臣民们怨声载道，他们担心的是，在我死后将要由詹努柯列的外孙做他们的主公。我怕我有一天不得不先采取上一次那样的措施，然后休了你，另娶一个妻子，要不然他们会把我推翻。"

格莉雪尔达平心静气地听完他的话，回答说："大人，只要对你好，怎么样都行，不必顾念我。我的一切都是你的。"

又过了几天，格瓦尔特里又像当初抱走女儿那样，派人去把儿子抱来，又是装作要把儿子处死，其实却把儿子也送到女儿所在的波伦亚去抚养。格莉雪尔达交出儿子，依然像当初交出女儿那样，毫无怨言。格瓦尔特里着实感到惊讶不已。他很难设想另外会有什么女人能做到这一点。要不是他知道她非常疼爱儿女

(在他没有派人把女儿和儿子抱走的时候,她对他们是百般疼爱的),也许会以为她对儿女是没有感情的。其实她的所作所为,证明了她在对待丈夫方面是极其贤惠的。他的臣民们以为他当真把儿女处死了,都责难他,说他残忍无情,大家都很同情格莉雪尔达。然而格莉雪尔达每当别的一些女人因为她的儿女的死表示难过时,她却总是回答说,这是她同意的,因为这样对孩子的父亲有好处。

打从女儿出世起,又过了几年,格瓦尔特里决定最后一次考验考验妻子的耐心。因此他到处张扬说他已经厌恶了格莉雪尔达,说他当时娶她是因为轻率,年轻无知,所以他要请求罗马教皇允许他休了格莉雪尔达,另娶新人。善良的人们都反对他这样做,他却斩钉截铁地回答说:一定要这样。格莉雪尔达听了这些话,心里思忖,看来势必要回娘家去,势必重新去放羊了,而且眼看着自己终生依靠的人就要投入别的女人的怀抱,真是心如刀割,但是她决定还像过去忍受所有的磨难那样,咬紧牙关,忍受这一次命运的摧残。

过了一段时间,从罗马寄来了伪造的信件,信上说,教皇准许格瓦尔特里休了格莉雪尔达,另娶新人。格瓦尔特里拿着信件到处给人看。终于他派人把格莉雪尔达召了来,当众宣布说:“格莉雪尔达!教皇已经准许我把你休了,另娶新人。我的祖先都是贵族华胄,他们的恩威遍及四方;你家祖祖辈辈是庄稼人;我再也不愿意和你在一起了;你带上你原来的衣物,回娘家去吧。我要另找一位比较般配的妻子。”

格莉雪尔达好不容易克制住女子柔弱的天性,把眼泪憋住了。她说："大人，我一直没有忘记我是一个出身微贱的女子，配不上像您这样的贵人。我能在您的府邸里侍奉了您十几年，应当感谢上帝，感谢您。我从来不认为我所得到的恩惠是应得的，是受之无愧的；我常常对自己说，这都是暂时的。不论什么时候，只要您想把您给予我的恩典要回去，我都甘心情愿奉还，现在我就把一切归还。这是您给我的戒指，请您收下。您要我把我原来的东西带回去。这也用不着您操心，我的东西既不用车载，也不用马驮，因为我一直记得我是赤条条嫁给您的。如果您认为我这个为您生过一女一男的身子裸露在众人面前无伤大雅的话，我可以光着身子走。不过我还是恳求您一点：我原是带着处女的清白身来的，我已将处女的清白献给您，无法再带回去，现在我恳求您，就算是对于我的清白的补偿，允许我超出原来的所有，穿一身哪怕是贴肉的内衣走。"

格瓦尔特里听了这话，泪水直往喉咙里流，但是他装出一副严厉的面孔，说："你可以穿一身内衣走。"

在场的人都要求格瓦尔特里再给她一身外衣，都说，一个和他做了十三年夫妻的女子，现在在众目睽睽之下只穿一身内衣很不体面地从他家走出去，这是很不合适的。但是格瓦尔特里怎么也不肯答应。格莉雪尔达就只穿着一身内衣，光着脚，头上什么也不戴，和众人告过别，走出府邸，回娘家去，她走后有不少人为她痛哭流涕。她的父亲詹努柯列本来就不相信这桩婚事有多么牢靠，认为随时都可能发生变化，所以他还一直保留着她和格瓦尔特里结婚的那天早上脱下来的衣服。女儿一回到家里，他就把衣服给她拿来，格莉雪尔达穿起旧时衣衫，依然像过去一样操持起家务，咬紧牙关忍受残酷的命运的沉重打击。

这时候格瓦尔特里却放出风来，说他要娶巴纳戈伯爵家的小姐，下令为他筹办盛大的结婚典礼，然后派人去把格莉雪尔达召来。格莉雪尔达应召来到，格瓦尔特里对她说："我准备把我的新娘子迎进府来，为她举行盛大的迎亲仪式。你该知道，府里举办这样的盛事，有许多房子要收拾，还有各种各样别的事情要办，我身边却找不到适当的妇女来操持这些事。你对府里的情况最熟悉，你就来操持这些事吧，你斟酌情况，把该请的太太、小姐都请来，好好地接待她们，办完喜事，你就可以走了。"

格瓦尔特里说的话句句都像利剑扎在格莉雪尔达心上。因为她虽然甘心承认自己命苦，却不能拔除心中的爱情。不过，她还是回答说："大人，我遵命，一切照办。"于是她穿着粗布衣服走进她不久前穿着贴身内衣离开的那座房子，动手打扫和收拾各个房间，挂起窗幔，铺上地毯，又下厨房做饭菜，什么样的粗活儿都干，就好像她是府里的下等侍女。直到把一切都料理得井井有条，她才肯休息。

然后，格莉雪尔达以格瓦尔特里的名义把附近的贵妇、小姐都请了来，准备迎接佳期。到了迎亲的那天，格莉雪尔达虽然穿着一身寒碜的衣裳，却依然能够像往常一样雍容大方、和颜悦色地接待女宾。

格瓦尔特里的两个孩子寄养在嫁给巴纳戈伯爵的一位女亲戚家，受到很好的教育；女儿这时已经十二岁，长成为一个绝色的少女，儿子也已经六岁了。格瓦尔特里请求波伦亚的伯爵亲自把他的女儿和儿子送到萨鲁卓来，并且要有大批的侍从和盛大的仪仗队护送;格瓦尔特里并且请求他佯称这是送新娘子来和格瓦尔特里成亲,千万不要透露出这姑娘的真实身份。伯爵便依照侯爵的吩咐行事;他带着一行人马启程;他和侯爵的女儿、儿子以及盛大的护送队伍在路上走了几天,在一天将近中午时候,来到萨鲁卓,这时候附近一带的男男友女都围在这里等着看新娘子呢。

女宾们把新娘子迎入大厅,大厅里已经摆好了筵席。这时候,衣着寒碜的格莉雪尔达满面春风地前来迎接新人。她说:“敬爱的夫人,欢迎,欢迎!”

女宾们一直在央求格瓦尔特里让格莉雪尔达躲到别的房里去,或者让她临时穿一件她过去在府里穿的衣裳,要不然她这样出来见客,实在不大好,可是格瓦尔特里无论如何也不答应。来宾纷纷就座。大家一齐打量新娘子,认为格瓦尔特里娶的新人确实比原来的夫人更美。格瓦尔特里也十分喜欢这姑娘和她的弟弟。

格瓦尔特里终于觉得满意了。他已经通过事实看出,格莉雪尔达的耐心不是一般的;他看到她始终如一,非常高兴,也明白她这种始终如一的精神不是由于愚钝,因为他知道格莉雪尔达是非常明白道理的。他也明白,她的心里是异常痛苦的,只不过用镇定的外表掩盖着内心的痛苦罢了,他决定立刻解除她心中的痛苦。于是,他把她叫到面前,笑嘻嘻地大声问道:“喂,你看我的新娘子怎么样?”

格莉雪尔达回答说:“大人,我非常喜欢她。她真是异常美貌,我相信她也异常贤惠,毫无疑问,您有了这样一位夫人,将成为天下最幸福的人。只不过我斗胆恳求您:如果可以的话,您千万不要像对待前妻那样伤害她,我怕她经受不住那样的创伤,因为她比您的前妻年轻得多,再说,她是在富贵之家长大的,您的前妻是从小就过惯了苦日子的。”

格瓦尔特里看到格莉雪尔达当真以为他要娶这姑娘,还是只说这姑娘的好话,心中十分感动,就叫格莉雪尔达在自己身旁坐下来,对她说:“格莉雪尔达,你久经折磨,依然始终如一,现在该是得到报酬的时候了。许多人以为我残忍、狠毒、无情无义,现在也应该明白,我是有我的意图的:我是想教教你如何做一个贤惠妻子,想教教大家如何选择妻子、看重妻子,我希望我和你永远和睦相处,白头偕老,然而,我当初娶你的时候,很怕今后不能和谐,我为了试试你,所以一次又一次使你遭受创痛。但是,既然你的言语和行动没有一样不顺从我的心意,既然我已看出,有你这样的妻子,我将是终生幸福的,那我现在就把我几次夺掉的属于你的幸福,一下子都归还给你,并且要用最热烈的爱情医治你的创伤。你现在就高兴高兴吧:这位所谓的新娘子和她的弟弟,就是咱们的两个孩子,你和许多人都以为我已经下狠心把他们处死了,实际上那是佯装的。我是你的丈夫,爱你甚于爱世界上的一切,也许我可以夸口说,天下再没有什么人,能够像我这样喜欢自己的妻子了。”

于是格瓦尔特里抱住格莉雪尔达狂吻起来,她高兴得哭了起来。过了一会儿,两个人都站起来,走到惊愕得发了呆的女儿面前,亲亲热热地把女儿和儿子搂抱在一起,一直感到迷惑不解的宾客们这时候才清醒过来。女士们都高兴起来,一个个离开座位,陪着格莉雪尔达进入内室,帮她脱下农妇的衣衫,穿起夫人的服装，那股欢喜劲儿，超过了当年为她穿结婚礼服时的心情；然后她重新以一个贵夫人的姿态（其实，她本来穿着旧衣，也仍然显得像一位贵夫人）仪态万方地回到大厅里来。格莉雪尔达看着自己的两个孩子，心里说不尽的幸福，周围的人也十分高兴，大家欢欢喜喜，热热闹闹，一连庆贺了好几天。大家都说格瓦尔特里是个了不起的聪明人，都说他对妻子的考验实在太狠、太严酷了，又说格莉雪尔达比他还聪明。巴纳戈伯爵过了几天就回波伦亚去了。格瓦尔特里再也不让詹努柯列干庄稼活儿，由他赡养他；詹努柯列从此享受起一位侯爵的岳父应享的礼遇，过起安乐尊荣的日子，享尽天年而殁。格瓦尔特里为女儿觅得一位英俊而显贵的夫婿。他和格莉雪尔达相敬相爱，幸福美满，白头偕老。

由此可以看出，寒陋茅舍里常常有极好的人，而在帝王宫殿里却常常有蠢货，只配放猪，不配管理百姓。除了格莉雪尔达，谁又能不仅不流泪，而且高高兴兴地承受格瓦尔特里给予她的那些闻所未闻的残酷考验？如果格瓦尔特里碰到的是另外一个女人，只穿一身内衣回到娘家，到娘家又勾搭上另一个男人，快快活活地和别人过了起来，那也不算对不起他。

《故事三百篇》节选

弗朗哥·萨凯蒂

第八篇

有一个热那亚人，相貌丑陋，然而很有学问。他问诗人但丁，怎样才能得到一个女子的爱情，于是但丁给他出了一个引人发笑的主意。

以前在热那亚城里有一个有学问的人，学识渊博，然而身材矮小，相貌十分丑陋。他迷上了城里一个十分美貌的女子。那女子不知是因为他的相貌丑陋，还是因为自己一向品行端正，或者别的什么原因，不但不爱他，而且连正眼也不看他一下。

他在爱情上灰心绝望之后，听到了诗人但丁的大名，并且听说诗人就住在拉韦纳城，于是他一心一意要上那里去，要去见见诗人，同诗人结识，希望诗人给他出出主意，教他如何可以使那个女子爱他，至少使她不要这样厌恶他。于是他风尘仆仆来到拉韦纳城，在城里参加了一次宴会，在宴会上见到了诗人但丁。因为他和诗人坐得很近，就找了个机会，说：

“但丁先生，久闻您的大德和大名，我有一事，能否请您指教？”

但丁说：

“只要力所能及，敢不从命？”

于是这个热那亚人开口说：

“我一直爱着一位女子，像所有恋中人一样钟情；可是她不仅不肯报我以爱情，而且连看我一眼都不肯。”

但丁听了他的话，又看了看他那丑陋的外貌，就说：

“先生，我很愿意为您效劳，不过，对于您这件事，我只有一个主意，别无他法。您一定知道，怀孕的女子最想念各种各样稀奇古怪的东西；所以，如果您钟情的那位女子能够怀孕，那就好了；因为如果她怀了孕，她就会像所有怀孕的女子那样，想念各种稀奇古怪的东西，也就很容易想到您了；您可以用这个办法满足您的要求，别的办法恐怕都不行。”

那个热那亚人听出话里有刺，就说：

“但丁先生，我说了一件事，你说了两件，都比我说的一件要难。要知道，很难设想那个女子会怀孕，因为她还从来没有怀过孕；更难设想的是，怀孕的女人想念的各种各样的东西既然那样多，那女子怀孕之后，会偏偏想念我。不过，说实在的，对于我这件事，除了你说的，再没有别的办法了。”

在但丁了解他比他自己了解自己更清楚之后，他才承认，他这个人不大可能有女子喜欢她。

他和但丁结成好友，在但丁家里住了很久，他们在一起度过的日子里，彼此谈得十分投机。

那个热那亚人是个有学问的人，但是，他显然不是一位哲学家，不像当代大多数学者一样。因为哲学家都懂得事物之常情。如果一个人首先不能认识自己，怎么能认识身外之万物呢？如果他用镜子照照自己，不管是用实际的镜子，还是思想上的镜子，他就会想想自己的相貌，就会想到，美貌女子，特别是有身份的女子，总是希望所爱的人像个人样，而不是像只蝙蝠。

看来，有一句俗话，对大多数人都适用："人最难有自知之明。"

第十六篇

在锡耶纳有一个年轻人。父亲临死给他留下三项遗嘱。可是不久他就违背了。于是发生了下面的事。

我现在来讲一位女子。她嫁给一位少年。少年发现她的不贞，没有和她同房，就让她回娘家了。

在锡耶纳有一位富翁。他在临死时给自己二十岁的独生子留下三项遗嘱。第一项，和任何人交往都要懂得分寸，不要弄到后悔莫及的地步；第二项，要是买到什么东西，有可能赚钱的话，就可以卖出去，但是也让别人赚一些，不要太贪；第三，要娶亲的时候，就在附近街坊上找一个姑娘，如果在街坊上找不到，那也要在本乡本土找，不要到外地去找。

少年听过父亲的教诲，父亲就死了。少年一直和一个姓福尔捷古耶里的人交往。那人一向挥金如土，并且有好几个待嫁的女儿，他的父母天天责备他挥霍无度，但是他一点也不听。

有一天，福尔捷古耶里设盛宴准备宴请少年和另外一个人，他的父母就责骂他说：

"你想干什么，不肖的东西？你想和那些得了万贯家财的人比阔气吗？你有几个待嫁的女儿，还要一个劲儿地巴结人家吗？"

他们骂得他哑口无言，他只好灰心丧气地回到家里，撤了已经准备好的酒宴，只拿了一棵大葱放在餐桌上，吩咐说，等这位少年来了，就让他吃大葱，并且告诉他，除此之外没有什么可吃了，主人也不回家吃饭了。等到宴会的时间已到，少年来到请他赴宴的人家，一走进大厅，就问主妇，她的丈夫何在；她回答说，他不在家，他不回来吃饭了，但是他吩咐过，如果某某来了，就让他吃大葱，因为另外没有什么可吃的了。少年见了这样的招待，这才想起父亲的第一项遗嘱，想到自己没有遵循父亲的教导，于是拿了大葱，回到家里，用小绳子把大葱系好，挂在他天天吃饭的地方的上方的天花板上。

又过了不久，他用五十块金币买到一匹骏马。他指望过几个月可以卖到九十块金币。但是他要价一百块金币，而且不肯让价，所以一直没有卖出去。谁知有一天夜里，那马生了病，很快就死了。少年仔细一想，才明白，这一回他又违背了父亲的教诲。于是他把马尾巴剪下来，挂在天花板上，和大葱挂在一起。

后来，又出现了这样的事：他想要娶亲，谁知在街坊上、在整个锡耶纳都找不到一个称心如意的姑娘,于是他到外地去找。他最后来到比萨,遇到一位公证人,这个公证人在锡耶纳住过,是他的父亲的朋友,也认识他。所以公证人很亲热地接待了他,并且问他,到比萨来有什么事情。少年说,是来找一位美丽的妻子,因为在整个锡耶纳都找不到一个称心的姑娘。于是公证人说:

“要是这样的话,那是天赐良缘。因为我这里就有一位年轻小姐,是一位绝色美女,我就来撮合撮合,让她成为你的妻子。”

少年听了这话,十分喜欢,巴不得立刻和小姐见面。他们终于见了面。他一看到她,立刻就把亲事定了,并且选定了带她回锡耶纳的日子。原来这位公证人是小姐家里的管家。这位小姐十分放荡,已经和好几个比萨的男子有不清不白的事,所以一直嫁不出去。因此公证人一心想为小姐的父母去掉心头病,就把小姐说给了这位锡耶纳的少年。

于是雇了一名侍女,侍女是街坊上的一名女子,名叫巴尔托洛麦娅,给小姐拉过皮条,有时还和小姐一块儿干风流事儿;一切有关的事都做了准备,组成了婚礼车马队,有一个和小姐有私情的少年,也参加了车马队。新郎并且先派人赶回锡耶纳,去为婚礼做准备。在一切准备工作完成之后,婚礼车马队跟着新郎新娘动身了。在路上那个和新娘有私情的少年,一想到这位小姐远嫁,他就要孤孤单单地回到比萨,那神情就好像赴刑场一样,愁眉不展,唉声叹气,新郎不由得注意起小姐和这个少年来。正如俗话说的:相爱和相厌,是瞒不过人的。

这个少年的神情引起新郎极大的怀疑。他终于猜到这位小姐是个什么样的女子,猜到那位公证人出卖了他,欺骗了他。所以，到了斯塔查，新郎心生一计。就说，他要早些吃晚饭，因为他想明天一早起身赶到锡耶纳，去看看一切事情是否准备就绪，而且说话的声音特别大，好让那个少年听见。他们住宿的几个房间都挨在一起，都是用木板隔起来的。其中一个房间里住的是新郎，另一个房间里住的是新娘和侍女，还有一个房间里住着那个少年，那少年听到新郎的话后，和侍女嘀咕了一个晚上，一面焦急地等待着。大家就这样睡下了。第二天一早，离日出还有一个钟头左右，新郎便起了身，要赶回锡耶纳。他出了门，上了马，便朝锡耶纳方向奔去。但是他跑出有几箭之地后，便转身回来，下马步行，悄悄地走回他刚刚离开的客店。

他把马拴好，上了台阶，走到新娘住的房间门口，悄悄地朝里面看了看，断定那少年就在里面。他推开虚掩着的房门，走了进去，小心翼翼地走到他们脱衣服的地方，看着这里有没有那少年的衣物。果然，他找到了他的内衣。床上的一对男女也许听到了动静，吓得不敢作声，也许什么也没有听见，反正新郎把内衣揣到怀里，就走出门来，下了台阶，跨上马，径奔锡耶纳。他回到家里，就把内衣和大葱、马尾巴挂在一起。这天早晨新娘和她的情夫在客店里醒来后，这个少年怎么也找不到内衣，于是就不穿内衣上了马，跟着大家一起朝锡耶纳奔来。来到新郎家门口，大家都下了车和马。等到大家坐下来吃早饭，看到头顶上挂着的三样东西，就问新郎，为什么把这几样东西挂在这里。于是新郎回答说：

“我有些话要说，请你们每个人都仔细听着。家父不久前去世，给我留下三项遗嘱。第一项是说，交友要懂得分寸，我没有听，到末了友人以大葱相待，所以我把大葱拿了来，挂在这里；第二，是要我不要太贪，我又没有听，为了贪图更高的价钱，不肯将马出卖，结果马病死了，所以我把马尾巴割下来，也挂在这里；第三项遗嘱，是要我娶乡邻的女子，可是我没有娶本乡本土的女子，而是跑到比萨，娶了这位姑娘，满以为她也和所有待嫁的姑娘一样，是守身如玉的。谁知在路上坐在这里的这位少年和她在客店里睡起觉来。我悄悄地走到他们同宿的地方，看到他的内衣，就拿了来，挂在这里。如果诸位不信的话，可以看看他的身上，看他是不是穿着内衣。”

大家看了看那个少年身上，果然没有内衣。

“至于这个女子，等吃过饭后，就请诸位把她带回去。因为我不仅不和她成亲，连看也不愿意看她。请转告那个为我们撮合、使我和她成婚的公证人，这样的光彩事让他自己去干吧！”

结果空忙了一场。新娘只好跟着很多人灰心丧气地回到比萨，一个个十分狼狈。后来为了捞本儿，这位新娘玩了不少男人，新郎也玩了不少女人。

这位锡耶纳的少年干了这三样蠢事，完全违背了父亲的教导。这些教导是极其有益的，很多人却往往不重视。至于最后一项，也就是最重要的一项，就是说，不要舍近求远，是永远不会错的。可是我们却往往反其道而行之，不仅在婚姻方面是这样。就是买马，也不在近处买。因为总觉得这些马不够老实，总要想方设法去买那些到罗马来朝圣的德国佬的马。

所以，有很多人落得这样的下场，就像我说的这个故事一样，有的比这还不如。

第二十一篇

这里说的是聪明的巴索临死留下一项奇怪的遗嘱，要求每年给苍蝇一篮子烂梨。说说他要求这样做的理由。

现在我来说说有关烂梨的故事，说说巴索最后的一件趣事，因为这是他临死前的一件趣事。他害了重病，当时正是夏天，生了病很容易死，所以妻子躲着丈夫，儿子躲着老子，弟弟躲着哥哥，因为鼠疫盛行，传染起来很厉害，人人都看到这种情形，都很明白这一点。巴索就想留下遗嘱。他看到所有的人都离弃了他，就叫公证人来写遗嘱。他说要叫孩子们和后人在每年六月圣亚可夫节准备一篮子烂梨，放在他指定的地方，给苍蝇享用。公证人对他说："巴索，你总是开玩笑。"巴索回答说：

"我说什么，您只管写。因为自从我生病以后，所有的朋友和亲人都离开了我，只有苍蝇没离开我。既然苍蝇对我如此厚待，如果我不酬报苍蝇的恩德，天理难容。为了说明这不是戏言，而是郑重其事，请您写明：如果不能年年奉行我这项遗言，就不准我的孩子们继承我的遗产，而把我的全部财产交给教会。"于是公证人只好按他的要求办理。巴索一向通情达理，即使对小小的苍蝇也是如此。

过了不久，他已经病危，几乎昏迷不醒，这时候有一位邻居妇女为了应酬，来到他面前。她叫布奥娜太太。她说：

"巴索，愿你早升天堂。我是你的邻居，布奥娜太太，也就是

‘好心的太太 ’。”

他好不容易睁开眼睛，看了她一眼，用微弱的声音说：

“现在我虽然要死了，可是我觉得我死是幸运的。因为我在人世上活了八十个春秋，却没有遇到一个好心的女人。”

周围的人听了这话都憋不住哈哈大笑起来；巴索就在这哈哈大笑声中很快地咽气了。

我和当时的许多人一样，听到他去世，十分悲伤，因为所有费拉拉城的人都知道，巴索是费拉拉城的灵魂。再说，他对待苍蝇的态度不是非常合乎情理吗？ 自不必说，这对于他的家里人是极不愉快的。确实，有很多人，本应舍身报答的，在类似情况下却将亲人遗弃；父母只知疼爱儿女，儿女却不仅不肯舍身报答父母，而且往往希望父母早死，只图自己的日子过得自在。

第六十八篇

卡瓦尔坎蒂[①]是个了不起的人，是一位哲学家，却被小孩子捉弄了。

上一篇故事[②]中提到一个故事，这故事是这样的。佛罗伦萨有一位著名的人物，名叫卡瓦尔坎蒂。有一天他在下棋。这时候有一个小孩子正在和别的孩子玩耍，不知是在玩球，还是在抽陀螺，一次又一次跑到卡瓦尔坎蒂跟前。终于有一次，这孩子被别

---

①卡瓦尔坎蒂(约1255—1300)，意大利诗人，但丁的好友。

②即第六十七篇故事。本书未收入。

的孩子一推，一下子撞在卡瓦尔坎蒂身上。卡瓦尔坎蒂刚刚输了一盘棋，这时候气得直跳，冲着小孩子发起火来，嚷道：

“上别处玩儿去！”嚷过了，又回头坐下来下棋。

挨骂的孩子哭起来，把脑袋晃来晃去，没有走远，只在周围转悠着，嘴里嘟哝着：

“我要叫你试试看！”

小孩子拾了一根马掌上脱落的大钉子，就和别的孩子一起回到卡瓦尔坎蒂下棋的这条街上，拿起一块石头，走到卡瓦尔坎蒂的背后，一会儿靠到土台上，一会儿干脆靠到卡瓦尔坎蒂坐的板凳上，把手放在上面，用石头在板凳上敲了起来，起初轻轻地敲，老半天敲一下，可是后来一下接一下，越来越用劲，卡瓦尔坎蒂终于扭过头来，说：

“你又在干什么？滚远点儿！你用石头敲什么？”

小孩子说：

“我想把这钉子砸直。”

卡瓦尔坎蒂又回过头去看棋，一心一意地下起棋来。小孩子一面用石头轻轻敲着，拉了拉卡瓦尔坎蒂背后耷拉在板凳上的衣襟，把钉子扎在衣襟上，用劲砸了起来，要把衣襟钉在板凳上，估计卡瓦尔坎蒂总归要站起来的。果然不出小孩子所料。卡瓦尔坎蒂被他敲得心烦，恼得跳越来，小孩子撒腿就跑，可是卡瓦尔坎蒂的衣襟被钉住，不能动弹。他感觉到自己被捉弄了，可是动又不能动，便用拳头吓唬着渐渐跑远的小孩子，说：

“滚吧，下一次饶不了你！”

他想走又走不了，又不愿意把衣襟撕掉，只好待在那里，等着别人拿钳子来。

一个赫赫有名的人，在整个佛罗伦萨也许是无人相比的，却被一个小孩子捉弄了，上了小孩子的当，可见小孩子的心眼儿也是不少的！

第一百一十四篇

有一个铁匠怪声怪调地胡乱唱但丁的诗歌，但丁把他教训了一顿。

名扬天下的意大利伟大诗人但丁，住在故乡的佛罗伦萨城里，同阿季玛利家为邻。有一次，这一家的一位年轻人不知犯了什么罪，要受执行官的审判。这位执行官是但丁的好朋友。年轻人就请求但丁去找执行官为他说情。但丁说，愿意效劳。他吃过午饭，就出门去办这件事。他走到圣皮约特罗门旁边，听到一个铁匠一面打铁，一面在唱他但丁的诗歌，就像唱小调一样，有时加快，有时拖腔，怪声怪调地乱唱一气，但丁听了，觉得自己受了莫大的侮辱。他一句话也不说，径自走进铁匠作坊，作坊里放着各种各样的打铁家什。但丁拿起铁锤，扔到街上，又抓起磅秤，扔到街上，又抓起铁钳，扔了出去，就这样，把很多打铁的家什扔了出去。铁匠气得直跳，对他说：

“你他妈的干什么？你疯啦？”

但丁回答说：

“你干什么？”

“我干我的活儿。可是你却来糟蹋我的东西,把我的东西扔到街上。”

但丁说:

“如果你不愿意我糟蹋你的东西,你就别糟蹋我的东西。”

铁匠说:

“我糟蹋你什么来?”

但丁说:

“你吟唱我的诗,胡乱唱,不按本来的节奏。我的家什就是诗,可是你给我糟蹋了。”

铁匠一肚子火,可是不知道拿什么话来反驳,就捡回自己的家什,干起活儿来。打这以后,他想唱歌,就唱唱古时候的江湖好汉歌曲,再也不吟唱但丁的诗歌了。但丁就继续往前走,去见那位执行官。等他来到执行官处,他又考虑到,阿季玛利家请他说情的那位年轻人,是一个傲慢的、不怎么好的后生。他在城里游玩,特别是在他骑马游玩的时候,把两条腿叉得宽宽的,如果街道比较狭窄的话,就能把街道堵塞住,这样一来,行人只好从旁边挤过去,把他的靴尖擦抹得干干净净。因为但丁对这样的行为十分反感,所以他对执行官说:

“有一个人因为一件事被控告,这件案子在您的手里。我来找您,是为他说情的,虽然他现在的行为应当受到加倍的制裁,因为我认为,扰乱社会秩序是最严重的罪行。”

执行官听了这话,就问,他现在怎样扰乱社会秩序。但丁回答说:

“他每次骑马在城里游玩,都把两条腿叉得宽宽的,迎面来的人都无法走过去，只好转身往回走。”

执行官说：

“这不是小事，这罪行比先前那件事还要严重些。”

但丁说：

“是啊。我是他的邻居，所以来找您为他说情呀。”

他回家以后，那年轻人问他，事情怎么样。但丁对他说：

“他回答得很好。”

过了几天，年轻人接到传票，要他出庭受审。他上了法庭，听了宣读的第一张控诉状之后，法官又吩咐宣读第二张控诉状，第二张控诉状控诉他骑马太放肆。年轻人意识到对他的处治要加重了，就对自己说：“全怪我没长眼睛！我原以为，但丁来一趟，我就没事了，谁知反而处治要加重了。”他又是责怪自己，又是为自己辩白。等他回到家里，一看到但丁，就对但丁说：

“说实在话，你这一下帮了我的大忙！你去找执行官以前，他本来想给我定一条罪，你找过他以后，他就要给我定两条罪了。”他终于憋不住，对但丁发起火来，说：“他要是真的给我处罚，我好歹能对付过去的；反正谁给我找了麻烦，总有一天我要叫他知道我的厉害。”

但丁说：

“我实心实意为你说情，就跟为亲儿子说情一样。我已经完全尽了心意。执行官不照我的心意办，这怪不得我。”

年轻人摇了摇头，就回家了。过了几天，对他进行判决：因为第一条罪，罚他一千里拉；因为骑马太放肆，又罚他一千。年轻人和阿季玛利一家人因为这件事一直耿耿于怀。

不久之后,主要因为这件事,但丁作为“白党”[1]被逐出佛罗伦萨,后来死在异乡拉韦纳城,这事成为他的故乡佛罗伦萨共和国的不小的耻辱。

第一百二十一篇

费拉拉僧侣团首领安东尼奥在拉韦纳赌博输了钱以后,来到停放但丁遗体的教堂里,他把十字架前所有的蜡烛都拔下来,一齐插到但丁的棺木前。

费拉拉僧侣团首领安东尼奥是一个才华出众的人,在某种程度上是一位诗人,具有宫廷丑角那样的机灵和智慧,但同时又有各种各样的毛病,常常违犯教规。有一次,在别尔纳尔季诺·达·波连塔执政时期,安东尼奥来到拉韦纳。安东尼奥是一个狂热的赌徒,天天赌博,几乎把所有的财物全部输光了。他在灰心绝望中走进小兄弟教堂,佛罗伦萨诗人但丁的遗体就停放在这座教堂里。

安东尼奥看到旧十字架被放在前面的许许多多蜡烛熏得黑乎乎的,并且已经被烧掉了一半,看到十字架前现在还有很多蜡烛在燃烧着,他当即走到十字架跟前,把所有燃烧着的大大小小的蜡烛都拔下来,转身走到但丁的棺木前,将蜡烛插在这里,说:

“请接受敬意,因为你更值得敬重。”

有些人看到这情形,惊讶地说:“这是什么意思?”大家你看

---

①意大利的教皇党分为白党和黑党。

着我,我看着你。

这时候,有一位绅士的管家从教堂里走过。他看到了这事。回家以后,就把他所见的安东尼奥的行动说给绅士听。这位绅士和所有的绅士一样,就喜欢有这一类的事情。他把安东尼奥的事报告了大主教拉文斯基,让大主教把他传来,教训教训他这个离经叛道的家伙。大主教于是立即派人传他,他来到大主教面前。大主教对他进行了责备之后,满以为他会后悔,不会反驳,会诚心诚意地承认错误,谁知安东尼奥对大主教说:

“哪怕您下令把我烧死,我也说不出我有什么过错。因为我一向指望十字架赐福给我,可是除了让我倒霉,什么也没有给我。此外,我看到十字架前烧了那么多蜡烛,而且十字架已经烧掉了一半(难保不全部烧掉),我于是把十字架前的蜡烛全部拔掉,一齐插到但丁的灵前,因为我觉得但丁更值得祭奠。您如果不相信我的话,就请看看但丁的书和圣书,您就可以看出,但丁的书是美妙的,是人性和人类智慧的结晶,福音书却是粗野的和愚昧无知的;如果在福音书里也有一些东西是崇高的和美好的,那也没什么了不起,因为明察万物、掌管万物的上帝也能在福音书中揭示出一小部分真情。然而最难能可贵的是,像但丁这样的凡人和小人物,别说是掌管万物,连万物的一部分也不能掌握,可是他依然明察万物,并且写出了万物的真情。所以我认为,但丁更值得崇敬,从此以后,我要指望他了。你们只管干你们的事情,只管图自在好啦,因为你们喜欢上帝,你们就避开任何麻烦事,像懒汉一样过轻松的日子。如果您想要我仔细解释,那我下一次,等到我不是输得这样惨的时候,再给您解释。”

大主教心里很不自在,不过他说:

"这么说,您是赌钱赌输了吗?那就下一次再来吧!"

安东尼奥回敬道:

"我想,您和您的一伙儿也有输的时候。至于我下一次来不来,那还要看我愿不愿意。但是,不论我来不来,您都应该知道,我的心情总是这样,或者比这还不如。"

大主教说:

"那您就走吧,如果您愿意的话,走远点儿吧。因为即使我派人去叫您,您反正也不会再来。您至少应该去找找那位绅士,把对我说的这些话也说给他听一听。"

他们说到这里,就分手了。

那位绅士听说这件事,很佩服安东尼奥说的道理,就奖赏他一些钱,好让他继续赌钱;他们在一起游玩了很多天,时常提到在但丁灵前插蜡烛的事。后来绅士又到费拉拉去,他的心情比安东尼奥要好些。教皇乌尔班五世逝世后,绘在木板上的遗像高挂在一座大城市的有名的教堂里。安东尼奥看到,遗像前点的蜡烛有两磅重,旁边的十字架前的蜡烛却只有可怜巴巴的细细的一小截。他于是拔下那只大的蜡烛,插在十字架前,说:

"如果我们随意给天国换主儿,就像人间经常换主儿一样,那可不大好。"他说过这话,就出了教堂。

这话是极其精彩、极其深刻的。

第一百二十五篇

查理大帝想要一个犹太人信仰基督教，但是这个犹太人在和他同桌进餐时对他指出，他自己也不是真心实意相信基督教，一番话把大帝说得无言对答。

查理大帝是世界上最伟大的皇帝，雄才大略，声名显赫，所以，如果要推举伟大的基督教徒的话，可以举出三个人，那就是：查理大帝、阿瑟以及哥弗雷·布里昂斯基；异教徒中也可以举出三人：赫克托、亚历山大大帝和恺撒；犹太人中也有三个人：大卫、伊苏斯·纳文和犹大·马卡比。

话休絮烦，言归正传。

查理大帝征服了整个西班牙以后，治下有一个非常聪明、非常机智的人，是一个犹太人，也许是一个西班牙人，反正是一个不信基督教的人。查理大帝很看重这个人，就决定要他信基督教，并且说到做到。有一天早晨，这个人和大帝一同坐在酒席上。大帝照例坐的是上席，有一个可怜的穷人也坐在这里吃饭，坐在下面，好像是坐在地上，也许是坐在另一张小桌旁的矮凳子上。

原来，大帝为了拯救自己的灵魂，每次用饭，都要让一个或数个穷人在一旁同时吃饭。

这个犹太人看到有穷人在这里吃饭，就问大帝，这是什么人，为什么要他在这里吃饭。

大帝回答说：

“这就是说,我把穷人当作基督。我爱穷人,就是爱基督,因为,你该明白,基督教导我们,我们每次施恩惠于孤苦无告的穷人,也就是施恩惠于他。”

这个犹太人说:

“陛下,您能容许我直言吗?”

“有话只管说。”

于是犹太人说:

“在您的信仰中,有许多很糊涂的想法,不过,依我看,您这种想法算是最糊涂的了。因为,如果您相信这个穷人就代表您的主耶稣基督的话,那您为什么让他在下面,坐在地上吃饭,您自己却大模大样地坐在上席?说实在的,我以为,您应当颠倒过来,就是说,您应该到下面去坐,让他坐到这里,坐到您的位子上。”

大帝感到十分尴尬,很难找到理由为自己辩白,但是他还是讲了不少道理。可是犹太人仍然坚持自己的看法。尽管大帝以为自己已经使犹太人接近了基督教,实际上使他离开基督教十万八千里,更相信原来的宗教了。

难道这个犹太人说的不对吗?我们算得上什么基督教徒,我们信什么教啊?我们舍得给上帝的只是一些不值钱的东西,比如,“我们的父啊”“圣母啊”和其他许多祷告的词语。我们可以捶胸脯,可以穿苦行服,可以捧十字架进教堂,可以虔诚地做弥撒,类似这样的许多不花钱的事情都可以干。但是,如果叫穷人吃饭,只能拿出一点残羹剩汤,而且让穷人像狗一样躲在角落里吃。如果要周济穷人,只能拿出坏酒、霉烂的粮食和自己不喜欢吃的其他东西,而这一切都是献给基督的。我们都以为基督是驼鸟,吃下铁都能消化。如果生个女儿,缺胳膊少腿,歪鼻子,斜眼睛,就说:“但愿把她送还上帝。”生了健康、美丽的女儿,就唯恐失去。生了不肖的儿子,就祈求上帝把他收回;生了好儿子,就祈求上帝不要收回,而且要儿子长命百岁。有了坏的东西,就要交给创造万物的上帝,这样的例子能举出一千条。

所以,这个犹太人讲的道理无疑是颠扑不破的,因为在这个世界上假仁假义征服了人类的信仰。

第一百三十六篇

雕刻大师阿尔贝蒂证明,佛罗伦萨的女子们的功夫超过了世界上最高明的艺术家,她们能把任何丑陋的面貌变成天仙一般的容颜,能用巧妙的方法使歪歪扭扭的面孔变端正。

佛罗伦萨城一向是人才济济的地方,当年出过各种各样的艺术家和能工巧匠。有一次,在城外,许多画师和能工巧匠在圣明亚托·阿·蒙丁地区为该区的教堂绘画和做其他事情。他们同修道院院长一起吃过了晚饭,酒足饭饱之后,互相问起各种各样的问题。其中有一个名叫奥尔卡尼亚,原是有名的奥尔托·圣·米克尔区小教堂的主要建筑师,他问道:

“谁是最了不起的画师?除了乔托,还有谁?”

有的人说,最了不起的是契玛拜;有的人说是斯捷法诺;有的人说是别尔纳尔多;还有人说是布法尔玛科。众说纷纭,莫衷一是。

塔杰奥·加德季当时也在场，他说：

“确实是这样。有许多了不起的画家，他们画人可以巧夺天工，为人本身所不及。但是这艺术很不景气，而且越来越不景气。”

这时候，一位叫阿尔贝蒂的，是一位伟大的石刻艺术家，就说：

“我以为，您完全说错了。诸位应该明白，人本身的功夫从来没有现在这样精到，尤其是在绘画美和雕塑美方面。”

大家听了这话，一齐笑了起来，以为他是在瞎说。可是阿尔贝蒂又说：“诸位别笑，如果愿意听的话，我来仔细说一说。”

其中有一位简称尼柯劳的说：

“那你就说说，就算对我行行好吧。”

阿尔贝蒂回答说：

“既然你愿意听，那我就来说说。不过大家都要安静点儿(因为这时候周围的人都像母鸡一样咕嗒咕嗒地乱嚷)。”

于是阿尔贝蒂说道：

“我认为，自从开天辟地以来，绘制和塑造人身的最伟大的高手是上帝。不过我觉得，上帝造人造多了，就免不了有些粗制滥造，所以造出来的人往往有很大缺陷，只有到我们这时代才学会了修补这些缺陷。这些现代的画师和修补家是谁呢？那就是佛罗伦萨的妇女。除了她们，又有哪个画师，能够把黑的变成白的呢？有的姑娘，黑得像炭一样，这样的姑娘也许不止一个、两个。可是你瞧，这儿涂一点儿香脂，那儿搽一点儿粉，就比天鹅还白了。又有哪个染匠或哪个画家能够使黑的变得这样白呢？染匠或画家都做不到，因为这不可能。如果脸是灰白的或者黄的，她们能想方设法运用各种颜色，使脸变成玫瑰色的。如果脸色生来就憔悴，或者一时憔悴，她们也能使之变成鲜艳红润的。不论哪个画家，包括乔托在内，都没有她们这样的本事。而且不但如此，如果眼睛是凸出的，她们能使眼睛凹进去；如果鼻子是歪的，能把鼻子修正；下巴太长的，可以变短；肩膀太尖的，可以变圆；一个肩膀高、一个肩膀低的，就用棉花垫肩，一直要弄到两个肩膀一般平；同样，胸脯和屁股也可以修补。这一切都不必用雕刻刀，这是伟大的坡力克利塔也做不到的。总而言之，我要诸位信服：佛罗伦萨的妇女们是最了不起的画家和雕刻家，任何艺术家都相形见绌，因为很明显，她们能够修补天生的缺陷。如果诸位不相信的话，可以在全城里找找看，恐怕很难找到一个黑脸的女子。这并不是因为她们生来全是白脸，而是因为大多数的脸靠人工变白了。她们的脸、她们的身材都是可以变的。所以，不论她们生来怎样，不论是美的、丑的、端正的、歪扭的，到后来都因为她们的了不起的功夫和创造性，一个个都显得美丽而苗条。功夫不负苦心人啊。”

他说完了，又向大家问道：

“诸位对此有何感想？”

于是大家如梦初醒，齐声赞叹：

“她们实在了不起，你说得太好了！”

说过这话之后，大家一齐来到外面草地上，将主席的权杖交给阿尔贝蒂，要了一桶酒来，借酒提了提精神，分手时对修道院院长说，下一个星期天大家再回来，说一说大家讨论的意见。果然，到下一个星期天大家一起回来了，准备同修道院院长一起消磨时间，还和那一天一样，只是有一点不同，那就是……①

第二百零二篇

法延查有一个穷人，他的一块土地被别人蚕食殆尽，于是他想方设法把所有的钟都撞响，说是为真理举丧。

下面的故事和上面的故事差不多，但是这故事更合情合理。话说，在理查多和阿尔别根季诺的父亲弗兰契斯科担任法延查议会长老期间，这位长官英明廉洁，不尚浮华，保持着一个可敬的人的作风和朴素的仪表，不摆官架子。本城里有一个有权有势的人，他的地产紧靠着一块穷人的土地。他想把那块土地买过来，交涉了很多次，都没有办成。因为那个人精耕细作，全靠那块土地养活自己，所以宁死不肯出卖自己的土地。这个有权有势的人见他无论如何不肯出卖，就采取了强占的手段。因为两块地之间只有一道小小的界沟，有权有势的人就在每年耕地的时候，多耕出一垄或两垄，这样每年就可以侵占他一庹或几庹土地。

老实的穷人虽然早已发觉，但是不敢有二话，除非在亲朋好友当中悄悄说一说。

一连好几年都是这样。有权有势的人年年侵占穷人的土地。如果不是穷人的土地上有一株樱桃树的话，整个一块地就完

①以下残缺。

全被侵占去了。因为人人知道这株树是在穷人的土地上的，所以，要越过这株树，就太显眼了。

这个穷人看到自己的土地被强占，又气愤，又懊恼，可是既无力控告，又没办法讲理，所以灰心绝望，垂头丧气。终于有一天，他积攒了两个金币，于是到城里各个大教堂跑了一遍，把钱给教堂，要求各个教堂在祈祷时间以外的同一时间里将所有的钟一齐撞响。

果然，各教堂里的人都收了他的钱，到了约定的时间，就一齐撞起钟来，全城的人你看着我，我看着你，问：

"这是怎么一回事儿？"

那个穷人这时候就像疯了一样，在全城到处跑来跑去。人们看到他，纷纷问他：

"你干什么，往哪儿跑？"

"这是怎么啦？为什么鸣钟？"

于是他回答说：

"因为真理死啦。"

到了另一处地方，他说：

"因为真理死啦，为真理举丧呢。"

就这样，他这话伴随着钟声，飞遍了全城。到末了，议会长老也问为什么鸣钟了。于是别人就把那个穷人说的话告诉了他。

长老派人召唤穷人，穷人战战兢兢地来到长老面前。长老一看见他，就说：

"你过来！你在外面说的话，是什么意思？究竟为什么要鸣钟？"

于是穷人回答说：

“大人，请听我一言，万勿见怪。大人治下有一个人想买我的土地，可是我不愿意卖。他因为买不到我的地，就在每年耕地的时候，强行侵占我的土地，有时侵占一庹，有时侵占两庹，一直侵占到一株樱桃树跟前，再往前侵占就不合适了，因为那样就太显眼了。多亏了那株樱桃树呀！如果不是樱桃树的话，他就把我的地全占完啦。就因为那个人有钱又有势，所以强占我的土地；因为我是个穷苦人，有苦无法说，有气不能出，所以万般无奈，才花钱买通教堂里的人，叫他们鸣钟，为死去的真理举丧。”

长老听到这个笑话，听到有人强占土地，就把那人传了来，问明了原委之后，就勒令那人把土地归还给这个穷人，并且派了丈量土地的人去，在有权有势的人的土地上量出相当于他侵占穷人的一块，交给穷人，还勒令他拿出两个金币给穷人，补偿穷人请人鸣钟的花费。

长老的处置是十分公道的，是完全合情合理的，虽然对那个有权有势的人的处罚还应该重一些。如果全面估量，可以说，长老是英明的，穷人也得到了应得的补偿。他既然可以说，为真理的死亡而鸣钟，那么，有朝一日他能说为真理的复活而鸣钟，就好了。但愿有一天为真理的复活而鸣钟。

《彼科罗涅》节选

佛罗伦萨人谢尔·乔旺尼

第四天　第一篇

这一双恋人在第四天又来到他们平时谈话的地方，彼此很有礼貌地寒暄了一番，就手拉着手，坐了下来。萨杜尔尼娜首先开口，讲了起来：

在佛罗伦萨，在斯卡利王朝有一个商人名叫宾多，多次去塔纳、亚历山大和商人们常常去贩卖货物的其他地方。这位宾多十分富有，有三个成年的儿子。他在临终的时候，把大儿子和二儿子叫到面前，当着他们的面立好遗嘱，让他们两人继承他所有的财产。没有留给小儿子任何东西。小儿子詹涅托听到这件事后，便来到父亲面前，说：

“爹，您在遗嘱中对我只字不提，我实在感到吃惊。”

父亲回答说:“詹涅托,我爱你,胜过爱世界上任何人。但是我希望我死后你不要留在这里,希望你去威尼斯投奔你的教父安萨尔多先生,他膝下无儿女,多次写信要你到他身边去。安萨尔多先生是至今健在的基督徒中最富有的商人。所以我希望,在我死后你带着这封信去投奔他。如果你有本事的话,就可以成为一个十分富有的人。”

儿子回答说:“您的吩咐,我一定照办。”

父亲为他祝过福,过了几天,父亲就死了。儿子们在万分悲痛中为他举行了隆重的葬礼。又过了几天之后,两个哥哥把詹涅托叫了来,对他说:

“照实说,父亲把家产都给了我们,在遗嘱中一点没有提到你;但我们是亲兄弟,所有的家产我们还是平分吧。”

詹涅托回答说:

“两位哥哥,感谢你们的好意,但是我一心想到他乡寻求幸福,我不愿意违拗我的心意;父亲的遗产就归你们吧,我不要。”

两个哥哥见他有这样的决心,就给了他一匹马和路上用的盘缠,詹涅托和他们告别过,就前往威尼斯。他径自来到安萨尔多先生的商店里,把父亲临终前写的信交给他,安萨尔多先生看了信,才知道来的少年就是好友宾多的儿子,把信一看完,就紧紧搂抱住他,说:

“欢迎欢迎,孩子,我早就想见到你啦!”

于是他问起好友宾多的健康,詹涅托听了,回答说,父亲已经去世,安萨尔多听到这话,老泪纵横地把他紧紧搂在怀里,拼命地吻他,一面说:

“听到你父亲去世，心里实在难受，我们过去在一起做生意多年啊。但是看到你，我真是高兴，也就不那么伤心了。”

他把他领到家中，告诉自己的管家、仆人、朋友、看家护院的，让大家加倍地敬重他、关心他。当下就把钱柜的钥匙交给他，说：“孩子，所有的东西你都可以享用，想穿什么就穿什么，要好好交朋友，对朋友要慷慨，不要吝啬。不过我希望你记住：你越勤奋，我越喜欢你。”

因此詹涅托就开始和威尼斯的上等人士交游，对人彬彬有礼，举办各种宴会，经常犒赏仆役，买千里马，同经验丰富而老练的人一起参加比赛，他又慷慨又和气；凡是应该敬重的人，他都能很好地表示敬重，同时又时时刻刻不忘记对安萨尔多表示敬重，把他看作自己的父亲。因为他在同各种人交往中一举一动都非常得体，市参议会的议员们都喜欢他，都认为他是个非常通情达理、非常讨人喜欢、极其殷勤好客的人。男人、女人都非常喜欢他，而且安萨尔多先生看着他那彬彬有礼的态度和仪表，心中也是欢喜不尽。在威尼斯，没有哪一次喜庆宴会不邀请詹涅托光临。大家都认为他十分和蔼可亲。有一次，他的两个亲密的朋友像往年一样，要带两船货物上亚历山大去，就来邀詹涅托，说：

“你应当和我们一起到海上去闯荡闯荡，见见世面，一定要去看看大马士革和其他一些地方。”

詹涅托回答说：

“我自然十分乐意和你们一同前往，不过，首先要取得家父安萨尔多恩准。”

两个朋友就说：

“我们去和他说说,他一定会十分高兴,答应你去。”

于是他们急忙来见安萨尔多先生,对他说:

“我们想请求您准许詹涅托今年春天同我们一起上亚历山大去,还要给他一条货船,让他出去闯一闯。”

安萨尔多先生回答说:

“如果他乐意去,我自然非常高兴。”

两个朋友回答说:

“先生,他很乐意去。”

于是安萨尔多先生立即吩咐装备一条最好的大船,装上很多货物,配备旗帜和武器,应配备的,都要配齐。等到把大船装备好了,安萨尔多先生就嘱咐船长和船上的其他人员,要他们一切都听从詹涅托的安排和命令。

他说:“我派他出去,不是为了赚钱,而是为了让他见见世面,开开眼界。”

到了詹涅托动身的时候,全城的人都跑来看,因为威尼斯很久以来都没有这样漂亮、装备得这样齐全的大船出航。而且大家也都舍不得詹涅托远行。他和安萨尔多先生以及所有的朋友们告过别,一行人就扬帆出海,眼望着亚历山大方向,祷告上苍,把一切交给了命运。他们乘着三条船在海上航行了很多天。有一天黎明时候,詹涅托看到一个海湾,海湾里是一个很漂亮的海港,他就问船长,这海港叫什么名字。船长回答说:

“先生,这座城市属于一位贵夫人,她是寡妇,这女人坑害了不少很好的男子汉。”

詹涅托问:

“怎样坑害的?”

船长回答说:

“先生,她是一个很美丽、很讨人喜欢的女子,她有这样一条法令:凡是来到这里的男人,都必须同她过一夜,谁如果能使她喜欢,就可以娶她为妻——海港城市和周围的土地都是她的。来到这里的人如果稍有差错,就会失去一切。”

詹涅托稍加思索之后,就说道:

“让我留在这港口里吧,你们听便。”

船长回答道:

“先生,您太轻率了,要好好地考虑考虑。多少男子汉来过这里,都落得人财两空。”

詹涅托说:

“用不着你担心,照我说的做就是了。”

于是就这样做了:马上拨过船头,朝港口进发。乘坐在另外两条船上的两位朋友竟没有发觉。

这天早晨,整个港口城市的人都在纷纷议论着这条进港的漂亮的大船。大家一齐跑来看。有人立即报告了贵夫人,夫人派人来召唤詹涅托。詹涅托当即应召前往,恭恭敬敬地拜见夫人。她拉住他的手,问长问短,问他的姓名,问他从哪儿来,知道不知道本地的风俗。詹涅托一一作了回答,并且说,他是来这里观光的,别无他事。于是她说:

“如此就加倍欢迎了!”

她给予他很高的礼遇,召来许许多多文武官员,让他们和他结识。所有的官员都很喜欢詹涅托的仪表,喜欢他那和蔼可亲的态度和言谈；人人都觉得他十分可爱；当下为詹涅托举行了欢迎宴会，又唱歌又跳舞，一直闹腾到天黑；每个人都希望得到他的青睐。等到天黑下来，夫人就把詹涅托领进自己的寝宫，说：

"时候不早啦，该就寝了。"

詹涅托回答说：

"陛下，悉听尊命。"

这时走来两名年轻侍女，一个端着葡萄酒，一个端着点心。夫人说："您大概渴了，请喝酒吧。"

詹涅托吃了几口点心，就喝起酒来，酒里掺有安眠药，他不知道，一口气就喝下大半杯，因为他觉得这酒很好喝。喝过酒之后，就脱衣上床，一钻进被窝，立刻就睡着了。夫人就挨着他睡下，但是他毫未觉察到。他一觉就睡到下半夜。天刚麻麻亮，夫人就起身，吩咐卸船，把满船的上等货物和贵重货物全卸下来。下半夜三点钟敲过，夫人的侍女来到詹涅托酣睡的床前，把他推醒，叫他离开。他的船只和船上的一切都没有了。他为自己的愚蠢行为感到惭愧。夫人吩咐给他一匹马，给他盘缠，于是他垂头丧气、灰心绝望地返回威尼斯；可是，他回到威尼斯，却羞愧得不愿意回家，就趁天黑来到一位朋友家，那朋友一看到他，大吃一惊，说：

"噢呀！詹涅托，你为何落得这般模样？"

詹涅托回答说：

"我的船在黑夜里遇礁，船被撞得粉碎，人被抛向四面八方；我抱住一块木头，浮到岸上；所以我是走旱路回到威尼斯的。"

他在朋友家里住了很多天，直到有一天这位朋友去拜访安萨尔多先生，看到安萨尔多先生忧心忡忡，并且听到安萨尔多先生说：

“我非常担心我的儿子的性命，怕他在海上出什么事情，我日夜焦虑，寝食不安。”

于是这位朋友说：

“他的船是出事了，不过他还活着。”

安萨尔多先生高兴地说：

“谢天谢地！我太高兴啦！只要詹涅托没事儿，一切损失我都不在意。他究竟在哪儿？”

这位朋友回答说：

“他在我家里。”

安萨尔多先生马上跳起来，奔向这位朋友家。一看见詹涅托，便紧紧搂住他，说：

“我的好孩子，你不必感到不好意思，在大海里翻船不是稀罕事；所以，孩子，你不要难受。最要紧的是你还活着，安然无恙，我是十分高兴的。”

他对詹涅托说了一番安慰的话，就领着他回家了。这件事在整个威尼斯传了开来，大家听说詹涅托的船在海上撞礁沉没，都表示惋惜。过了不久，他的两个朋友带着大量宝物从亚历山大回来了。他们刚一登岸，首先就问詹涅托的下落。大家详细地对他们说了，他们就跑来紧紧抱住他，说：

“你究竟是怎么一回事儿？为什么忽然就不见啦？我们当时不见你的影子，掉转船头寻找了一天，可是既无法找到你，又无法断定你航行的方向。我们心里一直非常难受，一路上没有谁露过笑脸，以为你遇难了。”

詹涅托就说：

“我的船泊在海湾里，刮起了大风，把船吹到离岸不远的礁石上，船撞得粉碎，我只是只身逃得性命。”

他这样说，为的是掩饰自己的不光彩行为，他们一起举办了盛大宴会，感谢上天搭救了詹涅托的性命。两个朋友说：

“明年春天，上帝会保佑咱们把你这一次的损失都捞回来，趁现在闲暇无事，尽情欢乐吧，不要垂头丧气。”

但是詹涅托却一直幻想着再回去找那位贵夫人。他天天盘算着如何再去见她，在心里说：“我无论如何要娶她为妻，要不然我就死。”他整天心事重重，寡言少话，安萨尔多见他这样，不止一次对他说：

“不要难过，孩子，咱们还有这么多的财产，足够咱们快快活活地过日子。”

詹涅托却回答说：

“父亲，如果不能再出去试试我的运气，我心里永远不得安宁。”

安萨尔多先生见他意志坚决，到了第二年春天，就装备起另一条木船，装上船的货物比以前的货物更好、更贵重，为此花费了他所有的大部分资财。那两个朋友也装好了自己的船，和詹涅托一起扬帆出海。他们在海上航行了很多天，詹涅托一直在盼望着那个名叫别尔蒙特夫人港的港口在视线中出现。有一天夜里，船从一个海湾附近驶过的时候，詹涅托看见了那个港口，他一下子就认了出来，使吩咐立即拨转船头，径直朝港口驶去，因此两个朋友又没有觉察。贵夫人早晨醒来，朝码头上一看，看到这只外来船只上迎风招展的旗帜，马上就认了出来；她唤来一名侍女，问道：

“你认识这些旗子吗？”

侍女回答说：

“夫人，这好像是那个商人的船，就是一年前来过这里，给咱们留下很多货物的那一个商人。”

夫人就说：

“你说得很对。看样子，如果没有别的重要原因的话，他准是爱上我了。不过，像这样第二回到这儿来的人，我还没有见过呢。”

侍女回答说：

“说实在的，我真没见过像他那样和气、那样讨人喜欢的男子。”

夫人派了侍从和卫士去迎接詹涅托，高高兴兴地把他迎接回来。他见了大家，十分亲热，十分快活；他来到宫中，见了夫人，夫人很亲热地把他抱住，他也很有礼貌地和夫人拥抱。夫人请来许许多多官员和贵妇，在宫里举行宴会欢迎詹涅托；欢欢喜喜、热热闹闹地过了一天。官员们看到他那可亲可爱的仪表和彬彬有礼的态度，恨不得让他做他们的君主；他们觉得，詹涅托不是他们的君主，实在遗憾。妇女们看到他能歌善舞，看到他脸上洋溢着的青春朝气，一个个都爱上了他，都认为他一定是一位富贵之家的公子。到了睡觉的时候，夫人拉住詹涅托的手，说：

“咱们是不是该去睡啦？”

他们来到寝宫里，坐了下来。马上来了两名年轻的侍女，端着葡萄酒和点心,他和夫人就饮酒,吃点心,然后上床就寝,但是詹涅托一进被窝,马上就睡着了。夫人脱去衣服,挨着他睡了下来。可是他一夜都没有醒。夫人早晨起来,立即吩咐派人去卸船。三点钟敲过,詹涅托从睡梦中醒来,寻找夫人,却找不到。他看到已经是白昼了,就起了床,羞惭得不知如何是好。夫人又给了他马和盘缠,对他说:

"滚吧!"

他又带着羞愧的心情回家转,垂头丧气,灰心绝望,一连走了很多天,一口气回到威尼斯,趁黑夜进城,像上次一样,又来到那个朋友家里,朋友一看见他,万分惊愕地叫了起来:

"噢呀,这又是怎么一回事儿?"

詹涅托回答说:

"我真倒霉呀! 都怪我的命不好,又叫我到那地方去了!"

朋友就对他说:

"实在应该怪你的命不好,这一下子叫安萨尔多先生破产了,他可是世上最富有的一个商人呀。不过,最糟糕的是这事会使他抬不起头来。"

詹涅托在朋友家里躲藏了很多天,不知道该怎么办,不知道该说什么;他已经准备径自回佛罗伦萨,回到自己家里去,什么也不对安萨尔多先生说;不过他转念一想,决定还是要和安萨尔多先生见最后一面,于是他去了。安萨尔多先生一看见他,立刻跳起来,奔上前来抱住他,说:

"欢迎欢迎,我的好孩子!"

詹涅托也眼泪汪汪地抱住老人家。安萨尔多先生听他说过事情的经过后，就说：

“詹涅托，用不着难过，海上的事就是吉凶难卜，有的人发财，有的人倒霉。只要你能回来，我就非常高兴。咱们还有一些家产，还可以凑合凑合过下去。”

这次出事的消息又在整个威尼斯传了开来，全城的人都在谈论安萨尔多先生，大家着实为他的损失惋惜。安萨尔多先生卖掉不少东西，偿还了当初购买货物所欠的债务。这时候詹涅托的两个朋友又带着大量的财宝从亚历山大回来了，一回到威尼斯，听说詹涅托早已回来，也听说他的船又撞礁沉没的事。他们感到非常吃惊，说道：

“这事儿真是出奇，这种事我们还没有见过呢。”

然后他们来见安萨尔多先生，行过礼之后，便说：

“先生，您别伤心，来年挣了钱全归您。是我们使您遭受损失的，因为头一次出海是我们劝詹涅托去的。所以您别多虑，既然我们有钱，您就只管用吧。”

安萨尔多先生感谢他们的好意，并且说，目前日子还能过得去。然而詹涅托一天到晚还是心事重重，心里一直不得安宁。安萨尔多先生就问他是怎么一回事儿，他回答：

“如果我不把损失的东西弄回来，永远不会安宁。”

安萨尔多先生就说：

“好孩子，我不希望你再出去了。咱们最好是这样凑合着过日子，剩下这不多的一些东西，也可以使咱们满足了，用不着你再出去冒风险。”

詹涅托回答说：

“能做的事，我一定要去做。要不然我活着就是最大的耻辱。”

安萨尔多先生见他有这样的决心，就想卖掉他所有的一切，再买一条船。他想到做到，卖掉了所剩的一切，装备了一条很漂亮的货船，装了货物。因为买船和货的钱还差一万金币，他便上梅斯特列去找一个犹太人，向他借了一万金币，讲定条件，立好契约：如果在明年六月圣约翰节以前不把钱归还，犹太人就可以从他身上随便什么部位割掉一磅肉，想从哪儿割就从哪儿割。安萨尔多先生满口答应了这个条件，于是犹太人就要当着证人的面郑重其事地写下字据，在写好字据之后，犹太人才数出一万金币。安萨尔多先生就用这些钱买好船上所缺的东西。如果以前的两条船可以说是够气派的话，那么这一条船更是百倍气派、百倍阔气了。两个朋友也装好自己的船，准备将这一次赚的钱完全交给詹涅托。到了动身的时候，在临别前安萨尔多先生对他说：

“孩子，你知道，我如今欠了不少债，我对你只有一点要求：如果你失败归来，就径自来见我，让我在死前能看你一眼，也就心满意足了。”

詹涅托回答说：

“父亲，我一定要使您高兴高兴。”

安萨尔多先生为他祝过福，就分别了。詹涅托的两个朋友一直注视着他的船。他也一直小心谨慎，只不过在等待机会拐进别尔蒙特夫人港。所以他常常暗中提醒船上的舵手。舵手在一天夜里径直将船开进了那位贵夫人管辖的港口。第二天黎明时候，另外两条船上的那两个朋友就惶惶不安地寻找詹涅托的船，怎么找也找不到，就说：

“他的命就是这样不幸。”

两个朋友一面胡乱猜测，一面继续航行。

这时候，港口城市的人听说詹涅托又回来了，并且看到了进港的大船，就一齐跑到码头上，十分惊讶地议论起来：

“他每年都用这样好的船给咱们送来这么多的货物，一定是重要人物的一位公子。看样子，是上天有眼，要他做咱们的君主。”

于是文武官员和城里的要人都来拜见他，并且向夫人报告了詹涅托回来的消息。她马上走到窗前，看到了很气派的大船，认出了船上的旗帜。然后，她画了一个十字，说：

“毫无疑问，是有一点儿来头：这确实就是给我们送来大量财物的那个人。”于是她派人去召唤他。

詹涅托来到宫里。他们彼此恭恭敬敬地行过礼，一遍又一遍地拥抱。欢欢喜喜、快快活活地过了一天。为欢迎詹涅托，举行了规模盛大的比武，参加比赛的有武将，有壮士；詹涅托也参加了比赛，那娴熟的刀法、高超的骑术博得一阵又一阵热烈的掌声。他的举止、风度使官员们倾心爱慕，人人都希望詹涅托成为他们的君主。天色不觉黑了下来。到了该睡觉的时候，夫人拉住詹涅托的手，说：

“咱们是不是该去睡啦？”

夫人的一名侍女在寝宫门口迎接他们。这侍女心里很怜惜詹涅托。她走到他身边，悄悄地对着他的耳朵说：

“今天晚上你装作喝酒的样子，实际上不要喝。”

詹涅托明白了这话的意思，就迈步走进寝宫。夫人说：

“我知道您非常口渴，所以在睡觉之前喝点酒吧。请您用酒。”

这时走进两名天仙般的年轻侍女，像往常一样捧着葡萄酒和点心。詹涅托说：

“有这样的美人儿相伴，谁能拒而不饮？”

夫人听到这话笑了。于是詹涅托端起酒杯，装作喝的样子，却把酒全倒在自己的胸膛上。夫人以为他已把酒喝下，心里说：“好哇，你再去装一条船吧；这条船是我的了。”詹涅托这时候进了被窝，只觉得精神十足，头脑十分清醒。他希望夫人快点儿睡到他身边，那种急切的心情，一分钟就好像等于一千年。他高兴得在心里一遍又一遍地说：

“这一下子她是我的了！”

为了使夫人快点儿睡到他身边来，他装作睡着了，甚至打起鼾来。夫人见到这种情形，说：

“好极了！”

她很快脱掉衣服，挨着詹涅托躺下，詹涅托再不怠慢，等她一进被窝，就转身把她紧紧搂住，说：

“我终于盼到了这一宵！”

他说过这话，就和她共享鱼水之乐，如胶似漆，欢娱了一夜。夫人自是欢喜不尽，天亮起身，吩咐召集所有文武官员以及广大的民众，宣布说：

“詹涅托是你们的君主了，你们开始庆贺吧。”

大家一齐高呼：

“主公万岁！万岁！万万岁！”

当即撞起金钟，奏起喜乐；又派人去通知住在城外的各家爵爷，叫他们前来拜见自己的君主。到处都欢腾起来。詹涅托走出寝宫，马上成为英雄，众人簇拥着他坐上宝座，把权杖交给他，既庄严又隆重地拥立他为君主。等文武官员及夫人一齐来到宫里，詹涅托当众与贵夫人举行了婚礼。那种欢喜和热闹的场面，实在是言语无法叙述、无法形容的。文武百官和全城的士绅都参加了喜庆大典，跳舞、唱歌、游乐、比武，总而言之，凡是喜庆大典时应有的节目，这里尽有。詹涅托把自己带来的丝绸和其他贵重物品慷慨地分赠给所有的来宾。

时间一天天过去，他一天天成长，他因为为人明智，对人对事公正，受到大家的尊敬。他日子过得很快活，天天歌舞饮宴，这样一来，就乐不思返了，甚至忘恩负义，忘记了安萨尔多先生为他向犹太人借债一万金币。有一天，他和夫人在窗口闲坐，他看见广场上有许多人手里擎着熊熊燃烧的火把；许多人捧着礼物朝教堂走去。詹涅托问道：

“这是干什么？”

夫人回答说：

“这是手艺人往圣约翰教堂里献礼物，因为今天是圣约翰节。”

于是詹涅托想起安萨尔多先生，心里十分不安，连脸色也变了，马上离开窗户，在大厅里来来回回踱了起来，思索起现在的处境。夫人问他是怎么回事儿。

詹涅托回答说：

“没什么。”

夫人偏要寻根问底，就说：

“我看，您是有什么事瞒着我。”

夫人一再地要他把心事告诉她，詹涅托只好把安萨尔多先生欠债一万金币的事说了出来。他说：

“恰好今天到期。我担心我父亲由于我而丧生。因为如果今天他不能把钱归还，人家可以从他身上割一磅肉。”

夫人说：

“陛下，请您立刻上马。随便您带上什么人，带着十万金币，前往威尼斯，不过不要走海路，要走旱路，这样要快些。您尽快赶去，如果您的父亲还活着，请把他接到这里来。”

于是詹涅托马上吩咐吹起号角，带上金币，跨上马，带着二十名随从径自奔往威尼斯。就在这时候，因为期限已到，那犹太人找到安萨尔多先生，说要割他一磅肉；安萨尔多先生苦苦哀求，要求犹太人答应将他的死期推迟几天，因为詹涅托万一能突然赶回来，他还能在死前和儿子见上一面。犹太人就说：

“好吧，就暂缓几天。不过，就算他能回来，只要不还清我的钱，我还是要割你一磅肉。”

安萨尔多先生回答说，就这样定了吧。全威尼斯都知道了这桩事，大家都在为安萨尔多先生担心。很多商人甚至想凑钱为安萨尔多先生还债，但是犹太人不答应。他希望能够杀害安萨尔多先生，以后就可以说：基督徒中最富有的商人已经死了。

詹涅托飞马加鞭赶往威尼斯之后，那夫人也不怠慢，立即换上法官的服装，带上两名仆人，随后赶来。就在她骑马在路上飞奔的时候，詹涅托已经来到威尼斯，径奔那个犹太人家里，喜出望外地和安萨尔多先生紧紧拥抱起来，然后他对犹太人说，他可以付钱，要多少付多少，想多要也可以。犹太人却说，现在期限已过，他不想要钱了，他想要安萨尔多先生身上的一磅肉。于是争执起来。很多人都在心里说犹太人太坏。但是，不管怎么说，在一向被称为讲理之地的威尼斯，却不能不承认那犹太人完全有理，所以谁也不敢公开反驳犹太人，只能恳求他宽大为怀。许多威尼斯的商人都来恳求他，但是他越来越犟，就是不肯让步。于是詹涅托提出给他两万金币，但是他不肯要，又说给他三万，然后又说给四万，给五万，到最后增加到十万，都不行。那个犹太人说：

“老实说吧，即使你给我的钱超过这整座城市的价值，我也不要，因为照借契上规定的条件办，是我最快活的事。”

正在争执不下的时候，身穿法官服装的夫人到达了威尼斯，住在一家旅馆里，旅馆的掌柜问她的仆人：

“你家主人是什么人？”

夫人事先叮嘱过仆人，如果有人问起，该怎样回答。于是仆人便回答说：

“我家老爷是一位法官。他在波伦尼亚求学，现在是回家。”

旅馆掌柜听明白之后，对来客倍加敬重。用过饭之后，这位法官便问起城里的情形。旅馆掌柜就说：

“老爷，讲理讲得太过分了。”

法官很吃惊，就问：

“这是怎么一回事儿？”

“是这样，先生，我说给您听听。佛罗伦萨有一位少年，名叫詹涅托，前来投奔他的教父安萨尔多先生。那少年又和善又文雅，所以全城的男男女女都非常喜欢他。安萨尔多先生两次为他装备了商船，装了许许多多上等货物，前后两只船都撞礁沉没。在最后一次，装备第三条商船的时候，钱不够了。于是安萨尔多先生向一个犹太人借了一万金币，讲定的条件是：如果圣约翰节不还钱，犹太人就可以从安萨尔多身上随便什么部位割一磅肉。现在那个很和善、很文雅的少年回来了，别说一万金币，就是十万金币，他也可以归还，但是那丧尽天良的犹太人却要肉不要钱。这里所有的好人都在向他求情，可是他怎么都不肯答应。”

法官回答说：

“这个问题不难解决。”

旅馆掌柜就说：

“如果您肯费神操办这桩案子，能够不让好人丧命，您一定会得到那位再好不过的少年的感激和爱戴，而且全城的人都会感激您。”

法官就派人到处扬言：如果有人要打官司，可以前来找法官。于是到处都在传说，从波伦尼亚来了一位法官，愿意受理任何一类案件，这个消息也传到了詹涅托耳朵里，于是他对犹太人说：

“咱们去找那位法官好啦！”

犹太人回答说：

“去就去。不过，不管来的是什么人，我都有权照借契上定好的条件办。”

他们就一起来见法官，恭恭敬敬地对法官行了礼。法官认出了詹涅托，詹涅托却没有认出法官是谁，因为这位夫人的脸部也化了装，所以认不出了。詹涅托和犹太人依次向法官陈述了自己的理由，然后法官接过状纸，看过之后，就对犹太人说：

“我希望你收下十万金币，放过这位好人，他一生会对你感激不尽。”

犹太人回答说：

“我决不这样。”

于是法官对他说：

“那你看着办吧，这对你是最好的办法。”

但是执拗的犹太人不肯让步。于是决定转移到审理此类案件的场所去进行。法官派人去把安萨尔多先生传来，对犹太人说：

“好吧，随你从哪儿割一磅肉，案子就这样了结了。”

犹太人马上把欠债人的衣服剥光，掏出事先就准备好的锋利的剃刀。这时詹涅托转身向法官惊叫道：

“法官先生，千万不要这样呀！”

法官对他说：

“你放心，他还没有割呢。”

但是犹太人手握剃刀已经快要走到安萨尔多先生眼前了。这时候法官说道：

“你要小心：讲定一磅，就割一磅；割多了，或者割少了，我都要下命令砍你的头。我还要对你说清楚，如果出一点血，我就下命令处你死刑，因为在借契上没有说明可以流血。借契上说，你可以割一磅肉,不多也不少,就说了这一点。所以,既然你是个聪明人,你就看着办吧。"

他说过这番话,就叫来刽子手,叫刽子手准备好木墩和利斧,对犹太人说:

"只要看到一滴血,我就叫人砍你的头。"

犹太人害怕了;安萨尔多先生高兴起来。争执了很久之后,犹太人终于说:

"法官先生,您是有学问的人,我没有学识。你就判给我十万金币吧,我同意。"

法官说:

"我希望你还是割一磅肉,照借契上所说的条件办。一文钱也不给你,与其把钱给你,还不如由我掌管。"

于是犹太人要求给他九万,然后又降到八万,可是法官一概不答应。这时候詹涅托说:

"他要多少就给他多少吧,只要他答应不伤害家父。"

但是法官说:

"我知道该怎么办。"

于是犹太人又要求:

"给我五万吧。"

法官回答说:

"我一文钱也不想给你。"

犹太人终于高叫起来:

"可恨的皇天后土呀!哪怕把我的一万金币还给我也好啊!"

法官回答说:

“你怎么，还不明白吗？你什么也别想得到。你要割肉，就割吧。要不然我就要宣布借契无效。”

所有在场的人都十分高兴，都在讥笑犹太人，说：

“真是活该：一心想害人，反而害了自己！”

这时候犹太人看到结果不能遂自己的心意，气得抓起借契，撕成碎片。这样安萨尔多先生就得到了自由。詹涅托高高兴兴地陪着父亲回到家里。然后他带上一万金币，急忙来找法官。法官正在房间里，收拾行装准备离开。詹涅托对他说：

“法官先生，至今还没有人给我帮过这么大的忙，请收下吧，这是您应得的报酬。”

法官回答说：

“噢，詹涅托先生，我非常感谢，不过这钱我不要，您自己留着吧，免得让您的夫人说您胡乱花钱。”

詹涅托回答说：

“我应该告诉您，我的夫人又慷慨大方，又热诚，又善良，哪怕我花的钱再多，她也不会说一个不字。再说，她还希望我多带些钱来呢。”

于是法官问道：

“您和她感情很好吗？”

詹涅托回答说：

“世界上再没有什么人，能使我像爱她这样爱了。她非常贤惠，非常艳丽，天下不可能有比她更好的女子了。如果您肯赏光，随我一起回家去，您可以看到，她会怎样款待您，还可以看到我说的是不是事实，也许，事实还会超过我说的呢。”

法官回答说：

“不必了，我不能和您一起回去，我还有事呢。但是，既然您说她是那样贤惠，那么，等您见到她，就替我向她表示敬意吧。”

詹涅托回答说：

“遵命。不过，我还是希望您收下这笔钱。”

在他说这话的时候，法官发现他的手上有一枚钻石戒指，就说：

“我什么钱也不要，您把您的钻石戒指给我吧。”

詹涅托回答说：

“好吧，我给您，不过我实在是无可奈何，因为这是夫人送给我的，她要我永远戴着；如果戒指不见了，她会以为我送给了别的女子，以为我爱上了别人，她一定要伤心极了；可是要知道，我爱她胜过爱自己呀。”

法官说：

“当然，她也非常爱您，她一定会这样想的；那好吧，您就说，把戒指送给了我。不过，您大概也有过打算，打算把戒指留在此地，送给过去的情人作纪念吧？”

詹涅托听了这话，就说：

“我对我夫人情义深厚，忠贞不渝，不可能背着她去爱世界上任何一个女子。我的夫人在各方面都是最好、最完美不过的。”

他说过这话，就把戒指捋下来，递给法官。法官戴好戒指之后，他们恭恭敬敬地互相拥抱了一下。

法官说：

“我有一言相告，可以吗？”

詹涅托说：

“当然可以。”

法官说：

“请您不要在此地久留，尽快回到您夫人身边。”

詹涅托说：

“我觉得，好像已经有一千年没看见她了。”

他们说到这里，就分别了。法官上了船，就动身了。詹涅托举办盛大宴会相庆，又是午宴，又是晚宴；又将好马和金钱慷慨地分赠自己的好友；然后，他告别了所有的威尼斯人，就带着安萨尔多先生动身了。许多老朋友跟着他一起动身。几乎所有的男男女女都洒着眼泪为他送行，因为他住在威尼斯的时候，人人都喜欢他。他就这样离开威尼斯，朝别尔蒙特夫人港去了。夫人早已回到宫里，说是出去游泳的；她换上女装之后，立即吩咐各方面进行准备：各条街道都挂起锦缎，禁卫武士都穿起盔甲。等詹涅托陪同安萨尔多先生来到城里，所有的官员和宫里的人都前往迎接，高呼：

“君主万岁！万岁！万万岁！”

等他们进了宫，夫人连忙上前拥抱安萨尔多先生，并且装出生气的样子，好像在生詹涅托的气，虽然她爱他胜过爱自己。文武百官、太太、小姐、王孙公子都来到宫里，盛大的庆祝开始了，又是比武，又是阅兵，又是欢歌狂舞。然而，詹涅托看到夫人脸上没有常见的那种亲热的表情，便走到寝宫里，把夫人召了来，问：

“你怎么啦？”就想拥抱她。

但是夫人说：

“用不着你这种亲热劲儿:你在威尼斯和你原来的情人相会,我早知道啦!”

詹涅托矢口否认,夫人就说:

“那么,我的戒指哪儿去了?”

詹涅托于是说:

“果然不出我所料。我就料到你会以为我变心。不过我可以对苍天、对你的忠贞发誓,我把戒指送给了帮我打赢官司的那位法官。”

夫人就说:

“我也以对苍天、对你的忠贞发誓,你是把戒指送给了女人,这我十分清楚。你还好意思发誓呢!”

詹涅托急得叫起来:

“如果我说谎,天网恢恢,天理不容!法官在向我要戒指的时候,我就对他说过这话。”

夫人就说:

“你可以派人把安萨尔多先生送到这儿来,你自己可以留在那儿,跟原来的情人快快活活地过一阵子嘛;大概你离开那儿的时候,你原来的情人哭得够伤心的。”

这一下子詹涅托禁不住哭了起来,万般伤心地说:

“你非要把没有的事当成真的。”

夫人见他流出眼泪,也觉得心里像有一把利刃在绞,急忙奔过去和丈夫抱在一起,把钻石戒指给他看了看,就快快活活地大笑起来,把事情原原本本地对他讲了,讲他当时对法官说的那些话,讲她怎样装成法官,讲他怎样把戒指送给她这个法官,詹涅托听了万分惊讶,但是他看到经过的一切和她所说的完全一致,不禁欣喜欲狂,从寝宫里奔了出来,把这一切原原本本地告诉自己的朋友和文武百官。打这以后,他们之间的恩爱之情越发深厚,越发坚固。后来,詹涅托召来当初示意他不要喝酒的侍女,把她配给安萨尔多先生做夫人。他和夫人恩恩爱爱,白头偕老。

《小说集》节选

马祖乔·瓜达蒂

第三篇

献给伟大诗人乔旺尼·蓬塔诺

修士尼科洛·达·纳尔尼爱上一位年轻太太，如愿以偿。丈夫回来了，太太对他说，这位修士是用圣者遗物为她治病的。丈夫在床头发现一条裤子，十分恼怒，但是妻子说，这是圣者格里封的裤子，丈夫信以为真，于是那修士邀集全体修士，隆重地将裤子迎接回去。

大家都知道，风光优美的卡塔尼亚是西西里岛上最重要的城市之一。不久前那儿有一位医生罗杰洛·康皮沙诺硕士。虽然他年事已高，可是他娶了一位年轻姑娘为妻。她名叫阿加妲，出身于本城的大户人家，大家都认为，她是全西西里岛最美丽、最迷人的女子，所以丈夫爱她，胜过爱自己的生命。但是，像这样的爱情，难得有，甚至根本没有不伴随着嫉妒的。没过多久，医生就无缘无故嫉妒起来，不仅不准她和外人见面，甚至也不准她和朋友、亲戚见面。罗杰洛硕士虽然兼管方济各会修士们的财务，是他们的代理人，总而言之，是了解修士们内情的人，是他们的自己人，但是为了慎重起见，他还是叫妻子提防修士们，就像提防世俗的人一样。可是，过了不久，卡塔尼亚来了一位方济各会修士，名叫尼科洛·达·纳尔尼师弟。他虽然有一副虔诚的信徒的外表，穿着木底方鞋，很像犯人的木枷，长袍上还罩着皮胸巾，虽然他假仁假义，道貌岸然，但他毕竟是一个俊美而魁伟的少年。他在佩鲁贾学过神学，不仅精通方济各教派的教义，而且是一位有名的传教士；另外，据他自己说，他是圣者别尔纳尔金的徒弟，他从别尔纳尔金手里得到几件圣者遗物，上帝常常通过这些遗物显示无边的法力。由于这些原因，还由于大家对他的教派的虔诚信仰，他每次讲道，前来听讲的人成千上万。

话说有一天早晨，在讲道的时候，他在妇女群里看到了少妇阿加妲，就好像在一大堆雪白的珍珠之中发现了一颗晶莹的红宝石。他不时地偷偷看她两眼，但讲道并没有中断，他不只一遍在心里说，谁能得到这样迷人的女子的爱，就算是真有福气了。阿加妲和所有听讲的人一样，一直拿眼睛望着传教士，她觉得这位传教士分外俊秀；她的情欲使她暗地里希望自己的丈夫也像这位传教士这样俊秀。她想了想，就决定去找他为自己主持忏悔。她拿定主意之后，一看到他走下讲坛，就朝他走去，要求他为她安排时间做忏悔。这位修士听了这话，欣喜欲狂，但是为了掩饰自己的见不得人的心思，却回答说，主持忏悔不是他分内的事。阿加妲就说：

“不过，您能否看在我丈夫罗杰洛硕士的面上，破例为我主持一次忏悔？”

修士回答说：

“因为您是我们的代理人的夫人，看在他的面上我为您主持一次吧。”

然后他们走到一旁，等修士站到主持忏悔的位子上，那女子双膝跪在他的面前，就开始忏悔起来。她一一列举自己的罪过并且陈述了丈夫那非同一般的醋劲儿之后，就要求修士行行善，用法力驱除丈夫头脑里这些无端的妄想。确实，她以为，这种毛病大概也可以用丈夫为病人治病的那种药草和丹方根治。修士听到她这种要求，更是喜不自胜。他觉得，他真是红运高照，合该他享享艳福，于是他用好话安慰了她几句，便劝告她说：

“我的孩子，你的丈夫非常嫉妒，这不足为奇。如果他不这样，不论我，不论别人，都会认为他是一个头脑不正常的人了。这事不应该责怪他，只应该怪造物主，是造物主给了你天仙般的美貌，以至于不嫉妒就不可能占有这样的美人儿。”

那女人听了这话，笑了笑，就觉得自己应该回到正在等她的女伴身边了，又听修士说了几句亲切的话之后，便要求他宽恕自己的罪过。修士深深地叹了一口气，便带着十分虔诚的神情对她说：

“我的孩子，自己一旦被缚住，就无法解除别人的束缚。我因为一见到你就被你缚住，如果没有你合作，我也不能为你、为我自己解缚。”

这位年轻太太，作为一个西西里女子，不难理解如此明显的暗示，她喜欢这样的暗示，因为看到这样俊秀的修士被自己迷住，是莫大的愉快。不过她看到修士也要干这种事，实在感到吃惊。她因为正在妙龄，又加上丈夫管束得紧，所以不仅从来没有和修士们有什么勾搭，而且她一向认定，当了修士就好比雏鸡去了势。现在看出这位修士是正常的公鸡，不是去了势的鸡，这位年轻女子的情欲空前强烈起来，决定将自己的爱情奉献给这位修士，就回答说：

“我的父啊，请您对我垂怜吧，因为我到这儿来的时候还无忧无虑，我走的时候，就成为您和爱情的奴隶了。”

修士说不出的欢喜，便回答说：

“好，既然咱们心意完全相投，你能不能想办法从这种严厉的监管中逃脱出来？咱们就可以好好地度过咱们的青春年华了。”

她听了这话，回答说，一旦有机会，她一定这样办。不过接着她又说：

“我现在有一个想法：尽管我的丈夫的醋劲儿很大，咱们还是可以遂自己的心愿的。我每月都要发一次心脏病，发作时非常厉害，差不多都要昏迷不醒，至今没有什么药方能治我的病。一些老奶奶说，生这种病，是母性的需要。她们说，我很年轻，是能够做母亲的，可是我的丈夫太老，所以我无法做母亲。因此我就想：等我丈夫上城外去给病人看病，我就装作又发了心脏病，马上派人来叫您，请您用圣者格里封的遗物来给我治病。您要准备好，悄悄地带着圣者遗物到我家里来。我有一名心腹侍女,让她给咱们望风,就可以任咱们寻欢作乐了。”

修士高兴地说:

“我的孩子,你想出这样好的主意,上帝会赐福给你。我认为,应该照你的想法办。不过我要带着一个同伴去,那个同伴很通达人情世故,还可以陪陪你那个心腹侍女,也给她解解闷儿。”

他们商定了计策之后,就叹着气,恋恋不舍地分别了。这位夫人回到家里之后,把她和修士商定的事一五一十地告诉了心腹侍女。那侍女听到这事,高兴异常,就回答说,不论夫人有什么吩咐,她都乐意从命。这一双情人很是走运。果然不出她所料,罗杰洛硕士第二天上午就要到城外去给病人看病。这位夫人再不怠慢,立即装作心脏病发作,就派人去求圣者格里封庇佑。这时那侍女就为她出主意说:

“您为什么不派人去把圣者遗物请来?大家都认为那很灵验呀。”

正如她们商量好的那样,她转身朝着侍女,装出一副难以开口的样子,回答说:

“好吧,你就叫人去把圣者遗物请来。”

侍女听了这话,就满口答应说:

“我亲自去请吧。”

她连忙走出门来,找到那修士,把夫人的吩咐转告了。他马上就出了门,并且照先前说的那样,带了一个伙伴,这个伙伴也很年轻,并且很会干这一类的事情。修士尼科洛走进夫人房里,恭恭敬敬地走到床前,夫人孤单单地躺在床上,很有礼貌地在等着他。年轻夫人很谦恭地向修士问候了两声，就对他说：

“神父，您替我向上帝和圣者格里封祷告吧。”

修士回答说：

“感谢创世主赐予我这样的荣幸！不过，从您这方面来说，您也应该对上帝表示虔敬。如果您希望上帝通过我所带来的圣者遗物的无边法力赐福给您，那咱们首先必须带着沉痛的心情进行神圣的忏悔，因为只有灵魂干净了，肉体的毛病才能得到医治。”

年轻夫人听了这话，就回答说：

“我也是这样想，我没有别的要求，就请您多多费神吧。”

年轻夫人说过这话，就找了个适当的借口，把房里所有的人都支了出去，只留心腹侍女和另一个修士在房里。他们把房门紧紧闩上，免得有人来打搅。于是两位修士毫无顾忌地扑过去各自抱住一位女子。修士尼科洛爬到床上，看样子他认为丝毫不必多虑，就把长衬裤脱了，好让两腿活动自如；并且把长衬裤搭在床头上；然后他就和这位美貌的夫人搂抱在一起，同她一起共享那甜甜蜜蜜、百般渴望的鱼水之乐。就在这当儿，他们忽然听见马车来到大门口台阶前，是罗杰洛硕士出诊回来了。修士慌忙从床上跳下来，心里又恐惧又慌乱，完全忘记了搭在床头上的裤子；那侍女也十分遗憾地中断了没有干完的事儿，起身开了房门，把在大厅里等候的人都叫了来，对他们说，太太蒙上帝恩典，已经差不多完全好了。大家便一齐感谢上帝，感谢圣者格里封，侍女便把大家让进房里。罗杰洛硕士这时也走进房来，看到这个很不平常的场面，看到两个修士竟来到他的家里，心里那股难受劲儿，绝不亚于看到他的爱妻又发作了心脏病。太太看到他的脸色大变，就说：

“我的夫君呀，要不是这位师父用圣者格里封的遗物给我治了病，我真的就死啦。他把圣者遗物贴到我的心口上，我马上就不难受了，就好像有一股圣水在浇我的病火。”

轻信的丈夫听说这样难治的疾病居然有了治疗的办法，感到莫大的高兴，不仅连声赞颂上帝和圣者格里封，并且一遍又一遍地向修士表示感谢，感谢他为太太治好了病。那修士在说过许多圣经上的话之后，终于告别了主人和主妇，偕同自己的伙伴很体面地离开了。在路上，他觉得自己那玩意儿时不时地钻到外面来，这才想起，衬裤没有穿，还搭在床头上呢，这一下子他就提心吊胆，着实不安起来，于是把这事儿对同伴说了。同伴说，没关系，那侍女会首先发现，会把裤子藏起来的，修士尼科洛这才完全放下心来。同伴几乎是笑着，又说了下面一番话：

“我的先生，您干这种事儿，说明您还没有修炼好，您不论到哪儿，总想让自己的鸟儿出来打食儿，在这方面也许是想学多明我教徒的样儿，他们从来不过分难为自己的鸟儿。不过，尽管他们打食儿常常得手，他们的鸟儿还是格外情急，一见到食儿就恨不得吃下去。”

修士尼科洛听了这话回答说：

“你说得很对，不过，我这次疏忽大意，可别招来羞辱和责骂。哦，我给你找到的食儿，你吃得甜吗？我的鸟儿还不错，一口气美美地吃了两餐，正要吃第三餐，可是医生回来了，我的鸟儿就吃不成了。”

同伴回答说：

“虽然我不是铁匠，可是我鼓足劲儿，烧一次火要打两根钉子；一根已经打好，另一根大概只差个头儿，就在这时候，那侍女说：‘东家回来了！’真是该死！所以，那事儿还没有干完，我就上你们那儿去了。”

修士尼科洛说：

“嘿！但愿上天保佑，让我再去吃吃没有吃够的食儿，再让你鼓足劲儿，一口气打几百根钉子！”

同伴回答说：

“我也希望这样。不过，你逮住的鸟儿的一根羽毛，比米兰出的所有的钉子都值钱。”

修士尼科洛听了同伴的话，哈哈大笑起来：他们继续说着俏皮话儿，回味着他们取得的战果。

等两位修士一走，罗杰洛硕士就走到妻子身边，亲热地抚摸着她的脖子和胸脯，问她是不是疼得厉害，他一面问长问短，一面伸过手去为妻子摆弄枕头，却无意中碰到了那修士扔下的裤子的系带。他把裤子拉过来，一下子就认出这是修士的裤子，脸色大变，说：

“他妈的，阿加妲，这是怎么一回事儿？这儿怎么会有修士的裤子？”

这女子一向非常机灵，这会儿因为爱情上的满足，更有精神，更加机灵了，所以她马上就回答说：

“我的当家的，我对你说过，你不记得了吗？这就是咱们的神灵、圣者格里封的仙裤呀！这是那个传教的修士把这件圣者仙物送到这儿来的，万能的上帝已经借这条仙裤的法力为我治好了病。那修士本来要带走的，可是我觉得虽然我的心口完全不疼了，为了小心起见，我还是要求他把仙裤留下来，留到晚上，到时候他自己来取，或者派别的什么人来取。”

丈夫听了妻子这又快又有条理的回答，就相信了，或者装作相信了。但他生来就是一个嫉妒心很强的人，见到这情景，脑子里出现了两种相反的想法在打架，就像两股对刮的风。不过，他什么也没有说，没有再问妻子什么话。她既然是个机灵人，看出丈夫并没有放下心来，便想出一个新的花招来打消丈夫的猜疑，她唤来侍女，对她说：

“你上教堂里去，找一找那个传教士，告诉他，叫他来取他留给我的圣者遗物，因为我已经完全好了，用不着了。”

乖觉的侍女完全明白夫人的用意，连忙跑到教堂里，马上把修士叫出来。修士来到门口，以为侍女是来给他送裤子的，就笑嘻嘻地对她说：

“有什么情况？”

侍女本来就有些懊恼，就回答说：

“因为你粗心大意，情况很不好，要不是我家夫人机灵，情况还要糟。”

修士问：

“怎么一回事儿？”

侍女就一五一十地对他说了说后来的情况，又说，依她的意见，应该尽快把他的所谓圣者遗物取回来，而且还要尽可能举行隆重的仪式，迎接圣物归来。

修士回答说：

“但愿一切顺利！”

他叫她放心，一切都会办得好好的，就把她送走了。然后他去见教堂主持，对他说：

“长老，我犯了大罪，愿意接受重罚。不过我恳求您立即给我一点帮助。因为要不然事情就要闹大，所以请您帮我把事情平息下来。”

他简短地说了说事情的经过，主持听了十分生气，怪他太没有理性，狠狠骂了他一顿，就对他说了下面一番话：

“这简直成何体统！你干这种事儿，自以为完全没有危险吗？再说，如果干这种事儿，不脱裤子不行，你就不会把裤子揣到怀里，或者塞到袖筒里，或者想别的办法把裤子藏在身上吗？可是你们干这种事儿干惯了，根本不觉得良心有愧，也不想想，为了把事情平息下来，有多大的麻烦。说实话，我可以不管三七二十一，把你监禁起来，也是你罪有应得！不过，现在更要紧的是把事情平息，而不是处罚，因为这是有关咱们教会的声誉问题，所以暂时就不处罚你了。”

于是他吩咐鸣钟，召开修士大会。等修士们到齐，他便告诉他们，上帝通过圣者格里封裤子的法力，刚才在医生罗杰洛家里大显神通。他把事情简短地对他们说了说，就叫他们立即上医生家去，为了对上帝和法力无边的圣者表示敬意，隆重而庄严地把留在那里的圣物迎接回来。修士们听了吩咐，立即排成两行，由十字架开路，朝医生家走去。教堂主持身穿金碧辉煌的法衣，手捧圣物保藏器，率领众修士庄严肃穆地来到罗杰洛硕士家门前。医生听说他们来了，连忙出来迎住教堂主持，问他率领全体修士前来何事，教堂主持听了这话，满面春风地照事先想好的话回答说：

“我的好大夫，依我们的堂规，我们都是悄悄地将我们的圣者遗物送往要求治病的人家，为的是，万一因为病人罪孽深重，圣物不能施展法力，我们就可以悄没声地把圣物取回去。这样我们可以保全圣者的声誉。但如果上帝愿意通过圣物显示无边的法力，那我们就应该颂扬上帝的灵验，就要列队前来隆重地接回圣物，并且将这样的盛事记入典册。现在，如您所知，已经借助圣物的法力治好了你家夫人危险的病症，所以我们前来隆重地接回圣物。”

医生看到所有的修士都恭恭敬敬地排成队伍来到这里，就想，从来没有这么多人一起来干坏事的。他相信了教堂主持的一大篇谎话，打消了一切疑虑，回答说：

“欢迎欢迎！”

于是他拉住教堂主持和修土尼科洛的手，领着他们来到太太的房里。太太这一次依然十分机灵，事先就把那条裤子用一块芳香的白布包了起来。主持打开白布包，恭恭敬敬地吻了吻圣物，然后交给医生、医生太太和房里所有的人去亲吻，他们都像主持那样恭恭敬敬地吻了吻圣物。然后主持将圣物放入他们带来的圣物保藏器。主持把手一扬，所有的修士都一齐唱起《来吧，养育万物的神灵》。他们就这样穿过整个城市，后面跟随着无数的群众，回到教堂，把圣物放在主要的祭坛上，让善男信女们顶礼膜拜了好几天，因为全城的人都已经知道这件盛事了。

罗杰洛硕士对教会益发崇敬，他不论到哪里，不论在城内还是到城外为病人看病，到处都要大谈上帝通过圣者格里封裤子的法力在他家大显神通的盛事。就在他大力宣扬这件盛事的时候，修士尼科洛和他的伙伴抓紧机会让自己的鸟儿拼命吃食儿，那夫人和侍女也自是快活不尽。夫人不仅尽情地满足自己的情欲，而且认为自己选定的药方是医治她的病痛的唯一有效的药方，因为这种药方用在了她的病因所在之处。因为她是医生夫人，所以这时她想起了她听说过的医学上的话：良药有益，要想治病，必须常用。所以，她尽情地同修士一起寻欢作乐，并且相信，由于虔诚的修士使用的妙方，她的不治之症已经完全好了。

第四十五篇

献给可敬的恩·阿拉贡斯基先生

卡斯蒂利亚有一个大学生，前往波伦亚求学，在阿维尼昂迷上了一位太太，和她私通，依约给她一千金币。事后悔恨不迭，狼狈上路，在路上遇到那位太太的丈夫，因为不知，就把这事对他说了。那人猜到这是妻子干的，就劝大学生跟他回去，他杀了妻子，还了大学生的钱并送了不少礼物。

卡斯蒂利亚有一位出身高贵的法律系大学生，仰慕历史悠久的波伦亚大学的盛名，决定上波伦亚求学，以便取得博士学位。这个大学生名叫阿尔封索·达·托列多，除了年轻之外，还有许多过人之处，此外，父亲死后，他又继承了万贯家财。他打定主意，就想尽快实现；便带了不少珍贵书籍、讲究的服装、好马和精明的仆人，还带了一千金币，择日动身，前往意大利。几天之后，他就出了卡斯蒂利亚王国，穿过加泰隆王国，来到法兰西的阿维尼昂，他想在这里停几天，不知是他想让疲惫的马歇口气，还是另有什么原因。

他在一家旅馆里住下来之后，第二天便带上仆人在城里随便走走，也算他有缘，当他走过一条又一条街道的时候，突然看到一个窗口有一位十分迷人的女子，那女子确实年轻美貌，他觉得那女子简直是天仙，他不论在哪里见过的任何女子都无法和她相比。他十分喜欢那女子，一下子就被她迷住了，而且任何缘由都不能摆脱。因此，他忘记了此行本来的目的，决定留在阿维尼昂，不得到她的垂青决不离开。那女子本是一个十分善于伪装的妇人，就在他经常来她窗下闲荡的时候，她一下子就看出来，这个可怜的少年狂热地爱上了她，想摆脱他也不容易。她看到他十分年轻，看到他连胡子都没有，又从他的衣着和仆从看出来，他不仅有钱，而且出身高贵，就决定尝尝这块鲜嫩的肥肉，并且把他钱袋里的钱都弄到手。为了给他提供同她交谈的方法，她决定派个人出去，就好像海上航行的大船派小船到岸上去买木柴。于是她从家里选了一个很有见识而且精于此道的年老女仆，把事情对她说了，而且在说的时候让她和她一起站在窗口，好让那少年认清她的脸。过了一会儿，那少年就见到了这年老的女仆，这正是他巴不得的，他和她交谈起来，他们没费多大周折就把有关的一切秘事商量好了。然后女仆回来见太太复命，女仆又来回跑了几趟之后，他们终于约定，太太今夜就等少年来，同他欢聚，他要把一千金币带给她（因为再多他也没有）。

约定的时间一到，轻率的少年就带了一千金币朝这位太太家走来。这位太太名叫芦拉。她欢欢喜喜、亲亲热热地迎接他，先把他带来的一千金币收下，然后，在亲热了一阵子之后，就和他进了被窝。阿尔封索正在青春少年，因此不难相信，他为了满足自己的发狂的情欲，玩了整整一夜。天亮了，他穿衣起身，仔细商量了如何继续相会的事，然后，带着疲惫的神情和多少有点儿后悔的心情跟着在门口等了一夜、困倦不堪的仆人回到住处。这位太太一夜工夫就弄到这么多钱，心中实在高兴。她并且断定，那少年爱她爱得发了疯，忘记了去波伦亚，忘记了他学的法典，断定他还要来和她见面，和她共享欢乐。

第二天，少年阿尔封索认为今天那太太准会依约欢欢喜喜地迎接他，并且会更加亲热，等天一黑，他就像前一天那样来到她家门前，几次向她发出约定的信号，却丝毫没有反应。这时候这位大学生才终于意识到，他转眼之间丢失了自己的美人儿，丢了名誉和金钱。他万分沮丧地回到住处，整整一夜都在愁思苦想，痛苦不堪，一刻也不能忘怀。天亮之后，他想最后证实他是不是受到了欺骗，就又来到她家门前来来回回踱了起来，但他看到的只是关着的门和窗，还有许多很明显的迹象，终于使他相信，这个坏女人是用巧妙的手段欺骗和捉弄了他。他回到住处，心情痛苦、绝望已极，几次想用匕首穿通自己的胸膛，不过他控制住了，他怕再出什么不好的事情，就决定马上离开这儿。但是他口袋里已经一文不名；为了付清旅馆的膳宿费，他决定卖掉他的最好、最漂亮的一匹骡子。他卖掉骡子，付清旅馆费用之后，便带着卖骡子剩下的少量的钱动身，经过普罗旺斯地区，前往意大利，一路上唉声叹气，不住地流泪。他最伤心的是，他本来可以在大学里过上等人的日子，现在就得去住波伦亚的普通客店，像穷学生那样，靠着卖东西或典当东西凑合过日子了。

他就这样灰心丧气、痛苦不堪地朝前走着，这一天来到特勒克，歇在一家旅馆里，真是无巧不成书，这天晚上，那个女子芦拉的丈夫偏偏也歇到这家旅馆里。她的丈夫是一个出身高贵、风度潇洒的侠士，很有口才，可敬可爱，他受法兰西国王之命去见过教皇，现在是回国复命。他问旅馆掌柜，有没有什么上等人士在旅馆里住下来，他可以请他同桌共餐，这是法国男子旅途中的习惯。掌柜说，旅馆里住了一位西班牙的大学生，据他的仆人说，他是上波伦亚去，不过他十分伤心，已经有两天没吃饭了。侠士听到这话，顿生怜惜之心，就决定无论如何要请他来共进晚餐。他亲自来请他，看到他在房里那种忧心忡忡、愁眉苦脸的样子，就不说客套话，很亲热地拉住他的手，说：

“你一定要跟我一起吃顿饭。”

少年看到这男子那和蔼可亲的外表，二话不说，就跟着他去吃饭。等他们一起吃过晚饭，所有的仆人都走了出去，那侠士就问大学生姓甚名谁，从什么地方来，准备去干什么，又问他，能不能把如此伤心的原因告诉他。阿尔封索十分简短地回答了前面的几个问题，每说出一个字，都要深深地叹一口气；至于最后一个问题，他请侠士不要问他。侠士听到他的姓名，知道了他为什么离家外出，并且早已听说他父亲的显赫声名，就更想知道他在路上出了什么事，使他这样痛苦伤心。阿尔封索起初支支吾吾不肯说，但是侠士一而再、再而三地要他说一说，他没有多加考虑，就从头到尾一五一十地把事情经过仔细对他说了一遍，并且说出那女子的名字，他和她同床共衾有多么甜蜜；他又说，因为感到屈辱和羞愧，又加上丢了钱，所以非常痛苦、伤心，有好几次差点儿要自杀。

侠士一再要求他说，却怎么也没想到他说出这样的事，不难理解，侠士听到这事极其伤心，极其难受，听到妻子干了这样的丑事，他心里的痛苦超过大学生多少倍，其痛苦的程度，只有那些有此类经历的人才能想象。不过，侠士在痛苦了一阵子之后，便用不小的毅力压制住难以承受的痛苦，想好了在这种情况下应该怎么办。于是他转脸对着大学生，说：

"好孩子，你这事儿干得多么不好，你太幼稚，所以很轻易地受了那淫妇的欺骗，这你自己也该明白。当然，如果我认为我的责备对你有益，如果我们经常在一起，那我会常常责备你，责备你的轻率。但是因为我看到你现在需要的是帮助，而不是责备，那我希望，这伤心和痛悔对你就是足够的惩罚了。所以你要驱除一切不理智的想法，打消自杀的念头，定下心来；我会关心你，拿你当自己的孩子对待，这你很快就可以相信。现在我是打这儿路过，在这儿人地生疏，不可能帮你什么忙，所以请你立即转回去，跟我一起回家住几天，然后你照原来的设想，继续你的行程。我因为敬重你家祖辈的声誉，怜悯你的痛苦处境，不愿意让你这样寒酸地到大学里去，不愿意你因为无钱有伤体面。"

少年见他这样慷慨大度，十分感动，痛苦之中出现了孩子气的高兴心情，连忙表示感谢。然后他们又天南海北地谈了一阵子，就各自去休息。

第二天一大早，他们就上了马，转身奔向法兰西。因为侠士走熟了这条路，所以他们走得很快，当天晚上就来到阿维尼昂。等他们进了城，侠士就拉着少年的手，领着他朝家中走去。少年阿尔封索不仅认出了那条街和那座院子，而且一眼就看到了那位太太，那太太在早已点燃的烛光下高高兴兴地走出来迎接丈夫。等到少年领悟到这是怎么一回事儿，就觉得这一下子他完了，顿时吓呆了，不敢下马。可是侠士还是要他下了马，拉住他的手，领着他走进那个房间，他不久前就是在这儿得到亲热接待、得到短时间的欢娱和长时间的痛苦的。那太太也立即认出了大学生，她猜想到她就要倒大霉，所以战战兢兢，心中如同刀戳，这种心情每个人都是可以想象到的。到了吃饭的时候，他们两个男子和吓得心惊胆战的太太一起坐下来吃饭。其实三个人心里都非常痛苦，虽然各有各的原因。等吃完了饭，仆人们都出去了，只剩下他们三人，侠士便对妻子说：

"芦拉，你把这少年给你的一千金币拿来，就是你出卖自己，出卖你、我的声誉，出卖我们家门声誉的那一千金币。"

她听到这话，就觉得好像是整个房子塌倒在她的头上，她好像哑了似的，一句话也没有回答。于是侠士怒火万丈，抽出匕首，厉声喝道：

"贱人，如果你不想马上就死，立即照我说的办！"

那女子看到丈夫这样愤怒，知道抵赖也没有用，就流着眼泪，悲悲切切地走去取钱，把钱取来之后，扔到桌子上。只见侠士把钱倒在桌上，从中取出一个金币，放在少年手里。少年提心吊胆地坐在那里，一直在等待着侠士用出鞘的匕首杀他和自己的妻子。可是侠士却对他说：

“阿尔封索先生，干任何事情都应该得到相应的报酬。这是我的妻子，给你欢娱并且捉弄了你的就是她。既然她干起这种不光彩的挣钱交易，那么，论其行为，她就应该算妓女。不论一个妓女有多么美貌，一夜的价钱都不应该超过一个金币，所以我希望你这位顾客把她应挣的钱亲手交给她。”

他说过这话，就命令妻子把一个金币收下，妻子乖乖地接下金币。他这样做过之后，知道那少年又羞惭又害怕，连眼睛也不敢抬，此时最需要的是安慰，而不是别的，所以他对少年说：

“我的好孩子，把你没有保存好、更没有用好的钱收起来吧，记住，以后要慎重，不要用这样的高价买这样的烂货。你正在为家门争光的时候，不要把光阴和金钱消耗在肉欲上。好吧，今天晚上我不想对你多啰唆了，你去休息，放心吧：我宁肯自己倒霉，也不让你和你的金钱受损失。”

他说过这话，就唤来仆人，叫仆人把少年领到专门收拾好的房间里去。然后，在睡觉之前，他吩咐给妻子拿来调制得很好的毒药，这便是她最后一顿晚餐。

天亮之后，侠士为少年准备了一匹好马，准备了一些很贵重、很讲究的礼物。他们吃过便饭之后，便上了马，侠士带着仆人送他出城，送了有十来里路，在分别的时候，侠士对他说：

“好孩子，我归还了你的钱，归还了你的生命，但我总还觉得没有尽我的心意。所以，请你收下我这些小小的礼物（因为，买更好的礼物，我的家境不允许了），还有这一匹马，算是补偿你卖掉的骡子。你以后见到这些礼物，就想想我这个朋友，从今天起，你就把我看作亲生父亲吧，你可以认为，在任何时候，做任何事情，都有我和你在一起。我一定把你看作唯一的儿子，直到死都是这样。”

他说过这话，他们就紧紧拥抱起来，少年见他这样宽宏大量、慷慨大方，说不出的高兴，激动得眼泪哗哗往下流，想说感激的话，都说不出来。侠士也没有说话，只叫他不要说什么，两个人想说说道别的话，也说不出来，只是亲亲热热地互吻了一阵子，就分别了。侠士回城里去了，少年阿尔封索过了几天就来到波伦亚。至于他们结识之后，后来的情况如何，我暂时无法奉告，因为我还没得到这方面的任何材料。

锡耶纳人的故事

路易其·浦尔契

写给米兰公爵郡主和卡拉布利亚公爵夫人伊波莉妲女士

有一个锡耶纳人想和罗马教皇攀交情，就宴请教皇的亲信，请他吃野鸭子，还说这是孔雀；后来又因为愚蠢无知，拿啄木鸟当鹦鹉送给教皇；因此全城的人和整个罗马教廷都说他是糊涂虫。

尊敬的伊波莉妲女士：不久前我读了马祖乔的《故事集》中许多优美动人的故事，马祖乔不愧为薄伽丘的学生，不愧为萨勒诺的光荣。因为我听说，您也读了这本书，而且大为赞赏，所以我也斗胆写故事给您看，就好比航海者，总是把船开往他的货能够畅销的地方。我属于不大相信好运、不大相信自己的破烂独木舟的人，所以我先呈献给您一件不大的货物。就是说，我想讲一个不长的故事，这故事是我几年前听到的，说的是一个锡耶纳人因为头脑简单,绝不是由于恶意,干了不少愚蠢的事情。切不要以为我是憎恨或者不尊敬这座美好城市的人,这座城市我一向是很喜欢的;更不要以为,一个锡耶纳人写过几篇小说,写他的同乡怎样捉弄我们佛罗伦萨人,因此我也写小说进行报复,我这个人,不论人家怎样捉弄我,我都毫不计较,特别是当我想起我们的救世主宽恕那些把他钉上十字架的人的时候。我决不羡慕别人的桂冠,但如果我这篇故事和其他一些小玩意儿能够使您这样高明的鉴赏家多多少少感到有点儿喜欢(因为我们佛罗伦萨人有时也学学风雅呀),就算是我们的劳动得到最大和最高的奖赏。

应当承认,我早已是您的忠实而驯顺的奴仆。而且,只要想想您对我们祖国的耿耿忠心和对祖国之父科西莫·杰·美第奇的恩爱,就不可能不这样。难道一个有良心的正派人,当初默默无闻的人,会忘记您的父亲弗兰契斯科·斯福尔沙对他的爱护和抬举?您的母亲是世上罕见的贤良女子,她的美好品德谁又能忘记?您在他们的阳光下光芒万丈,在各方面都继承了父母的伟大品德;收下这篇故事吧,免得我把这篇短短的故事的前言拉得太长;您在读这篇故事的时候,可以想想路易其·浦尔契的戏言,想想他本人,想想您的忠实奴仆和您的英明的丈夫、全体臣民敬仰的卡拉布利亚公爵的忠实奴仆。我永远忠实于您,愿您不论今生,不论来世,永远幸福。

您想必知道,教皇庇护二世住在科西扬诺的那个时候,锡耶纳出过一桩可笑的、值得一记的事情。伟大而可敬的教皇回到因他的名字而出了名的家乡,想看看家乡,在家乡住一住。这样的消息不可能长期保密,很快在整个锡耶纳就传开了。但是听了这消息最高兴、最感到惊异的却是一个商人，是商界相当好的一个人，这个人至今健在。他和教皇在小时候很接近，很要好。所以，他一听说教皇来到科西扬诺，就想见见教皇，和他叙叙旧。可是为了考虑给教皇送什么礼物，他苦苦思索了很久。他多次想到把家里的一只很漂亮的乌龟送给教皇，但是女仆劝他不要送乌龟；于是他想不惜任何代价去买刺猬之类的东西作礼物。幸好，这时候戈洛先坐来到锡耶纳，商人听说他来了，十分高兴，认为这是吉星高照，上帝把教皇的亲信给他派了来，给他出主主意送什么礼物，并且为他和多年未见的老朋友牵线搭桥。

这个锡耶纳人马上去见戈洛先生，见过礼之后，就说："听说艾涅阿先生做了神圣的教皇，是不是真的？过去我和他可是非常要好呀！我想见见他，叙叙旧情，叙叙当年在封特盖阿的时候，我怎样把他按在地上揍他。当年他可是一个最不中用的人呀。"他又七扯八拉地说了不少闲话，然后就请戈洛先生赴宴。戈洛先生答应了。

这个锡耶纳人回到家里，就邀集朋友来筹办。朋友们帮他把家里好好装饰了一番，然后就商量宴会上什么菜。他们商定要上带羽毛的孔雀，因为他们听说在罗马和佛罗伦萨举行盛大宴会都要上带毛的孔雀。但是他们不知道这种菜是怎样做的，就想，不过是加水炖罢了。他们商量了一阵子，就这样决定了。但是他们来到出售各种禽鸟的市场，却怎么也找不到孔雀，就买了两只野鸭子，他们觉得野鸭子的羽毛花花绿绿，十分好看，很像孔雀。他们认为，戈洛先生看到这好看的羽毛，也会相信是孔雀。他们剁去野鸭子的爪子和嘴，提回家里，没有拔毛，就放到锅里炖起来;然后又准备别的菜,也是照自己的想法做。

傍晚时候,戈洛先生在几位朋友陪伴下光临了。主人殷勤地接待他们,领着他们在装饰一新的家里到处看了看。这时候发生了小小的不快,好在很快就过去了。这个锡耶纳人把教皇的家徽挂在厨房门口上方,把戈洛先生的家徽挂在浴室里面,他为了让戈洛先生看家徽,把手里的提灯举得高高的,不料把提灯里的油洒在戈洛先生的红色法衣上,戈洛先生以为他是故意这样,非常生气。主人连忙把他领到洁净的大厅里,帮他脱下法衣,又跑到卧房里,把自己的海狸皮大皮袄拿了来,给戈洛先生穿上,虽然天气炎热,但是戈洛先生看到主人这股热心劲儿,也就乖乖地穿上了。

于是请客人洗了手,请戈洛先生坐到上座,然后依次是戈洛先生的几位朋友。大家先尝了尝果仁泥大蛋糕,然后给戈洛先生端上一盘孔雀,一名仆人就割孔雀肉,但因为他很不熟练,折腾了很久,一面还要拔毛,拔下来的毛满屋子乱飞,落到桌子上,钻到戈洛先生和其他人的眼睛、鼻子、耳朵里和嘴里,大家为了保持礼节,只当没有这回事儿,一面不住地拣桌上的毛,就这样吞下不少小毛儿。这天晚上他们一个个都像是茹毛饮血的老鹰。

等到把这一道折腾人的菜撤下去,又上了一道热腾腾的菜,这道菜里的和兰芹真是够多的,不过,这还不算怎样,最别致的还是主人为戈洛先生及其朋友们安排的最后一道菜。锡耶纳商人和自己的朋友们为了对客人们表示特别敬重,吩咐用特别的方法制作了一大盘肉冻:他们吩咐,要像在佛罗伦萨和其他城市里的宴席上那样,把教皇和戈洛先生的家徽及其铭文雕砌在肉冻上。

因此他们加进了赭石、锌白、朱砂、蓝矾和其他一些不能吃的东西；并且把这盘漂亮的菜摆在戈洛先生面前。戈洛先生及其朋友们一见肉冻就大嚼起来，想解一解和兰芹和其他一些怪菜的苦味，认为此地大概就兴这样，就像有些城市里兴吃番红花、扁桃、檀香树、草汁和其他调料一样。到夜里这几个人差点儿送了命，特别难受的是戈洛先生，上吐下泻，差点儿把肚肠翻了出来，吐出来的野鸭毛够装一个枕头。

当时吃过这一道有毒的怪菜之后，又上甜食，继续饮宴。主人和戈洛先生坐到一起，抱住他的肩膀，整个晚上都没有放开。戈洛先生穿着大皮袄，又被他抱住不放，所以浑身大汗淋淋，此外，讨厌的是，锡耶纳人一个劲儿地对着他的耳朵嗡嗡地说话，说教皇过去的事。

到半夜时候，戈洛先生和他的朋友们道过别，好不容易回到家里，在家里折腾了一夜，很懊悔这次出去做客。至于宴会的主人，则感到非常满意，如果不是提灯惹出小小的不快，因而戈洛先生把他的大皮袄穿走了的话，那就十全十美了。尤其得意的是，他认为那一道炖野鸭的菜做得非常漂亮。

他自以为宴会成功，又听到戈洛先生的几句好话，所以劲头儿很大，第二天就离开锡耶纳城，因为他要到科西扬诺待几天，要去找教皇玩一玩儿。

依我看，奥妙莫测的命运之神要捉弄什么人的时候，不管什么样的办法都用。命运之神就是这样捉弄这个锡耶纳人的：那天他回锡耶纳的时候，在路上碰到一个庄稼人，庄稼人带一只啄木鸟到城里去卖；因为啄木鸟的羽毛几乎是绿的，头是红的，那啄虫儿的喙又是长长的(难怪我们的诗人创作过一个故事,说是意大利有一位国王叫辟柯,后来变成了啄木鸟,因而使啄木鸟成了很可爱的鸟儿),所以这个锡耶纳人把啄木鸟当成了鹦鹉,认为这真是很好的礼物,可以送给教皇。他就问那庄稼人:“你带着这鹦鹉上哪儿去?”那庄稼人比他精明,见他这样愚蠢。也知道鹦鹉是贵重的鸟儿,就回答说,这是送给朋友的。

锡耶纳人一定要买他的,庄稼人怎么也不肯卖,不过最后还是以三个里拉的价钱卖给了他,高高兴兴地回家去了。锡耶纳人则以为蒙混了庄稼人,自己占了大便宜,也得意洋洋地回到城里。他买了鸟笼,挂上教皇的家徽,把所谓鹦鹉放进去,然后把鸟笼放到艺术商店最显眼的地方,让大家都能欣赏。确实,全锡耶纳的人都能看到装在笼子里的鹦鹉了。这座可敬的大城市里的人看到这鸟儿都惊喜不已;没有一个人能说得准,这究竟是啄木鸟还是鹦鹉。

终于有一天,把这“鹦鹉”送到了科西扬诺,送给了教皇。这事来得十分凑巧,因为就在这时候戈洛先生回到这里,对教皇和全教廷的人说了说那次糟糕的晚宴,一看到那锡耶纳人当作鹦鹉送来的啄木鸟,就明白了一切,不用再说了。

教皇和全教廷的人都在笑锡耶纳人糊涂,笑了很久,虽然全锡耶纳城的人都认为笼子里是鹦鹉。城里有些人在争论,还为这事打了赌。科西扬诺的人在笑,城里的人在争论,每天都有人来问送这只鸟儿的锡耶纳人,就这样闹闹哄哄地过了一个多月。过了一阵子,锡耶纳人就去拜见教皇,他在这里受到亲切的接待,快快活活地过了好几天。他一见到教皇,就像发了狂一样奔过去拥抱住教皇，说他小时候怎样捶他，揪他的耳朵，说了不少傻话，一再地惹得大家哈哈大笑。后来，他得到教皇的祝福之后，便高高兴兴地回到锡耶纳，很满意教皇，很满意教廷的人，想到自己送的鸟儿，尤其感到满意。他认定那是鹦鹉，就好像那是他在盛产鹦鹉的尼罗河畔亲手捉到的。

查科波的故事

洛伦佐·美第奇

大家都知道，锡耶纳自古出糊涂虫，从来不缺傻瓜和蠢货。是什么原因，我不知道。也许是那里的气候更适宜他们生长，也许坏树来自坏种子，而坏树又必然要结坏果子。正如俗话说的，龙生龙，凤生凤，老鼠生儿会打洞。

话说不久以前锡耶纳有一个人，名叫查科波·别兰季，是一个四十来岁的男子，非常富有，但也非常糊涂。他除了别的福气之外，又娶了一个十分标致的老婆，这是他的福气，也可以说是他的不幸。锡耶纳的女子有多么漂亮，锡耶纳的男子就有多么愚蠢和自大。查科波的妻子二十五岁，她像所有的美貌女子一样，有一个年轻漂亮的意中人。这位标致太太名叫卡桑德拉，她的意中人名叫弗兰契斯科，原是佛罗伦萨人。弗兰契斯科在锡耶纳上了几年大学，一下子就爱上了卡桑德拉，很自然，卡桑德拉也爱上了他，因为弗兰契斯科是一个长得不错的小伙子，而卡桑德拉正在青春的顶峰，正是一个女子能够分得清好与坏、懂得一个女子应该懂的一切事情的时候。确实,这是女子最甜的时候,因为在女子更年轻的时候,往往又羞又怕,爱情受到压抑,而过了这个年龄,那就变得理智些,感情不够奔放了,或者情欲开始减退,劲头儿没有那么热烈了。

弗兰契斯科早就在追逐她这个猎物,但是无法把她逮到手里,所以寝食不安,日日夜夜想的都是如何满足那萦回脑际的愿望。特别伤脑筋的是,他看出她并不想躲避他,只是他想不出接近她的方法和借口。卡桑德拉对他也十分赏识,可是她不能明目张胆地表露感情,因为她怕坏了名声,还怕查科波的醋劲儿,查科波对她看管得很严,就像大多数有标致妻子的丈夫一样。但是,因为卡桑德拉正在美丽动人、青春似火的时候,这种醋劲儿就越发使她不痛快。而且她十分清楚,她嫁的丈夫很老,又不英俊,对于床笫之乐,热情不高。此外,她还知道他是一个呆头呆脑的家伙。这种情况,就是没有柴炭,也能烧起火来。更不用说有可能在好与坏之间挑选的时候,自然要挑好的了。如果她不这样干,那她不是疯子,就是傻瓜。说真的,我认为女子的命运总比男子的命运坏得多,因为男子总是比女子优越:男子无论多么穷苦可怜,都能自己做主,或者不娶,或者娶上一个合意的妻子;女子则不然,不能自己做主,别人给她找什么男人,就得乖乖地嫁什么男人,免得做老姑娘,以后丈夫每天骂她一千次,也只有逆来顺受。所以我们每天都要听到一些女子不贞之事,也就不足为怪了。实在说,对这类事真不必像现在这样严厉。基于上述情况,对这类事大可不必在背后私议。

话休絮烦,言归正传。卡桑德拉和弗兰契斯科本来可以快快活活地过一过的。但是很遗憾,他们却不能如愿,就是因为有一个可怜的呆子时时拿眼睛盯着他们。正是因为这样时刻盯着,而不是因为查科波有什么高明办法防止他们私通。

弗兰契斯科看到查科波傻头傻脑,就想了一个主意,这主意我现在对诸位说一说。他首先装出样子,似乎他一点也不喜欢卡桑德拉了,查科波几乎也相信了。他又装作收到了佛罗伦萨家里人的来信,信里谈到他要结婚的事。这个消息首先在弗兰契斯科的同学和朋友中传了开来,很快又传到锡耶纳的一些居民当中,因为锡耶纳有不少人认识他、喜欢他。查科波也听到了这件事,他一听到,自是非常高兴,因为他认为,这一下子可以放心了,不必为老婆提心吊胆了。他以为,弗兰契斯科不久就会离开锡耶纳,或者,无论如何都会抛弃原来那些不安分的想法,结了婚的年轻男子往往都会这样。查科波打消了一切疑虑。弗兰契斯科就扬言,说自己无论如何不走,因为他在这儿学了那么久,花费了那么多力气,学位快要到手了,决不想在这个时候离开学校。他说,他要把妻子接到锡耶纳来,和他住在一起,陪伴他,伺候他,使他安心完成自己的学业。他为了证实自己的话,还租了一所房子(离查科波家不近,但在查科波常常经过的一条街上),供他和妻子居住,因为他原来住的房子不够他们夫妻两个人住。

过了一些时候,弗兰契斯科说要回佛罗伦萨去,要去结婚,并且把妻子接来。他果然回去了。他回到佛罗伦萨,就去找一个妓女。那不是一个普通妓女,是一位高级妓女。这妓女名叫梅娜,住在波尔戈·斯特拉街上。她年轻美貌,风姿绰约。弗兰契斯科和她商量好,给她很多钱,让她和他一起来锡耶纳住些时候。她高高兴兴地答应了。于是弗兰契斯科在大批仆从陪伴下,带着她来到锡耶纳,一到锡耶纳就说她是他的妻子。他这样说,大家都非常相信,所以锡耶纳有许多高贵的太太对这个妓女都以礼相待,常常请她去做客。

这个妓女又精明又圆滑,很会在华美的服饰下掩盖自己的种种丑行,一举一动都十分得体,装出一副清白无瑕的样子。弗兰契斯科又教她如此这般,于是她常常在窗口出现,上面已经说过,这窗口正对着查科波常常经过的那条大街,因为他走这条街去办事比较方便。他常常看到她在阳台上。有一天,他千不该万不该,朝她看了一眼。她嫣然一笑,还含情脉脉地对他看了一眼。这一眼把查科波的魂都摄走了。他忘记了自己年老,自言自语地说:"太妙啦! 弗兰契斯科眼馋我的老婆,眼馋了很久,虽然他又年轻又漂亮,可是他什么也没有捞到,她连笑也没有对他笑一下,我虽然是个老头子,可是他的老婆马上就向我送媚眼了。看样子,弗兰契斯科合该是当乌龟的命。"

查科波因为动了情,又自以为受到青睐,到这条街上来得更勤了,并且觉得越来越有了门儿,如今,他来到年轻人的圈子里,常常夸口说:

"这么看,还是老头子有办法。你们年轻人天天求爱,往往总是落空,可是,你们瞧,我这个老头子,艳福一下子就来了,这样的艳福你们拿什么都换不到。你们看我怎么样? 三下两下,就成了。"

查科波虽然说这样的大话,但无法向她求爱。因此巴尔托洛麦娅(妓女换了这个名字,免得别人知道她的身份)看到他没有任何实际行动，就派一名侍女去给他送信，信里说她想他快要想死了，求他垂怜解救她，因为她怕是有人使她着了魔。查科波收到这封信，高兴得发了狂，马上给她回了信，信里的话和他本人一样傻。过了几天，一直装作在想方设法克服困难的巴尔托洛麦娅终于来约查科波在晚上相会，说弗兰契斯科上锡耶纳一个朋友的庄园里去了。查科波等待天黑就像等了一千年似的，等约定的时间一到，他见到约定的暗号，立刻就来到她的房里。巴尔托洛麦娅就像一切偷情的太太一样，又亲热又急切地把他拉进卧房，把他藏到床底下，叫他在床下等一等，等她把侍女打发去睡了之后再出来，因为她不愿意让任何人知道这事儿。查科波依着她的话，在床下躲了两个半钟头。后来巴尔托洛麦娅回到卧房，装作因为他受了委屈，心里很不好过。等到剩下他们两个，她装作欲火中烧，如饥似渴，又抓他的脸，又咬他的肉，咬得他的身上到处是牙印子。查科波认为热恋中的人都是这样，所以不仅毫无怨言地承受这一切，而且觉得像腾云驾雾似的。等到干起恋人们朝思暮想、苦苦追求的主要事情，他虽然年老，仍然鼓足劲儿，跃马上阵。她装作看到他这样大年纪还这样厉害，又惊又喜，使他拿出吃奶的劲儿，干了似乎力不胜任的事情。等到干完了，他筋疲力尽，无精打采，浑身软绵绵的，但心里那股快活劲儿，就好像他在天堂遇到了仙女，等回到家里，又上去和老婆厮杀。为了证明自己没有去和别的女人干，这一夜他只好连连作战，如果换一种情况，这样干不但很难，而且一年都不可能干这么多。

巴尔托洛麦娅受弗兰契斯科嘱托，抓住猎物不肯放手，继续向查科波表示情意，不过他虽然常来和她相会，离开这里的时候，只落得满脸是抓伤和满身牙印子罢了。这种爱情关系持续了好几个月,多半是形式,很少实惠了,但他还是经常去,因为出于虚荣,他不能不向老朋友和年轻朋友夸耀自己的艳福,却没有想到他正在亲手做网套自己。这时候大斋期来到,巴尔托洛麦娅要求查科波让她歇口气,至少在圣周内应当考虑拯救自己的灵魂,不要干这种事,虽然这么长时间不见面她会觉得度日如年。查科波听了这话,也想起要去做忏悔,忏悔自己的罪过。为他主持忏悔的是圣芳济各会的一位修士,名叫安东尼奥。弗兰契斯科听说这位修士要为查科波主持忏悔,就事先和他商量好该怎么做。这位安东尼奥虽然是教会中人,不过他认为有义务帮助有情人,并且愿意证明样样阴谋诡计都有圣芳济各会修士参与这种说法是对的,所以他欣然答应照弗兰契斯科的要求去做。

等到查科波跪到安东尼奥面前做忏悔,安东尼奥首先问了一些普通的问题。问到男女情欲方面的罪过,查科波因为傻,就一五一十地讲起了他和弗兰契斯科的老婆怎样私通。安东尼奥打断他的话,说:

"哎呀!查科波,你怎么经不住十罪不赦的恶魔的诱惑,去犯这样的罪?这样的罪过,不论我、不论教皇都无法宽恕你,就是圣彼得亲自下凡,也无法宽恕你。"

查科波听了这话反驳说:

"噢,我听说,不论多么大的罪过,都是可以宽恕的呀。"

"是啊。"安东尼奥说,"不过,要想得到宽恕,必须干一桩事情,依我看,这事儿你是不会干的。"

查科波说:

“为了拯救自己的灵魂，我没有什么事不可以干。为这种事，我把自己和自己的老婆搭上都行。”

安东尼奥说：

“好吧，既然这样，我就和你说一说……噢，算啦，我看你是不会干的。”

查科波发起急来：

“您这人真怪！我把自己的灵魂看得比人世上的一切都要紧呀。”

安东尼奥就说：

“既然这样，就依你的吧。你大概也听说过，一个人侵犯了别人的名声或者财产，如果不把名声或财产归还，是得不到宽恕的。问题就在这里。你侵犯了那个年轻太太和她的丈夫的名声，如果你不偿还名声，你的罪过就得不到宽恕。要偿还名声，只有一种办法：你和那年轻太太睡过多少次，也让她的丈夫，有丈夫就让丈夫，没有丈夫就让她的兄弟，和你的妻子，有妻子就和妻子，没有妻子就和你的姐妹睡多少次。我们在圣经上也看到，大卫犯了通奸罪，就把自己的妻子送到那个女人的丈夫那里去，他的罪就得到了宽恕。现在你知道该怎么办了吧？”

查科波听到修士要他这样，就认定自己非干这种丢脸的事不可了，在心里说：“看样子，我也要做乌龟了。”不过他还是对修士说：

“神父，干这种事不管有多么为难，但我还是更看重我的灵魂，而且要我去干大卫干过的那种事儿，我也不应该觉得不好意思，因为大卫是国王，我不过是一个普通人。不论怎么样，我首先要拯救自己的灵魂。”

修士听了他这一番悔过的话，上前和他拥抱，吻了吻他的前额，停了一会儿，就说：

“我的孩子，我看，上帝已经赐福给你了。你已经走上了正路。你因此会得到千倍的幸福。我看，咱们的事一定能办好，咱们就感谢救主吧。不过，应该说，你的罪过实在太大了，如不下决心痛悔，不可能得到宽恕。所以我认为，为了求得赦免你这一罪过以及其他种种罪过，你应该上罗马去。这样你就能求得永生，欢欢喜喜地度过自己的余年。好吧，我的好孩子，就照你向我保证的去做吧。”

修士说过这话，就为查科波祝了福。

查科波站起身来，心事重重地回到家里。经过激烈的内心搏斗，良心终于取得了胜利，他决定去找弗兰契斯科，赔偿名誉。但有一点难处：这种事他不知怎样对弗兰契斯科说，才不致招来很大危险。他认为他有办法避免危险。他受着良心的驱使，并且认为在圣周里去进行这种事比任何时候危险都小，所以有一天他径自找到弗兰契斯科，对他说：

“弗兰契斯科，我一向很喜欢你，拿你当自己的孩子，论年纪我可以做你的父亲。我千不该万不该犯了一桩罪过，后悔莫及。如果上帝能宽恕我的话，请你也宽恕我吧。等我把事情说出来，你千万多多担待，看在上帝面上，你把我给你的侮辱忘了吧。”

弗兰契斯科听了这话，回答说：

“我一向尊敬您像尊敬自己的父亲一样。哪怕您杀了我的亲爹，我也可以向您保证：第一，看在上帝面上，看在圣周时候；第二,因为我一向对您十分尊敬,我决不见怪。”

于是查科波跪在他面前,说:

“我向你下跪,求你饶恕。”

弗兰契斯科好不容易把他拉了起来,听他讲自己比他还清楚的那些事情。

等查科波向他坦白了罪过,弗兰契斯科故意装出非常气愤的样子,说:

“幸亏您有预见,让我做了保证,我不能出尔反尔。要不然您别想逃出我的手,我会好好地收拾收拾您和我那下贱的老婆。不过我爱自己的灵魂,更甚于您爱我。一句话,我现在饶恕了您。您滚吧!”

查科波认为应该做的事还没有完全做到,就又说:

“您还要听我再说一说。我还想请您帮我做一点事儿,好请求上帝宽恕我的罪过。”于是他对弗兰契斯科说,请弗兰契斯科和他老婆睡睡觉。

弗兰契斯科装作很生气的样子,说:

“啊,这一点我可没有保证过!我不愿意像您这样放荡,这样不规矩!我饶恕了您这样大的罪过,就足够了。别再对我说这种事了,我听都不想听。我再说一遍:您趁早给我滚吧!”

查科波怕出什么不好的事情,就赶紧从弗兰契斯科家里走了出来,又去找那个修士。他对修士说了事情的经过,说弗兰契斯科怎么也不肯和他老婆睡觉,而且连听都不愿意听,于是修士说:

“啊,你这样根本不行。你必须偿还他的名声呀。要不然,你不论怎样,都是白费力气。”

查科波不知道怎样再去找弗兰契斯科才好，就请求修士说：

“您是不是可以派人去把他找来？我也在这儿，您当着我的面对他说，告诉他，这不是罪过。也许，他会听您的话。”

修士就答应说：

“这办法倒是不坏。不过我不认识他呀。我派一个人跟你去，你在远处给他指指弗兰契斯科的家。这样弗兰契斯科就不知道我为什么事找他了。”

他们就这样商定了。查科波带着一名教堂仆役前去，给他指了指弗兰契斯科的家，仆役就把修士的信送给了弗兰契斯科。

弗兰契斯科一句话没说，就来到教堂里，在修道房前的房间里见到修士，装出一副很生气的样子，和修士会意地笑了笑。然后，修士把查科波叫了来，对弗兰契斯科说：

“你不论怎样，都应该满足可怜的查科波的心愿，不看他的面，要看耶稣的面，我主耶稣对你也会是慈悲的，不会把你为他做的事归罪于你。我和查科波都会感激你的恩情。”

于是查科波跪在地上，恳求弗兰契斯科行行好，跟他老婆睡睡觉。

弗兰契斯科装作受到极大的感动，说：

“好吧，我答应您。我就依您的，看在上帝面上，我可以为您干干这种事儿，对您行行好。我就为上帝干干您要我干的事儿好啦，虽然我最痛恨这种事儿。”

查科波听了他的回答，十分高兴，但是他又操心起另外一个问题：怎样说服妻子。不过他认为，他对妻子还是有办法的，就这样回家了。他觉得他想出了一个做乌龟的巧计，所以一回到家里，就很难受地哭了起来，为的是让妻子问他哭的原因。果然不出他所料。妻子一再地问他为什么这样哭，于是查科波回答说：

“我哭，自有我哭的原因。这原因就是：上帝要判我永远受苦受难，我的灵魂得不到拯救了。”

查科波的妻子完全明白是怎么回事儿，也哭了起来，而且哭得比他还厉害，并且说：

“哎呀，哎呀，这是怎么回事儿？你干了什么事儿呀？难道就没有办法补救吗？”

“办法是有。”查科波说，“不过实在为难呀。”

“那你怎么不说出来呀？”卡桑德拉故作惊讶地说，“只要有什么办法，咱们一定能办到。”

“好吧。”查科波说，“我就告诉你：我得救还是下地狱，全看你了。”

他把事情对妻子说了。等他说到让她扮演的角色，她阴沉下脸来，表示坚决不干。少不得查科波又跪了下来，恳求她行行好，可怜可怜他。等到她答应了，他马上就去找弗兰契斯科，为的是尽快补偿自己的罪过。

他见到弗兰契斯科，就说：

“今天晚上就很合适。你上我家来吃晚饭，然后你就行行好，帮我免除这一条大罪吧。”

弗兰契斯科非常高兴，但是他扮出一副无可奈何的苦相，就好像得到一个极坏的消息，并且使人觉得，他到查科波家里吃晚饭，是给老头子很大的面子。不过，这并不妨碍弗兰契斯科怀着急不可耐的心情等待天黑。等天色一黑下来，他就来到查科波家里。他饱饱地吃了一顿饭之后，就让查科波留在餐厅里，他便和朝思暮想的卡桑德拉一起进入卧房，上了床。诸位自然不难想象，他们一干起来，就跟查科波和巴尔托洛麦娅大不一样了。后来还需要补偿一次又一次的罪过，他们就一夜又一夜地相会。因为查科波依照修士的吩咐上罗马请求赦罪去了，所以弗兰契斯科和卡桑德拉夜夜都可以尽情地欢娱。

他们痴心相爱，终于得到这样的结果，但愿我们也有这样的福气。

还有几句话要说一说。查科波本来嫉妒心是很重的，竟为了补偿自己的罪过，向弗兰契斯科下跪，求他看在上帝的面上去干那种事儿，因而遂了他最大的心愿。促成这件事的竟是修士安东尼奥。安东尼奥干的事，许多修士都在干。修士们常常为人们做好事，但干起坏事也特别方便，全因为人们对教会里的人盲目相信，盲目敬仰。

魔鬼娶亲记

尼科洛·马基雅维利

魔鬼大头领奉冥王之命到人间来娶亲。他来到人间，娶了亲，但是他忍受不了妻子的坏脾性，宁愿回地狱，也不愿再和妻子过下去。

在佛罗伦萨的古代史册中，记载了当时一个大名鼎鼎的笃信宗教的人物的话，他认为，无数的人在死后赴阴曹地府的时候，全部或者大部分都要痛哭流涕，哀叹自己不幸的一生，怪只怪自己娶了亲。大判官米诺斯、拉达曼特和阴曹其他判官听到这种话都十分吃惊，不相信这种对女性的诋毁，他们听说对女性的怨言越来越多，就去向冥王汇报。冥王听了汇报，召集阴曹百官仔细商议之后，做出一项决议：一定要把事情弄个水落石出。如果是事实，就予以承认；如果与事实不符，就加以揭露。于是，冥王召来大大小小冥官，对他们说：

“众位爱卿，虽然我秉承至高至尊的天命掌管一切，完全可以不必理会任何议论，不管是天界的议论，还是人间的议论，然而，我认为，掌权者最好还是顺应天理人情，多尊重别人的意见，所以我要和大家商议一件事，这件事有可能给我掌管的国家带来不小的问题。因为人的灵魂到咱们冥国来的时候，都说致死的原因是妻子，既然我们认为这也是可能的，所以我很担心，很作难：如果相信这种说法，人家会说咱们太残酷；如果不相信，人家又会说咱们不够严肃，不喜欢听逆耳的忠言。因为有些错误常常是出于轻率，有些错误是由于认识上的失误，又因为我不希望受到这样或那样的指责，却又想不出好的办法，所以把大家召集拢来，让大家出主意想办法，好使我们的冥国像过去一样，永远保持公正廉明的好名声。”

大小冥官都认为此事至关重要，但也极其困难，不过大家一致决定：必须澄清事实，明辨是非。于是纷纷出主意，想办法。有些冥官认为，必须派一位冥官托生为人，到人间去亲身经历一番，以便弄清真相；还有一些冥官则认为，不必费这样的周折，不用去经历这样的磨难，也可以弄清真相。但是因为大多数冥官都赞成派一位冥官到人间，所以渐渐地所有的人都附和了这个意见。因为没有谁愿意去干这种事，所以大家决定抓阄。结果抓到阄的是别尔法戈，原是天堂的天使首领，后来遭到贬谪，现为魔鬼大头领。他虽然很不情愿干这种差事，然而必须服从冥王的旨意，就表示愿意照大家的决议和大家一致郑重地提出的条件去做。大家提出的条件是：让他带上十万金币，立即托生为人，到人间去娶亲，和妻子过上10年，然后装作死亡，回冥国来，根据切身经历向冥王汇报，婚后生活究竟怎样痛苦，怎样难受。大家还对他说明，在上述期间内，他会经受人间的一切艰难和困苦，如贫穷、疾病、坐牢等等，除非他自己想办法避免这些灾祸。

话说别尔法戈奉冥王之命，带了金币和侍从的马队，前呼后拥地来到阳世，进入佛罗伦萨，他认为这个城市比所有其他城市都合适，可以在这里放钱生息。他取名罗杰里戈，说是卡斯蒂利亚人，在郊区租了一所房子。为了提防外人探问他的身世和家境，他扬言，他从小就离开了西班牙，移居叙利亚，在阿勒颇发了财，现在到意大利来，是想在这里找一位合意的妻子，因为这是礼仪之邦，更适于长期居住，更合乎他的心意。罗杰里戈是一个美男子，有三十岁左右。他一来到这里，就表现出非常阔绰，而且彬彬有礼，优雅大方，所以许多不太富裕然而有很多女儿的上等人都想方设法和他结交。罗杰里戈终于选中了一位绝色美女，名叫奥涅斯妲，她的父亲阿麦里戈·多纳季，除她之外，还有三个女儿。他虽然出身名门，在佛罗伦萨有很高的声望，然而家口众多，日子过得相当贫困。

罗杰里戈举办了非常盛大的婚宴，他没有忘记在他离开冥间时向他提出的要求，要顺应常人的情趣和爱好，在此类热闹场合应该怎么办。他很快就喜欢起阔绰和排场，看重人间的荣耀，因此他挥霍金钱，毫无节制。此外，他和奥涅斯妲过了几天，就忘乎所以地爱上了她，而且只要一看到她不开心或者有什么不满意，就觉得没法儿活。奥涅斯妲小姐除了带着她那高贵的身份、美丽的容貌之外，还把她那执拗而任性的脾性带到罗杰里戈家，那样坏的脾性连恶魔撒旦也望尘莫及。罗杰里戈在领教过二者的脾性之后，认为妻子比撒旦有过之而无不及。而且她一旦发现丈夫深深爱上她之后，就益发执拗和任性了。她认为她完全可以辖治他，就毫不客气地对他发号施令，他稍有怠慢，就恶言恶语地加以辱骂，这使罗杰里戈感到说不出的苦恼。不过，他看在岳父、内兄、内弟和她的一家人的面上，看在夫妻情分，尤其因为他对妻子爱得很深，所以很耐心地忍受着一切。就不必说他为了满足她的要求，让她穿时新衣裳，追求那时常换花样的时髦而耗费的大量钱财，不必说他为了能跟她和睦相处，帮助岳父嫁出另外几个女儿而付出的巨大代价了。后来，为了讨她的欢喜，他出钱让一个内兄到东方去贩丝绸，让另一个内兄到西方去贩呢绒，又帮助一个内弟开起一家金银首饰店，为这些事他的资财花去了一大半。此外，在嘉年华会和圣约翰节期间，当全城依照古老的风俗狂欢庆贺，许多有身份、有钱的人纷纷举办盛大宴会的时候，奥涅斯妲为了和其他太太比阔气，叫罗杰里戈大摆宴会，其豪华程度超过所有的人。他由于上面说过的原因，俯首帖耳地忍受这一切，甚至再沉重的负担都不觉得沉重，只要能使家庭和睦，只要他能够平平安安地等待破产就行。可是事实与他的愿望相反，因为不光是难以负担的开支，还有妻子那令人难以忍受的脾性，给他带来无穷的不安宁，没有一个仆人能够长期在他家里待下去，就连几天也忍受不了。这使罗杰里戈十分狼狈，因为他再也找不到一个忠实可靠的仆人。就连那些跟他来给他做仆役的魔鬼，也和其他一些仆人一样，宁愿回到地狱里去挨火烧，也不愿在人间受她的折磨。

罗杰里戈天天提心吊胆、惴惴不安地过日子，因为挥霍无度，花完了他所有的动产，就只有指望东方和西方可能会有的进款了。因为他还享有很好的声誉，为了不降低身份，他又开始借债。因为他已经负债累累，很快就引起债主们的注意。正在这紧要关头，忽然从东方和西方传来消息：奥涅斯妲一个哥哥把罗杰里戈给他的钱全部输光，另一个哥哥带了一船货物回来，也没有办理保险手续，半路上连人带船一起沉没了。这些消息一传出，罗杰里戈的债主们就凑集在一起商议，认定他已经破产，但是由于此事尚未暴露、归还期限尚未到，就决定对他严加监视，免得他偷偷地跑掉。罗杰里戈确实想不出解救贫困的办法，又牢记着冥国律令的森严，因此决定无论如何要逃跑。一天早晨，他跨上马，出了离他家不远的普拉托门。他出走的消息一传出，债主们立刻闹腾起来，他们不仅要求政府派捕快追捕，而且凑集到一起亲自追来。罗杰里戈跑出只有数箭之地，就听见背后有追赶的声音，他知道难以逃脱，决定离开大道，落荒而走，也许能避开追赶。但是因为这地方沟渠纵横，他无法骑马逃跑，只好把马丢在大道上，只身逃跑，从一块地跑到另一块地，穿过一片又一片的葡萄园和芦苇滩，一直跑到乔万尼·德尔·别涅的佃户乔万尼·马特奥家里。幸好，乔万尼·马特奥正在家里喂牛。他报了自己的姓名，并且对马特奥说，如果他能帮他逃出追赶者之手，不致去坐监牢，他可以使他发财，他离开时可以对这一点做出可靠的保证；如果他不履行诺言，他随时可以把他交出去。马特奥虽然是一个庄稼人，却很有胆量，认为自己不会吃什么亏，就答应救他，向他做了保证。他把他藏到门前粪堆里，盖上芦苇和自编的草帘子。罗杰里戈刚刚藏好，追赶者就来到了，他们追问马特奥，马特奥说，见是见过，可是不知跑到哪儿去了。

追赶的人一走，马特奥就把罗杰里戈从粪堆里拉出来，要他履行自己的诺言。罗杰里戈回答说：

“大哥，你给我很大的帮助，我一定想方设法报答你；为了让你相信我能做到这一点，我向你说说我的来历。”

于是他对他说了自己的来历，说了他离开冥国时接受的任务，也说了婚后的情况；然后他对他说了一个可以发财的办法，办法就是：如果马特奥听说有鬼附体的女子，那附在女子身上的就是他这个鬼，只有等马特奥去驱鬼，他这个鬼才肯离开，这样就可以向女子的父母要许多钱。他们这样讲定之后，就分手了，罗杰里戈继续走自己的路。

过了几天，佛罗伦萨到处传说着一件事，说是嫁给波南托·捷巴杜契的安布罗乔·阿麦季的女儿被鬼缠住了。她的父母采用了各种办法为她驱鬼，比如，把圣徒济诺维的头像放在她的头上，把圣徒约翰·古阿别季斯基的斗篷披在她的身上，但这一切只能使罗杰里戈在一旁暗笑。为了使大家都明白这女子确实是被鬼缠住，而不是胡思乱想造成的，罗杰里戈说起拉丁语，说了许多玄奥的话，还说出许多人的罪恶，其中说到一个修士，将自己的情妇打扮成修女，养在修道室里已经有四年多。大家听了这话，感到非常惊讶。安布罗乔先生十分着急，使用种种办法，都不见效，因此已经完全绝望，就在这时候，马特奥来见安布罗乔先生，说如果能给他五百金币让他买下他租佃的那片土地，他保证能把她的病治好。安布罗乔先生答应了他所提出的条件。于是马特奥说，首先要做祷告。在种种宗教仪式之后，他为了障人眼目，俯到那女子的耳朵上说：

“罗杰里戈，我来啦，希望你说话算话。”

罗杰里戈回答说：

“好的。不过，这一次你发财发得还不够。所以，我离开这儿，再附到那不勒斯国王查理的公主身上去，不等你去治，我决不离开。这样，你想要多少赏赐，就可以要到多少。以后你就不用再找我了。”

罗杰里戈说过这话，就离开那女子的身体。全佛罗伦萨的人听到这事，都感到又惊又喜。

没过多久，全意大利到处都传说一件事，说查理王的公主也被鬼缠住了。查理王请来不少修士为公主驱鬼，都不见效，这时听说马特奥有驱鬼的法术，便派人到佛罗伦萨来召他。马特奥来到那不勒斯，装模作样地祈祷过一阵子之后，把公主的病治好了。但是罗杰里戈在离去之前，说：

“你瞧，马特奥，我已经履行了让你发财的诺言，所以你的恩情我已报答，再也不欠你什么了。从今以后，你尽可能不要接近我，因为我一直为你做好事，今后你就可能因为我而倒霉。”

马特奥一下子就成了大财主，因为国王赏了他五万多金币。他回到佛罗伦萨以后，只想好好地享用自己的财富，根本不去想罗杰里戈会给他造成什么危害。但是忽然传来一个消息，说法兰西国王路易七世的公主被鬼缠住了，他听了这消息，不禁跃跃欲试。他马上想到路易七世的威严和罗杰里戈对他说过的话，心里又害怕起来。然而路易七世实在找不到办法为公主治病，又听说马特奥有本事，先是派了快骑来召他，马特奥推说身体不适，不肯去，路易七世只好求助于佛罗伦萨长老议会，长老议会便勒令马特奥前去。他无可奈何地来到巴黎，首先向国王说明情况：他过去确实治好过一些鬼附体的病人，但这并不是说，任何鬼附体的病他都会治，都能治得好，因为有些鬼非常顽固，既不怕吓唬，又不怕咒语，也不怕圣教的种种办法；尽管如此，他还是要尽力而为，不过，万一治不好，请勿责罚，请勿怪罪。国王听了这话，勃然大怒，说，如果不把公主的病治好，立即绞首。马特奥一听，觉得这一下子完了。不过他还是打起精神，吩咐把病人抬了来，他俯到她的耳朵上，好言好语地对罗杰里戈说，他已经给了他很大的好处，现在他处在这样危急的境地，还请多多帮助，切勿忘恩负义。罗杰里戈听了这话，回答说：

“你这不守信用的坏蛋！你怎么好意思来见我？怎么，我帮你发了财，你就以为自己了不起啦？我就要叫你、叫每个人都看看我的厉害，我想叫谁发财，谁就发财，想叫谁完蛋，谁就完蛋。你这一回非上绞架不可啦！”

马特奥见这个办法行不通，就想用别的办法试试运气，于是他吩咐把病人抬走，对国王说：

“陛下，我已经对您说过，有些鬼冥顽不化，好说好道对他们不起作用，现在这个鬼就是这样。所以我想用最后一个办法试试看。如果这个办法能行，陛下和我皆大欢喜；如果不行，我任凭陛下处治，不过请陛下顾念我清白无辜。所以，请您下令在巴黎圣母广场搭筑一座高台，要很大很大，能容得下文武百官和全巴黎的教士，高台四周要悬挂花绸和锦缎，台中央筑一座祭坛。到礼拜日早晨，您要身穿全套王服，金冠玉带，率领全巴黎的教士和文武百官登上高台，举行过隆重的祈祷之后，就吩咐把病人抬来。

此外，要召集几十名吹鼓手，让他们带上喇叭、号角、风笛、铙钹、大鼓和其他各种各样声音粗大的乐器，站在广场的一边伺候着，等我把帽子向上一扬，他们就一齐吹打起来，并且向高台逼近。如此等等，再加上我暗下作法，我想，可以把这个魔鬼驱走。”

国王立即下令照此准备。礼拜日早晨一到，高台上就站满了各种各样显要的人物，广场上挤满了人，做过祈祷之后，病人在许多朝臣陪伴下，由两位主教抬了来。罗杰里戈看到这么多的人和这样庄严的场面，差点儿吓呆了，不过他自言自语地说："这家伙真会想点子！怎么，他以为，这样的场面能吓住我吗？难道不知道我是见过很多场面的，既见过天堂的荣华，又见过地狱的恐怖？我会叫他倒霉的！"等马特奥走到他跟前，请他离开，他便对他说：

"哼！你想的好点子！你搞这一套，又想怎么样？你以为这样就能吓住我，就能得到国王的恩惠吗？你这该死的家伙，别想逃脱死罪！"

他还在责骂马特奥。马特奥见他这样，决定不再浪费时间，就扬起了帽子。所有的吹鼓手马上一齐吹打起来，响声大作，轰隆轰隆，震得天摇地动，一齐朝高台涌来。罗杰里戈听到这响声，竖起耳朵，不知出了什么事儿，心慌意乱，惶惶不知所措，就问马特奥，这是怎么一回事儿，马特奥也惶惶不安地回答说：

"糟啦！我的好罗杰里戈呀，你老婆奥涅斯妲跟着你来了！"

实在无法想象，马特奥一提到他妻子的名字，他心里有多么惊慌。他一下子就吓昏了头脑，也不考虑考虑这是否可能是她，也没有想到反驳，吓得一下子从公主身上跳起来，拔腿就跑，认为应该快点儿回到地狱里去，去汇报自己执行任务的情况，决不能再把结婚的枷锁连同婚后的烦恼、痛苦和危险套到自己身上。就这样，罗杰里戈，也就是别尔法戈，回到地狱里，汇报了妻子带给丈夫的种种灾难，而马特奥本来就比鬼更清楚这种事，所以收到了满意的效果，高高兴兴地回家了。

不列颠国王之女

弗兰契斯科·马利亚·莫尔扎

不列颠国王疯狂地恋上自己的女儿，女儿为逃脱魔掌历尽种种艰险，来到一座修道院里，在这里遇见法国王太子，太子娶她为妻，婆婆却阴谋杀害她。于是她逃到罗马，在罗马无意中和丈夫相遇，丈夫欢欢喜喜地带她回到家里。

勃良第古代史中一再提到的大不列颠国王奥道尔，娶了一位当时天下仅有的绝色女子。她又聪明，又极其贤惠，言谈举止优雅大方，雍容华贵，而且品德高尚，人人佩服。所以，国王由此享受到的欢乐，超过任何金银珍宝带给他的欢乐。他只要和她在一起，就会把自己的王冠、王服和一切王权的标志完全忘掉，认为那一切都不值分文。他享尽了人间的富贵荣华，只是命里还有一点很大的缺陷，那就是后嗣问题，就是说，他还需要一个儿子，好继承他的王位，延续已经传了很多代的王业。但是娶过皇后之后，皇后却给他生了一位公主。就脸蛋儿和其他种种地方来看，小公主将来一定不会比美貌绝伦的母亲逊色。国王就这样和美貌、贤惠的王后和和睦睦、幸福美满地过了几年。然而人生无常，命运多变，不可能永远是一个样子，皇后突然害了重病，国王整天为此忧心忡忡。各种各样的药方都治不好她的病，甚至也不能缓解她的痛苦，她的病情越来越重。终于，她觉得死期已近，灵魂眼看着就要离开躯体，她叫人把国王请了来，对他说：

“陛下，如果上帝只准我侍候陛下不长的时间，如果上帝不希望我再留在人世，您也不必为此过分悲伤。不过，我想要求您答应一件事，如果不能获得您的恩准，那我死也不能瞑目。”

国王噙着泪水，不让泪水流下来，只是用亲热的话安慰她，并且说，有什么要求，尽管说出来，不论多么困难的事，他一定尽力去办。皇后听了这话，就说：

“请您发誓：一定要无条件照办。不然我决不说出自己的要求。”

于是国王向皇后发了誓。皇后便开口说：

“我向陛下要求的恩典就是：在我死后，您若找不到和我一样美或者比我更美的女子，您千万不要再娶。”

国王当即答应了这个要求，并且赌咒发誓，向她保证，要她放心。不久，她的灵魂就告别了悲痛欲绝的国王和所有的亲人，进入长夜漫漫的另一个世界去寻找安身之处。国王为她举行了盛大的葬礼。国王天天以泪洗面，悲痛了很多年。世上的一切都要受时间支配，终于，时间多少消除了国王的深沉悲痛，而且他的女儿就像春天里蓬勃生长的挺拔的小树，一天比一天高，一天比一天美丽可爱，也使他感到欣慰，为他减轻悲痛。廷臣们看到这种情况，认为这样一个强盛的王国没有合法的王储是极不相宜的，多次和国王谈起这件事，一再劝他另娶一位皇后，免得身后无嗣，也免得以后臣民无主。国王却断然拒绝这样的请求。后来有一天，他为了不再听他们叨叨不休的苦谏，就这样说：

“诸位爱卿，你们千方百计劝朕再娶，却不知道朕在皇后去世前对她发下的誓愿。朕发下的誓言是：如果找不到和前皇后一样美貌或者比她更美貌的女子，朕决不再娶。所以朕对你们说清楚：只要你们物色到和前皇后一样美貌的女子，我就娶她；如果你们物色不到这样的女子，今后就休在朕面前絮叨了。因为朕不能背信弃义，宁可没有皇后，没有后嗣，作为一国之君不能食言。”

大家都明白，国王对他们提出的条件是极其苛刻的，几乎是不可能做到的，看来是他有意决定不娶，以此为推托的借口罢了。然而大家还是保证要给他找到一位能使他满意的女子，并且说，如果找到这样一位女子，一定要让他自己判断，配不配做他的皇后，和前皇后相比是否逊色。于是，很多人纷纷外出寻找，但是走尽天涯海角，寻遍东南西北，却找不到一个可以使国王满意的女子，等回到都城，再也无法劝国王娶亲了。然而国王的女儿这时长到十二岁，已经出落得美丽无比，而且定会越来越艳丽，所以全国上下都在议论公主，认为她就像可爱的玫瑰，蓓蕾初绽，微露娇艳，就已经异香满园，认为她是天生丽质，娇艳绝伦，风姿优美而高雅，她的美貌一定会超过母亲。国王因此感到很幸福，他和她在一起，心里感到莫大的舒畅，莫大的快慰；他认定女儿是母亲的替身，常常自己对自己说：“她的眼神就是这样，说话也是这样，笑也是这样！”他常常在心里暗暗欣赏她的美，这样天长日久，他就不自觉地一反他的本性，忘记了父女关系，在心里渐渐对她产生了情欲之爱。因为他已经沉浸在这种罪恶的思想里而不能自拔，他竟要诱使她和他同床。他对她百般讨好，想方设法挑逗，一心想在少女的心中挑起同样的情欲。她却丝毫没有猜想到，依然天真无邪，甚至连想也没有想到天下会有这样卑鄙的父亲，没想到父亲会这样恶劣，竟会公然表露自己的兽欲。终于有一天，他的欲火如焚，再也无法压制，就对她说出这样的话：

“好姑娘，各个地方、各种各样的人所遵奉的道德和规范，都不过是一些人为的见解，因为，一些人深恶痛绝的东西，另外一些人却会加以推崇和赞扬。比如，海盗和强人在我们这儿免不了要受严厉的惩罚，然而在另外一些国家，历来都同情和鼓励干这种营生的人。其中有一些人什么都抢，什么都夺，因此很富有，也很荣耀，日子过得像王侯一样；更多的人因为干这类营生，像帝王一般显赫；古希腊人在这方面做得特别突出，这在史书上是有公开记载的。在其他方面也是这样，不过这些事说来话长。怎么不是这样呢？就拿羞耻心来说吧，今天受到这样的看重，可以说，被推崇到了莫名其妙的地步，然而在古代，羞耻心不是曾受到英明的罗马大监察官的指摘、批驳、谴责和否定吗？当时在罗马，人们互相交换妻子，如果愿意，再把妻子换回来，都不认为这是无耻！因此，就上面说的和我还没有说的种种情况来看，我们可以肯定地说，没有一条道德准则、没有一条规矩、没有一条法律条文是永远靠得住的，是一成不变的，是不能用相应的理由加以改动、变更和推翻的。我们所想象的一切，不过是梦幻。生活在这忙忙碌碌的大千世界里，谁要是受他人的意见牵制，死守在狭窄的框框里，不敢越雷池一步，那才是真正的傻子。任何时候都不能给愚昧无知的人自由，所以应该用法律把老百姓制得服服帖帖，叫他们不敢乱说乱动。谁又能想到，一个有文化、有教养、道德比别人高尚的人，比普通老百姓和粗野的人更应该蔑视法律所定的某些规矩？然而，如果允许每个高贵的人都这样的话，何必要说王权高于一切呢？要知道，国王的权力是无限的，不受任何规矩的约束，规矩是管束别人的，他想怎样管束就怎样管束！因为法律是帝王和公侯们定的；他们本身可以不受法律约束。既然如此，朕也不能反其道而行，朕也应该有这种权力，不应该因为拥有这种权力而受任何责备。所以，好姑娘，朕爱你胜过爱自己的生命，请你答应做我的皇后吧，因为只有你的美丽能比得上去世的皇后。即使你不想别的，也要想想朕多年的孤独，想想咱们王国的将来，因为如果不这样，江山就要落入别人之手，毫无疑问那将是极大的过失和最大的犯罪，既违背王法，又违反民意。就说这种王法，不过是大家的看法，就像别的看法一样，既然你喜欢，就应该服从，如此而已。你马上会成为咱们的一切财富的所有者和主管者。在圣经里和其他古书里可以找到足够的范例，你可以拿来做榜样，关怀朕本人和朕的健康，从今朕把健康托付给你，请你悉心照应，解除朕的一切苦恼。你将来一定会光荣地升上天国。”

天真无邪的姑娘听了国王这一番卑劣肮脏的话，那雪白的脸儿立刻红了，而且挂满了像水晶一样明亮的泪珠儿。就像露水落在艳丽的花儿上，花儿清晨刚刚绽开，鲜红鲜红的，行人见了都觉得迷惑：是花儿将自己的鲜红借给了朝霞，朝霞才打扮得如此艳丽，还是花儿偷了朝霞的鲜红？姑娘红了脸，想驳斥父亲卑劣的

企图。她求助于圣灵(要知道,圣灵常常借人的口说话)回答说:

“好父亲,虽然您说出这种卑鄙下流的话,玷污了我的耳朵,您不配做一个父亲,但不管怎样,我还是像往常一样,称您父亲,因为父亲这个词儿越是显得高大、亲切,越能更快地促使您醒悟,丢弃您那卑鄙龌龊的兽欲吧,免得丧失上天赋予的这一最神圣的称号。最最敬爱的父亲呀,我要对您说,有些准则在人的心里是生来就有的,而且非常明确,非常牢固,以至于当人们想做什么有损人的形象和背离这些法则的事的时候,都会自觉或不自觉地想到这些法则,严格遵循这些法则。这些法则无论怎样都是不可违反的。不论过多久,不论多大的人物,都不能违反,因为,您要知道,这些法则是世界的主宰制定的,他的权力比您、比活在世上或者已经死去的任何人的权力都大。任何人都不例外,没有通融的余地。福音书上说的一些道理也是可靠的,是永远正确、永远不能违反的,既不能打折扣,更不能置之不顾。还有一点,就是所谓想象的结果。既然是人的想象,能否起作用,则看人的态度如何。您的要求显然不符合上面说的三点,如果我迁就了您的要求,那我就是最坏的女子,该下十八层地狱挨火烧。假设我甘心去干这种下流的事情,假设我能想象国王所做的一切可以算例外,那么,谁能保护我不受前两点的谴责,谁能为我辩护,使我免除即将因为此事落到我头上的惩罚?谁能使我忘记我犯的乱伦之罪?再说,我怎么能置生身母亲于不顾,恣意妄为,玷污您当年和她共枕的卧榻,由女儿变成一个放荡的淫妇?假如我毫无羞耻地为您生了孩子,算您的儿子,还是算您的外孙?啊,一国之君竟这样下贱,说出这样肮脏的话!啊,多么卑劣、多么不像一个父亲的要求！真找不出什么适当的言语，足以形容你的卑劣和丑恶！天哪，把这种不幸的事赶得远远的吧，让那些异教徒和残忍的家伙去干吧，如果你有敌人的话，让敌人去干这种事吧，但愿你能清醒、能明智起来！你以前是一个贤明而高尚的国君，但愿你还像以前那样贤明，再不要自暴自弃。你为了证明你的要求有理，说了一些例子和理由，我不想作另外的答复，因为这太卑劣，还因为我要珍视和我的声名有关的东西。我要说的还有一点：如果你还想干这种肮脏的下流事，你的手必然要沾满我的血，因为我宁愿死，也不愿干这种亵渎人类和神灵的卑劣事。"

纯洁无瑕的姑娘说完了，有几滴泪珠儿从眼里滚下来，挂在娇嫩的脸上，比挂了晶莹透亮的珍珠还好看。她的话说得非常强硬，所以本来一意孤行的父亲见女儿心地这样高尚，非常吃惊，马上收敛了自己的情欲，好几天没有再找女儿。但是他那顽强的情欲又发作起来，战胜了他的理智，又想奸污女儿。姑娘看到这种情况，怕他由甜言蜜语转为使用暴力，就想逃跑，以保全自己的清白。有一天，当他又一次低声下气地向她求爱的时候，她便对他说：

"父亲，如果您一心想要我又做女儿又做妻子，那就这样吧，我同意，不过有一个条件：就是要经过教皇允许，免得我们两个人都遭人责难，说我们干的是禽兽事。"

国王对女儿的话信以为真，说不出的欢喜，当即保证不日即可得到教皇的祝福，而且依照教规教法举行婚礼。他再不耽搁，立即派出使臣上罗马去见教皇，指令他去求得教皇准许，如果得不到准许，就快点儿带着伪造的信件或批文回来，并且到处张扬，说这是教皇的手笔。这时姑娘也写了一封信给亡母的哥哥，兰开斯特公爵约翰，恳求他来和她见面，因为要商量他们两人如何脱身的问题，要求他秘密前来，不让任何人看见，并且约定了见面地点。信发出之后，她就装做游玩散心，常去约定见面的地方，就这样过了一两天。公爵一有了机会，就仔细改换了装束，带了几个亲信，来和她见面。她把国王的企图一五一十地对他说了，并且告诉他，有什么样的耻辱在等待着她。然后她对舅舅说，现在别无好办法，只有跟着他逃走，改名换姓，躲在他家里，等待上帝让国王回心转意，或者等待他发生别的情况。公爵认为外甥女的意见很好，就决定在这天夜里实现这个计划。到了夜里，姑娘悄悄地从国王的宝库里拿了一些金银财宝，借夜色做掩护，跟着舅舅逃走了，向无耻的国王表明，她决心保护清白的名声，决不受他的玷污。很多人焦灼不安，议论纷纷，全国上下都在热心地寻找可敬可爱的姑娘，却找不到她的踪影。她的卑鄙的父亲也大伤脑筋。他本来已经高高兴兴地等待着结婚，他的使臣已经回来，没有得到教皇的准许，却按照国王的吩咐，带回了伪造的信件和批文。现在他焦急万分，寝食不安。就在他万分气愤和难过的时候，有人向他报告说，在公主失踪的前一天，有人在城郊的大路上看见过兰开斯特公爵的随从。国王立刻就猜到，她是躲藏到舅舅家里去了。国王毫不迟疑，立即给公爵写了一封措辞十分严厉的信，责问他为什么不把女儿给他送回来，反而要把她藏起来；并且告诉他，就算这是舅舅对外甥女的怜惜和照顾，但如果想把她留在家里，那他会认为这对他是莫大的侮辱，他要叫他知道厉害，会证明是公爵阴险地迫害他的女儿，因此少不了要倒大霉。公爵看了国王的信，极其吃惊，不过起初没有认真对待；但是尽管他的实力在这个岛上不算小，他还是有些担心；所以他想了想之后，就把信拿给外甥女看，她看了父亲的信，隐约猜到了公爵内心的变化，就抛开女子的一切怯懦，说道：

“我父亲既然有这种无耻的心思，是不会善罢甘休的，我只有离开这里，躲得远远的，别无他法。如果这样还不行，还不能逃出他的手掌，那我宁愿死，宁愿离开这卑污的人世，也不愿回去满足他的兽欲，由于您的善意相助和我的谨慎，我已经逃脱过一次。够了！这一次我能逃脱，应该感谢上帝，因为再没有别人帮助我们，今后如果上帝不给我们厚待，那我们就只能怪自己了。因为上帝已经给我们指明了解救的办法：您酌情给我一些随从，我改换装束，带着随从悄悄离开此地，上法国的维埃纳，躲到那里的修道院里去，那里的修女非常圣洁，是远近闻名的。谁也不会知道我是谁，不会知道我是从哪儿去的，我敢肯定地说，这里的人也不会知道我到哪里去了。这样就可两全其美：既能逃出魔掌，又不至于牵累舅舅。等我走后，您可以给国王回信，就说看了他的来信，感到十分吃惊，并且说，如果见到我的话，一定立即将我送回家去，如此等等，您可相机而行。”

公爵听了外甥女的话，认为极有道理，又被她的眼泪所打动，就决定完全按照她的意见行事。他给国王写了一封信，在信里装做一无所知，并且尽量对国王安慰了一番。另外，他只好含泪把纯洁、善良的姑娘送走，派了随从，暗暗将她送往维埃纳。她来到维埃纳之后，躲进一座修道院，过了不久，她的虔诚和善良的言行就人人皆知了。她的美好名声不仅超过了像她这样的贵族小姐，而且也超过了别的慈善女子（这地方的慈善女子是很多的）。她们之中凡是见过她的，都欢喜不尽，天天谈论她，对她赞不绝口。再说，不管她怎样努力装作普通女子，她那仪态万方的风韵还是流露出来。不论谁见到她，都会赞赏她，真心实意地喜欢她，对她肃然起敬。修女们感到莫大的惊喜，不知道这样使人高兴的事是怎么来的，都认为她不是别人，而是上天派来的仙女，所以大家都对她看不够，一个比一个更喜欢她。但是，不要以为黑色的修衣能掩盖住她那天生的丽质，实际上恰恰相反，不但一点没有掩盖住，反而越发使她显得艳绝人寰。有一次，修道院长的弟弟看到了她。修道院长的弟弟是一个出身高贵的少年，是王太子的好友。他来到修道院栏杆跟前，这时候刚做完祷告，姑娘正和其他修女一道回自己的修道室，他一看到这位年轻的修女，就呆住了。但是他看出，不论写信，不论托人去说，不论什么办法都不会有什么用处，就只好采取最后一个办法，就是说，请他的姐姐去劝说他钟情的姑娘。女修道院长虽然明白干这种教门不容许的事是极不应当的，但是一想到弟弟可能会因为相思病而死，就决定拿言语去打动这位坚定的姑娘的心，于是瞅了个机会。对她说：

“您是个很好的姑娘，但我觉得，您住在这里，锁在石头墙里面，像您这样标致的姑娘从此断了人生之路，实在是极大的罪过。因为不仅有人看上了您，还有一位少年想要您为妻，封您为夫人。这少年出身名门，人品特别好，长相也非常英俊。”

姑娘听了这话，脸顿时红了，很快地回答说：

“吾师，如果您说这种话，想引诱我，那您就不必费太多的心思来考验您的门徒的心意了。”

女修道院长说：

“坚贞的姑娘，如果我说的那位英俊、善良、一心恋着您的少年得不到您的爱就会死的话，您也不答应吗？”

姑娘回答说：

“我不希望别人死，但我宁愿用自己的死来维护我的决心和虔诚。”

女修道院长见她心意这样坚定，心里暗暗钦佩，就把她的话告诉了弟弟。她的弟弟绝望了，心里十分悲戚，几天的工夫就憔悴不堪，不久就死去了。太子听说好友死亡，异常悲痛，他获悉死因之后，想看看这姑娘是不是真像大家所说的那样美貌，就走到栏杆跟前，这时候也是刚刚做过祷告，所有的修女像往常一样朝自己的修道室走去，他亲眼看到了这位绝色的修女。她在众女子当中，就像众星包围的一轮明丽的太阳，放射着灿烂的光芒。她一出现在太子眼前，她那天仙般的美貌就把太子迷住了。上帝自古以来就有一条规定：美德和惊人的美貌要在大舞台上出现，叫所有的人一眼就能看到，好让那些迟到的、不能饱眼福的人绝望得要死。太子因为一眼就迷上了她，差点儿跟着不幸的朋友奔赴阴间，不过他也想试试自己的运气。他使用了钟情的人通常使用的各种各样的方法，却很快就发现，他完全是白费力气；可是他越来越迷恋，终于，他鼓起勇气，公开地说，如果她答应的话，他要娶她为妻，他要做她的丈夫。姑娘听到这话，尽管已下定决心永远皈依教门，然而她还是想到太子的权势，怕他在好说好道不成时使用强迫手段，就回答说同意了，但希望他知道，他要娶的是一个从家里逃出来的穷苦修女。太子是一个洒脱不羁的人,不顾富贵与贫贱之差,和艳丽绝伦的姑娘举行了婚礼,并且按照他的心意,请有声望的维埃纳主教主持了婚礼,还有其他一些可敬的人物参加。很多人见她如此美貌,如此雍容大度,虽然不知道她真正的身份,但都认定她是出身名门,因此太子对年轻的妻子越发宠爱。她出落得一天比一天更美,全法国人人都在谈论她,好像没有工夫谈论别的事了。举行过婚礼之后,太子才把这事依次告诉国王和皇后,请求他们恩准。国王听了非常高兴,而且生米已成熟饭,别无他法了;但是皇后一听说这桩婚事,就沉下脸来,大发雷霆,责备儿子轻率,责备儿子年轻无知,恣意妄为,并决意不容忍这桩事情。她别无他法,于是就想将这年轻女子处死,以消除她的凶恶的心中燃起的怒火。就在这时候,国王驾崩,太子应该遵照代代相承的传统,赴巴黎登基,继承王业。他把娇妻留下,再三叮咛,让几位官员加意照应,自己便奔赴巴黎,隆重地登上法国的王座。全国上上下下欢腾、庆祝了很多天。这种全国的欢腾只是增强了太后杀害年轻国王的妻子的决心,但是她的计谋未能实现,因为年轻国王派了卫士日夜保卫着娇妻。太后用毒药杀害儿媳没有得手,又想不出其他办法可以解她心中无名的仇恨,就指令她暗地里派去下毒手的人伪称是年轻国王留下保卫娇妻的人,写信给年轻国王,说他们负责保卫的女子竟和一个轻狂少年私通,暴露出下贱的本性,等等。太后派出的几个阴险毒辣的家伙精心炮制了一封信,寄给国王,这是国王万万没有想到的。不用说,他痛苦异常。一方面,他依然非常宠爱娇美的妻子;另一方面,他也十分痛恨这种不轨的行径。他写了一封回信,要手下人像以前一样把她照应好，等他回去，因为他要亲自查明这桩重大的罪行，如果是真的，他要对她严加惩处。但是日日夜夜在打坏主意的太后截获了这封回信，另外伪造了一封，信中用国王的口气说，收到来信十分愤怒，命令立即把妻子处死，如果不执行这一命令，等他回去，将认为这是王朝最大的耻辱。负责保卫的人看了这封严厉的信，说不出的惊恐慌乱。他们弄不清这事的起因，就在心里一一回想她的纯正、高尚的行为，这些行为都是他们亲眼看到的，他们众口一词地说，这样美好、这样高尚、这样贞洁的女子是天下再也找不到的。他们没有人肯下手执行残酷的命令。虽然他们没有给她看国王的来信，但是对她的态度不像原来那样殷勤了。这位聪明的女子发觉这一点，就胡乱猜想起来，她看到他们对她的态度依然令人费解，就把他们叫了来，很和气地对他们说：

“我从某些方面看出来，你们对我冷漠了。是不是我无意中有什么地方得罪了你们，还是我触怒了我的夫君？请你们原谅我年轻无知，并请告诉我今后该怎样为人行事。今后我一定多加注意，不使你们见怪。”

于是他们含着眼泪给她看了国王的信，并且恳求她想办法，既不要以清白无辜之身含冤而死，又不要触怒国王。这娇柔的女子从小就受惯了变幻莫测的命运的打击，所以心里连哆嗦都没有，就决定迎接为她准备好的打击，她既不流泪，也不畏惧，说道：

“诸位朋友，我一想到你们能证明我清白无辜，心里就非常高兴，而且任何考验我都不觉得可怕，因为我还有指望排除一些类似的艰险。如果你们允许的话,我可以改换装束出走,离开此地远远的,让你们不知道我的任何音讯,你们就可以对大家说,已经把我处死;你们如能留我一条性命,我将永世不忘。等我离开这里,你们就可以平安无事,既不会触怒上天,又不会触怒我们的君王。不过,如果你们想用另外的态度对待我,那我就依照君王的旨意了结此生,因为遵循君王的心意是我最大的幸福。”

他们听了她的话,禁不住流下眼泪,很快就商定按她说的办,并且派一个人把她送到马赛,让她在马赛上船。当天夜里,这不幸的女子就出走了。残忍的太后听说她逃走了,十分恼怒,不过,看下文便知,她恼怒的时间不长。啊,真是命运无常,自古红颜薄命!有时感谢命运的厚意,觉得从此可以安然无恙了,可是命运之神又为你准备好突然的打击,决不让你安宁。这年轻女子的心境是不难理解的,因为在她认为从此平安无事,指望成为至尊至贵的皇后,可以伴随国王享受荣华的时候,命运之神一下子就几乎把她抛到了贫贱的底层。她不得不像贫贱的女子那样,穿起破衣烂衫,到处流浪,肚子里还怀有孩子,而且已经快要分娩;尽管这一切还不是她的种种不幸中最大的不幸。不过上帝对人间的事是公正的,已经为她设计好更为光荣的归宿,再也不容忍阴险的太后胡作非为。因为国王在举行过隆重的登基仪式之后,立即来到维埃纳,他查明有关她的娇妻的一切坏话都是假的,都是恶意的捏造(事实就是如此)。他来了,却看不到她,听说已根据他的旨意把她处死,他怒不可遏,任何人都没有见他这样恼怒过。他听说这一切都是太后一手所为,尽管有的官员曾经劝她不要这样做,她还是做了,现在她吓得躲在自己的城堡里,国王就下令攻打城堡，把城堡攻下来，毫不留情地焚烧和杀戮，把城堡夷为平地。不过并没有因此使娇妻回来，他整日十分伤心，十分悲戚，哀叹自己的不幸和娇妻无辜的冤死。这时候她已经在路上经历了重重艰难困苦，从马赛来到罗马，在一座修道院里栖身，过了不久，她的分娩期就到了。她在修女们的照应下，生下一个又白又胖的儿子，儿子非常像他的父亲。她感到无限幸福，因为她孤苦伶仃，现在有了又可靠又亲热的伴儿。她用心抚养孩子，把全部心思都用在孩子身上。她虽然处在穷困、漂泊之中，时时担惊受怕，虽然再次遭受厄运，但依然不失王家风采，依然雍容大度，仪态万方，她的风范很快就为全罗马所知，也传到了亨利皇后的耳朵里，皇后也是刚刚生下一个儿子。她下了懿旨，让这位贤良的修女脱离修道院，搬进王宫，同时为皇后抚养孩子。两个孩子就这样在一起渐渐长大，举止和品行都非常相像，就好像是一母所生。所以亨利王和皇后对这位贤良的奶妈都十分敬爱，不把她当奶妈，而把她当亲姊妹对待。这时候法兰西国王的一切苦痛也快要到头了。上帝启示他，要他来见教皇，请求饶恕他弑母之罪。他像是俄瑞斯特斯[①]再世，因为犯了弑母的大罪心里感到十分惶恐和痛苦，就带了大批随从来到罗马，在罗马受到隆重接待，求得教皇的恩典，不论记得的和不记得的罪过都得到饶恕。回国之前，亨利王举办盛大宴会为他饯行，席间亨利王让两个孩子为客人斟酒。法兰西国王的眼睛一刻也不离开两个孩子，他越来越喜欢他们那彬彬有礼的态度，并且暗中留意观察其中一个孩子的举

①俄瑞斯特斯是希腊神话中阿伽门侬与克吕泰涅斯特拉的儿子。他的母亲和情夫谋害了他的父亲。他为了报复，杀死了母亲和她的情夫。

止，据说这是奶妈的儿子，是和王子一起由奶妈抚养大的。他越是细看，就越喜欢这孩子。他虽然知道，让两个孩子分开很不应该，但他为一种莫名其妙的感情所驱使，要求亨利王把这孩子送给他，他保证把这孩子培育成大材，跟他享受荣华富贵。亨利王回答说，他听到这话十分高兴，不过他不敢擅自做主，必须征求这孩子的母亲的意见，他可以和她谈谈，劝劝她。宴会之后，他派人把奶妈请到自己的房里，对她说：

"法兰西国王非常喜欢您的儿子的举止和文雅的态度，他想请您把孩子让给他。您就答应吧，夫人，因为这位尊贵的国王一定会使他幸福、顺遂，这是他一再保证的。"

这贤良女子听了这话，有如万箭钻心。她不禁流下眼泪，回答说：

"陛下，我无权不答应法兰西国王的要求。合法的主人想要要回自己的东西，谁也无权不答应。这孩子用不着让给他，因为我生的这孩子本来就是他的。我是他的卑贱的奴仆。"

亨利王听了，十分惊讶，就说：

"朕原来就想，这不是您的丈夫的儿子；这么说，您原来是法兰西国王的情妇哇？"

年轻女子回答说：

"不对。我不是他的情妇，而是他的合法妻子。"

她说过这话，就流着眼泪把她在维埃纳的遭遇以及后来的一切经历都对他说了一遍。亨利王听了这番经历，差点儿哭了起来。以前他也曾隐约听说过这件事，所以现在对她的话确信无疑。他责怪她，对这事为什么一直不说，并且要求她准许他把她和孩子一起送还法兰西国王。他们和皇后一起商定就这样做。于是又为法兰西国王举行一次宴会，还像上次一样让两个孩子为他斟酒。宴会进行了很久，亨利王觉得该向客人披露出乎意外的惊人消息了。宴会之后，大家一同进入贤良女子的房间，这女子正穿了当初从法国逃出来、至今仍然保存着的破烂衣衫在那儿等待着。于是亨利王对法兰西国王说：

"阁下，我该履行我的诺言了，而且还可以超过您的要求：您要的是孩子，现在我连孩子的母亲也送给您。"

虽然对我讲这件事的人说，有些粗鲁的亨利王说的是"我把牛犊和母牛一起送给您"，又说法兰西国王听了这话十分恼怒，不过这话并不可信。

亨利王又说：

"这孩子是您的亲儿子，这女子是您的结发妻子，您以为她死了的。"

法兰西国王忽而看看这个，忽而看看那个，一下子认出妻子，高兴得差点儿晕过去。他紧紧把她搂在怀里，激动得老半天说不出一句话来。贤良女子喜欢过分，失去了知觉，在一旁观看的亨利王只好朝她身上洒了不少凉水，才使她苏醒过来，然后夫妻两人又欢欢喜喜地拥抱起来，争先恐后地叙说自己的痛苦经历。国王吩咐给妻子穿上华丽的服装，戴上珍贵的首饰，等穿戴好之后，她来到众人面前，显得分外艳丽，大家见她如此美丽华贵，不由地齐呼她皇后。这件事很快传遍了罗马城，诗人们（可惜那时还没有维达、桑吉和弗拉米尼[①]）纷纷写诗传颂。过了几天，得到这意

①维达、桑吉、弗拉米尼是16世纪上半叶著名诗人，是作者的好友。

外收获的国王就欢欢喜喜地带着娇妻和爱子返回法国,在路上命运之神又给他们送来意外的喜事:他们的船离港不久,就遇到兰开斯特公爵。他乘一艘不大的海船在同一海域行驶,见到法兰西国王的大船,立即让自己的船停住。他说,不列颠国王驾崩,王位应由公主继承;因此他出来到处寻找,希望能在修道院里、在修女之中找到她,或者打听到她的情况,他要一直寻找下去,一定要弄清她的下落。皇后听见公爵的话,深深地叹了一口气。她站起来,感慨地说:

"唉,真想不到呀!我孤孤单单,在外面流浪了12年,没想到会有这种事!说实话,因为我那卑鄙的父亲,我好像已经不在人间了!噢,公爵呀,我就是不列颠国王奥道尔的女儿,您的外甥女;这是法兰西国王,是您的外甥女婿,我和他结婚后生下这个孩子。"

公爵无意中找到了外甥女,又看到酷似母亲的可爱的小外孙和高贵的外甥女婿,自是说不尽欢喜。国王忽然听说自己的妻子原来是一位公主,也是欢喜不尽。皇后原以为舅舅早已去世,现在看到这位当年的救命恩人来到面前,喜悦的心情用言语也是难以描述的。他们热热闹闹地庆贺过团聚之后,便带着幸福美满的心情继续自己的航程,平平安安地回到家,继承不列颠的王位,直到老年,夫妻生活都非常和谐,非常幸福。皇后后来又生了一个儿子,国王把这个儿子立为太子,以便继承不列颠的王业。大儿子则做了法兰西国王;在他当政的时候,英国人每当圣诞节饮宴的时候都要为法国皇后饮酒。这种风习持续了很久。可是后来执掌王国大权的人认为这有损他们的威严,取消了这一风习,从此两国人结下了大仇,至今不能和解。而命运之神比警惕的百眼巨神要热心得多,能够使我们的主人公在看似毫无指望的时刻得到最美满幸福的结局。所以我们要常常祈祷上帝,让上帝施恩时别忽略了我们。

图卢兹伯爵之女比扬卡

路易治·阿拉曼尼

图卢兹伯爵之女比扬卡拒绝巴塞罗那伯爵之子的求婚，因为她觉得这位青年在求亲时表现得非常吝啬。比扬卡之父曾经对妻子起过誓，决不强迫女儿成亲，尽管这门亲事可以使长期为仇的两家言归于好。由于情况发生特殊变化，比扬卡成了珠宝商人的妻子，但她不知道这位珠宝商就是那位伯爵之子为了爱情而伪装的。比扬卡以崇高的坚强精神经历了长期艰苦的磨难。最后，丈夫在洗雪当年她拒婚之恨而感到心满意足之后，方才向她吐露真情。他们一起过着幸福的生活。

献给尊贵的巴·拉·斯皮诺拉夫人

尊贵的夫人，有人说，天性能主宰爱情，这完全是一派谬论。我如果把我所知道的那些可以批驳这些说法的事例都举出来，一定会使您感到厌烦，我自己也会疲劳不堪。因此，我只想拿一个您所熟悉的人，拿我自己为例来说明这个问题。

天性，这个挥霍滥用天才的败家子，毁了我身上的许多禀赋才能，也夺走了我最最宝贵的才能——记性。我的记性在需要忘记什么事时，显得非常爽快，但要记住什么事时，却又显得十分懒散，一点儿也不着急。不过我听过您讲的一个故事，或者说是一个事件，这个事件不仅极为有趣，而且还有深刻的教育意义，它立即深深印在我的心上，使我终身不忘。其原因就是爱情，爱情不仅立即赋予了我记性（虽然我不配受您的照应），还赋予了我别的许多才能，而且今后还会这样。

好吧，这事下次再谈。现在我想把那篇小说写下来，逐字逐句地把您的话重复一遍，因为我既不吝啬，又不嫉妒，愿意同别人分享我的财富；如果我在写一些人和事件时，我的笔做了一点自由发挥（您可没这样）的话，我想请您宽恕，不过我尽量不损您的谦虚精神。但是我的小说和您的故事的区别就仿佛是照片和本人的区别一样。照片上可以看出面容、身躯、手、足，而在活生生的人身上，除此之外，还有精神、表情、手势和古人所强调的朴素自然。因此，在即将执笔开始这一艺术活动时，我就不再啰嗦，开始讲述。

在尚未划归金百合[1]管辖的兰格多克，有一位图卢兹伯爵，名叫列纳托。他性格善良，受到臣民的爱戴，特别是他的两个儿子，温文尔雅，远远胜过法国皇太子。除此之外，他还有一个小女儿；所有认识她的人都认为她是他们所见到过的最美丽、最聪明、最可爱的姑娘。

然而天不作美。伯爵的爱妻，当时普罗万萨伯爵的妹妹去世，年龄还不到三十五岁，这使图卢兹伯爵和全国万分悲痛。她

①金百合是法国国徽，这里指法国。

临终前,把丈夫唤到面前,求他宽恕她的一切过失(实际上她什么过失也没有)。她泣不成声,把几个孩子托付给他,特别是那个名叫比扬卡的女儿。她要丈夫献给她最后一件礼物:以不朽的灵魂向她发誓,保证除了女儿亲自见到、认识并且爱上的人之外,不把她嫁给任何人,即使法国皇帝也罢;还说对少女来说,最好是由她自己选择称心如意的丈夫,白头偕老,除非耻辱与死亡使他们分离。

伯爵听了爱妻这一小小的请求,知道这是爱妻与他诀别的话,也是最后一次为她效力,不禁泪如雨下。他向妻子起誓,一定照她的话办。他守候在妻子身旁,寸步不离,劝慰她(劝慰别人往往比听别人的劝慰更困难),搂着她,眼看她魂归九天。她作为伯爵夫人,隆重地安葬在图卢兹教堂,到现在还可以看到她的陵墓。

这时,卡塔卢尼亚[①](当时还不是阿拉贡和卡斯提利亚王的属地)有一位巴塞罗那伯爵,名叫堂·费尔南多。费尔南多与图卢兹伯爵因领土比邻和争名夺誉而长期处于战争状态。他们之间无止无休地进行着流血战斗,有时这一方占上风,有时另一方占上风。前者的靠山是西班牙国王,而后者则得到法兰西国王的支持。

我们现在经常看到诸侯之间因为分文不值的虚荣和愚蠢的意气而发生战争,结果弄得双方民穷财尽,衰败凋零。这两方也是如此,随着岁月的流逝,双方损失惨重。终于他们明白了一个道理:他们好比鹬蚌相争,得利的是邻国,为他们失利喝彩叫好的

①卡塔卢尼亚与阿拉贡于公元12世纪合并。阿拉贡与卡斯提利亚于15世纪末合并。

是他们的敌人。于是他们决意找一个使双方保住面子,又不遭受损失的言和办法。为了巩固新的友好关系,他们做了这样一个决定:为了使随着言和已告消除的前嫌旧怨永被遗忘,他们应当结百年之好。正好图卢兹伯爵有个女儿,巴塞罗那伯爵的三个儿子之中还有一个尚未娶亲。双方很快谈妥了婚事,在陪嫁问题上也取得了一致意见:将萨尔萨和佩皮尼扬[①]赠给新娘,或由普罗万萨伯爵(他因罗密欧大臣管理有方而发了财)贷给金钱和黄金购置与阿尔和塔拉斯康[②]接壤的土地赠给新娘。

此事定下之后,要办的还有一件事:图卢兹伯爵根据向妻子许下的诺言,向对方提出,他已经发誓将女儿嫁给她所喜欢的人,因此,如果女儿本人看得上年轻伯爵的话,那就万事大吉了。对这句话谁也没在意,因为谁也没想到会有什么波折。这位年轻伯爵不仅地位高贵,出身名门,而且潇洒英俊,具有难得的出色品格,任何人都无法同他相比(那些同宗的王子我就不说了,反正他们没有几个人)。他是当时欧洲著名的贵族;甚至很难令人相信他出生在巴塞罗那,不过这却是事实,直到现在人们还对他赞叹不已,因为无论是过去还是现在,都没有哪个人能同他相比,而且将来也不会有第二个像他这样的人。

这时,这位等待成亲的年轻伯爵离开父亲和他的国家,在一大批随从的陪同下,前往图卢兹。在图卢兹他像一位贵宾和爱子一般受到热烈盛大的欢迎,既有法国的殷勤,又有西班牙的礼仪;当时这两国比邻,这两者出色地融合在一起。

①萨尔萨和佩皮尼扬是两个地名。

②阿尔和塔拉斯康也是两个地名。

当盛大的欢迎仪式结束之后,贵客便被引到宫内与装束华贵的未婚妻见面。她秀丽动人,雍容优雅,对伯爵的接待殷勤周到,使伯爵赞叹不已,恋爱之情油然而生,他以前只是耳闻就已经迫不及待地要娶她,现在亲眼看到,不禁心旌摇荡,恨不得马上成婚。

比扬卡事先已经听到父亲介绍,此刻正满心欢喜地打量着年轻伯爵,不过女儿家面皮薄,显得十分羞涩,只是偷偷朝他张望,见他举止温文,十分称心如意。

他们相互问候之后,便在桌旁坐下。桌上摆满了当地出产的各种时鲜和美酒。丰盛的午餐之后,又送上了石榴,装在几个漂亮的盆子里。这是当地的习俗,餐后上石榴,是为了除去口中的食物气味。

年轻的伯爵也拿起一个石榴——一切不快便从此开始。忽然有一粒石榴子从他手中掉下来。据他自己和许多目击者说,他为了显示一下自己的灵巧和机敏,在石榴子快要落到地面时的一刹那,伸手迅速把它接住,放进口里。

不知伯爵小姐认为这是凶兆,还是觉得这对一个有地位的人来说未免有失体统,她心里很不高兴,她想:"我听那些不会花言巧语的人说,在西方要算加泰隆人最吝啬,最贪得无厌。虽然我看到他身上有许多是西班牙人少有的品质,但这并没有什么了不起,因为有了坏心眼,什么都可以办得到,特别是一个人想欺骗另外一个人时更是如此。加泰隆人对此已经是习以为常的了。有些人靠花言巧语玩弄手段,伪装一时,到头来诡计被拆穿,终于露出自己的本相,这种人是很愚蠢的。吝啬是万恶之源。这话是我从一位老师那里听来的。吝啬有一个特点,那就是任凭你伪装得多么高明,也掩饰不住。慷慨大方的人不大心疼被人抢走的钱财,但是一个吝啬鬼就不一样,他不仅心疼自己的钱,而且还心疼仇人的钱。如果他是这样一个人(我看他就是这样的人,他如此富有却仍然舍不得人家桌上的东西,那他对自己的金子不知会多么心疼)的话,那我会怎么样? 对一个出身高贵、生性慷慨的姑娘来说,还有什么比嫁给这样一个富有但贪婪的人更不幸的? 这只会给自己带来痛苦,同时还被别人取笑。愿神明别让我受这份罪,我宁可像从前那样生活直到老死,也不和他在一起,免得终身悲伤悔恨,为自己的愚蠢而受到惩罚。让老父去说好了,但有一点我十分清楚:谁迁就别人的要求,谁就害了自己。"她左思右想,终于拿定了主意。

宴会结束,图卢兹伯爵在征得年轻伯爵的同意之后,挽住女儿的手臂回到她的闺房。这时父亲关切地问女儿的意思,女儿坦率地说,她宁可终身不嫁,也不愿和这个同她性格迥异的人一起生活。父亲听到这话,大为不悦,因为他对这位年轻伯爵的印象很好。他暗想,这件为了两国和好和全国人民安宁幸福而定下来的婚事,可能会变成一场双方相互屠杀的无止无休的战争。他问明女儿拒婚的原因之后,大笑起来,觉得这是鸡毛蒜皮的小事,于是便劝说女儿,但他白费口舌,因为女儿坚持己见,还说,如果父亲违背向母亲许下的诺言,强迫她出嫁,她只有以自尽来逃避这一不幸的命运。老伯爵牢记对亡妻许下的诺言,同时又心疼女儿,便忍着泪,对女儿说:"如果他不合你的心意,那也没办法,你既然不愿意,我也决不勉强。"他从女儿房中回来之后,一直在想：女儿未免太过分了，这样固执己见，对自己毫无好处。他费尽心机，想出了一个妥善的借口和婉转的词令，终于向年轻的伯爵暗示女儿怎么也不肯嫁给他。这些话像利箭一般刺痛了年轻伯爵的心，尤其使他难过的是，他原以为十拿九稳，马到成功了。年轻的伯爵强忍内心的委屈和痛苦，苦笑着回答说，碰钉子的不止他一个，比他地位更高的也常遇到这种事，有时一切希望都化成泡影；既然事已至此，他应该心平气和地返回巴塞罗那。不过他是长途跋涉而来，为了不虚此行，他请主人说明他哪些地方没有博得他女儿的欢心，今后也好改正。老伯爵支支吾吾，十分尴尬，最后只好道出实情。年轻伯爵笑着听完老伯爵的话，便说："如果我有机会再次来求婚，我一定在石榴未成熟的季节来，我是因为石榴才把妻子丢掉的，正像色列斯[①]失去女儿一样。"然后又补充说，他尊重老伯爵夫人和女儿的意愿，不愿强人所难，不过这不应使他们真诚的友谊蒙上阴影，也不应损害刚建立不久的睦邻关系；然后，他又设法改变话题。这第一天没给他带来什么欢乐就过去了。

第二天，他克制着委屈的心情，彬彬有礼地同小姐和其他人告别，连忙动身返回卡塔卢尼亚，因为这段路不算近。到了国境之后，他便把一大群随从打发开，说他想去看看离此不远的圣地，人们都以为他说的是堂纳·蒙费拉多，因为到那里去应该行装简朴，不带随从，他只要两个可靠的朋友与他同行，恭顺虔诚地向上

①色列斯是罗马神话中的谷物女神，即希腊神话中的得墨忒耳。得墨忒耳的女儿普西芬尼采花时，土地突然裂开，冥王普路托跳出把她劫走，强使她吞下象征着婚约的石榴子，并娶她为后。

帝还愿。

等随从们都已离去，只剩下两个知心的老朋友时，他便把自己的计划告诉他们。他们丢下马，换了衣服，又朝图卢兹步行而去。年轻的伯爵扮成一位珠宝商。当时背着匣子的珠宝商在巴黎到处跑，这些人直到今天还能在法国与意大利看到。他们可以随意进出任何人家，向名门仕女和阔佬兜售珠宝。

年轻的伯爵买了许多珠宝金器和各种小饰物，装在匣子里，又把自己的几颗名贵的宝石放进去（他带了很多这样的宝石准备送给未来的妻子），不过他把几颗最贵重的宝石另外藏在一个地方，免得惹人注目。他刮了胡子（当时的加泰隆人都留胡子），只身一人来到图卢兹。他坚信，这是命运留给他的一个最可靠的办法，可以找机会同小姐见面、谈话。

他从早到晚在城里转来转去，运气好的时候，不断有人买他的东西。不过他最常去的地方是伯爵宫殿所在的兰格多克，希望能同那个起先是因为爱，后来是因为恨才时刻记在心头的伯爵小姐见面，哪怕是见一面也好。

他没等多长时间。有一天晚上，天气特别炎热，他看到那美丽动人的伯爵小姐出现在阳台上。她穿着一件白衫裙，旁边是几个侍女。他紧张得心突突直跳，朝她们深深鞠了一躬，问她们是不是要买点价廉物美的珠宝。

伯爵小姐和侍女们对他的话一点不生气，因为这个国家的风俗习惯就是如此。她们把他叫过去，围着他看那些珠宝；她们一会儿拿起这样，一会儿拿起那样，七嘴八舌地问价钱，要他出主意，可他一点也不在行，不知道该如何回答；他做的唯一的事就是盯着伯爵小姐,回答她的问题。他把她们特别喜欢的珠宝首饰廉价卖完之后,便走开了,因为做晚祷的时刻到了。

这种情况持续了好久。他几乎天天都和这群侍女们打交道,不久她们就同他混熟了,觉得和他谈话十分有趣。同行们十分嫉妒他,因为侍女们不大照顾他们的生意了。她们说:“我们要对那位那瓦拉人守信用。”(伯爵说他是那瓦拉人,因为他的法语说得不好,不敢说是法国人,同时又不愿意承认是西班牙人)。

过了几天,年轻伯爵看看没人注意,便抓住机会,对一个在他看来是最受伯爵小姐宠爱而且对他又特别亲热的侍女(因为他曾多次把珠宝首饰低价卖给她)说,他有一块极名贵的宝石藏在离这里不远的地方,这样的宝石世上从来还没有谁见到过,不过他怕碰到强盗,所以没敢带在身上;这颗宝石他视为至宝,即使有人把世上的黄金都给他,他也不肯卖。讲到这里便没再说下去,不久就离开了。

这个侍女恨不得马上把珠宝商的话告诉伯爵小姐。到了小姐睡觉她帮小姐宽衣时,便把这颗具有魔力的名贵宝石的事告诉小姐,并且还说(她对小姐无话不说),如果她是伯爵小姐的话,说什么也要想法把这颗宝石弄到手,虽然这个珠宝商怎么也不肯卖,但她可以不理那一套,就是拼命也要弄到手。侍女这些话说动了伯爵小姐的心。小姐一夜都在想宝石,连做梦也梦到宝石。第二天天刚亮,小姐便让侍女去找珠宝商,以伯爵小姐的名义请他,甚至求他把宝石卖给她,万一珠宝商不肯,就想方设法让他把宝石给她看看,因为她只是听说,要是真见到这颗宝石,说不定也就不想买了。

侍女去找珠宝商,把小姐的意思告诉他。他听后喜不自禁,于是又大肆夸耀起宝石来。昨天他还只是拼命描述宝石的特点,而今天却将宝石说得天花乱坠,喋喋不休地赌咒发誓,说什么他宁可死,也不舍得把宝石卖掉,不过他知道小姐心眼好,品格高尚,所以他愿意把宝石让小姐看看,不过有一个条件:除了他和小姐两人之外,任何人都不许看。侍女知道她不能提更多的要求了,便表示同意,和他约定见面的时间之后,就回去禀告小姐。

约定的时间已到,珠宝商来了,带来了那颗小姐望眼欲穿的贵重宝石。这颗磨得光闪闪的宝石颗粒大,形状美得出奇,这样的宝石伯爵小姐从来还没见过。这颗宝石是巴塞罗那老伯爵从卡塔卢尼亚的海盗那里弄来的。这些海盗在直布罗陀海峡和马德拉群岛之间活动,他们从在这些海域进行海盗活动的诺尔曼人手里抢来了这颗宝石,因为诺尔曼人人寡势弱,被卡塔卢尼亚人俘虏,财物也被抢走。据说这颗宝石长时期为那坡里国王所有,目前是在土耳其王手里。土耳其王虽然有许多名贵的宝石,但他最珍爱的却是这一颗。

珠宝商来到之后,先是用西班牙人的口才把宝石大大吹嘘了一番,说什么他之所以最欣赏这颗宝石,不是因为它美丽,而是因为它有一种神奇的魔力。接着,他对伯爵小姐表示好感,然后说,这颗宝石他也可以给别人看,但绝不会把宝石的神奇特点告诉他们。说完,他便把宝石递给了伯爵小姐。伯爵小姐接过宝石,愈看愈觉得它精美绝伦。这宝石的确非常美丽,她真想把它弄到手,甚至觉得没有它就无法再活了。但她没露声色,只装出一副赏玩的样子。然后她请珠宝商(他对事情的发展十分满意)把宝石的神奇之处讲给她听。珠宝商说什么也不肯,后来便装出一副非常勉强的样子回答说:“小姐,常有这样的事,当一个人需要作出一个重大决定时,往往举棋不定,这时,他可以往宝石里面看,如果他的决定对他有利,那他就可以看到宝石变得晶莹透明,里面好像有阳光似的;如果对他没有好处,宝石就会变得昏暗,像没有月光的夜晚一般。有人说这是颗点金石,许多人花了很长时间去找,但都未找到;有人认为这宝石是炼丹术士炼出来的,不是天然生成;还有人说这宝石曾经是亚历山大大帝的宝物,每次出征都随身带着它,后来宝石据说又到了恺撒大帝手里。这两位大帝都因为有了这颗宝石才所向无敌,这话您一定听到过好多次了吧。”珠宝商说完,便拿起宝石,起身告辞。

屋里现在只剩下伯爵小姐和侍女。小姐开始对侍女唠叨起来:“要是我有这么一颗罕见的漂亮宝石,可以每时每刻赏玩,那我就成了世上最有福气的人了。如果下一次再有机会选未婚夫,像巴塞罗那伯爵那回一样,那我的宝石就能给我出主意啦!”她一面说,一面恳求这位忠实的侍女再去找珠宝商,想办法让他把宝石转让给她,无论出什么代价都行。侍女虽然早已不抱什么希望,最后还是去了,但谈了好久毫无结果。头两次他不仅不肯卖,而且连看都不给人看了。到了第三次,他觉得实现计划的时机已经来临,便说:“您的恒心和美丽以及您家女主人的娇媚打动了我的心,使我不得不出让我最珍贵的东西,您回去告诉伯爵小姐:如果她肯像妻子一样陪我一夜,作为对我的酬谢,那我一定把宝石递给她,要是不同意,那么无论是金钱还是别的什么东西,我一概不要,让她别再动什么脑筋,也不要再来找我麻烦了。”

侍女把他的话转告伯爵小姐，并且还说，如果她不照办，那就不用再去找他白费口舌，因为侍女深信，再也没有别的办法了。

高傲的伯爵小姐大为震怒，扬言要严惩珠宝商，因为他竟胆敢要破坏她的贞操，糟蹋她纯洁的名声；同时又愤愤地责怪侍女，说她居然劝说不了这个身份地位与侍女相当的珠宝商，说珠宝商不该向伯爵小姐提出这样的无理要求。

侍女淡然一笑，说："小姐，您头一次让我去找珠宝商时，我以为我的任务就是给你们当个传声筒而已，我根本就不敢把你们的话压下一部分。现在您如果对我转告您的话不满，那都要怪您，因为您事先并未要我听了这样的话就把他训斥一番，并且不必告诉您。您让我去办事，我答应了，虽然我完全可以推辞掉，因为对人家合理的要求我不仅不会惩治人家，而且也不会指责人家。上帝对我们——无论是好人还是恶人——都一样，允许我们在祷告时既可求他满足合理的要求，也可以求他满足无理的要求；如果他认为有必要，他会满足前面一种，而绝不是后面一种。原来您还想胜过上帝呢！珠宝商有什么地方得罪了您？难道您连"请求"并不等于"得到"这一点也搞不清吗？您年岁还太小，分不清是非善恶，如果您的头发像我的一样白，您的看法就不一样了。有时，像您说的那些话是可以说的，不过应该弄清楚场合和对象，不是在这里说，也不是对我说，不是对受您委托办事的人说，而是对外人说；这些人尽管不相信您的话，但都会认为您是个很有见地的女人，很有一套，也就是说，很能装模作样。不过您可别对我说，因为我对您忠心耿耿，把您看作我在世上唯一的欢乐，我知道，什么是一个女人的最高荣誉与最大欢乐，如果一个女人失去了它,那她就像没有阳光的白昼,没有波涛的大海。我看您还年轻,就不和您计较这些了,我要另外和您谈一件事:如果您答应珠宝商的要求,因而得到贵重的宝石,那您就做得很对,依我看,这对您有好处。要是您能这样办,您不是就占了便宜么?丢的愈多,得的也愈多。只有那些没有盼头的伪君子和老太婆才认为这是罪过,可是年轻人来日方长,还可以向上帝忏悔自己的过错。那些伪君子和老太婆既不会有这样好的机会,也没有欲望,再说也没人向他们提这样的要求。要是这事被人家知道了,那才会丢面子,我们是暗地里干的,面子可以保住。我像母亲一样发表自己的意见,至于您,您认为该怎么办就怎么办吧,不过我要提醒您:我愈聪明,也就愈老啦,我感到可惜的是您缺乏我的经验和才智,而我缺乏您的青春、姿色和地位。青春和姿色到了四十岁便开始衰败了,而地位只会成为沉重的负担。这个珠宝商虽然是个小人物,但他的面容、才智、举止等等却像一位名门出身的公子,不大像商人。如果您失去眼下这个机会,那就要吃任性的苦头了,决不能这样办。”这位老侍女翻来覆去开导年轻的伯爵小姐,不厌其烦地举了好多理由。她们俩争了好久,伯爵小姐觉得累了,便说:“好吧,你去找他,看着办吧。不过你要说定我和他只能待一夜,尽量晚一些,免得招人非难,否则我也吃不消。你一缠起来就没个完,不照你说的办,你就不让我太平。”

侍女什么也没说,便去找珠宝商,让他今天夜里天快亮时到花园后门,随身带上那颗宝石,并且告诉他以后怎么办。他便依照侍女的话行事。

夜间,珠宝商把宝石给了伯爵小姐之后,又说,他还有几颗宝石，和这颗一样名贵，他愿意以同样的代价让给她。小姐把这话又告诉侍女，侍女听说之后，劝小姐把那几颗也弄下来，说事已至此，索性来个一不做、二不休。伯爵小姐干得很漂亮，除了宝石之外，还赚了一颗瑰丽非凡的红宝石和一颗很大的绿宝石。珠宝商说红宝石可以解毒，绿宝石可以驱疫。兰格多卡虽然有蒙彼利埃的圣徒罗科庇护，但有时还会发生瘟疫。

但常有这种情况：什么事最意料不到，就出什么事。过了几个星期，伯爵小姐竟大吃一惊：她觉得有了身孕。她立即把这事告诉侍女，侍女耐心地劝慰她，说这事一定要保密，反正天无绝人之路，说这种事多得很，只是所有的女人在结婚时都把自己伪装成处女罢了，要是因为这种事愁得掉头发，那么女人多半都要戴帽子了。这时伯爵小姐那高贵的灵魂和尊严的地位发生了作用，她说："让那些愿意这样干的人去干吧，天啊，我可不这样干，那是错上加错。我永远不会用虚伪空洞的誓言给自己脸上贴金。我愿意让我罪孽之身受到惩罚。至于婴儿，我要交给那个播下种子的人。我这么长时间一直听你的话，现在不能再听了，如果你爱我，不愿意让我难受，那你去把珠宝商找来，我以前太不自重，才委身于他，以后我要自尊自重，不能再上另一个人的当。现在我决意顺着命运以及你轻率的主意和我自己的疏忽铺好的路走下去。"

侍女熟悉小姐的性格，知道多说也是白费口舌，便把珠宝商唤了来。珠宝商常和伯爵小姐幽会，早已看到她的脸色苍白消瘦，但并未在意；这次一见到伯爵小姐，心里马上明白了是怎么回事。伯爵小姐虽然难过得要命，却一滴眼泪也没掉，像一个乐天知命、坚强勇敢的妇女。她说:“我的朋友,实话实说吧,你交了鸿运,我倒了霉;你太精明,我太轻率,弄得我这个伯爵的女儿不得不给一个飘游四方的珠宝商当妻子,你这个珠宝商却当上伯爵女儿的丈夫。事已至此,我求你娶我为妻,随你使唤,别把我抛下。我有了身孕,不愿意在这里住下去,免得给别人增添麻烦,让别人伤心,我自己也无脸见人;我愿意跟你一起走,去过苦日子,宁可让我这活该受罪的可怜身躯受苦受累,不愿使它悠闲享福,却让我的内心和别人无时不受痛苦的煎熬。因此,你赶快安排一下,让我们明天天黑之前离开这里。你我有这些珍宝和金钱,不会饿死。我们该去哪里就去哪里,好让我弄清楚我到世上来到底是为了什么。”

巴塞罗那伯爵(我们不再称他珠宝商了)虽然欣喜若狂,不过又暗想道:假若他真是她认为的那个珠宝商,不知主宰我们的命运之神会把她带往何方,糊弄一个女人,特别是年轻女子,不论她看起来多么难对付,竟这么容易。想到这里,他不由得可怜起伯爵小姐来,他虽然是个堂堂男子汉,但也差点儿没掉下泪来,可是这位弱女子却没有哭。于是他镇定下来,不露声色地说:“小姐,您知道我不过是个卑微贫寒的买卖人,请不要见怪,我想打一辈子光棍,请您别给我增加负担,自己也别找麻烦。”他本想再说下去,不过看到她那惹人爱怜的样子,同时又怕她变卦,竟不知说些什么了。她回答说:“我的朋友,我只想对你说:你可要看清楚,世界上最幸福的人一辈子也不一定能从命运之神手里得到这样的机会,然而现在你的福星高照,有了这样一个机会,可是你多蠢哪,竟不愿娶前不久拒绝了巴塞罗那伯爵求婚的小姐为妻,真叫我这个苦命人生气呀!”伯爵一听这话,旧时怨恨之火不禁又燃烧起来,头脑里像开了锅似的,报复的念头一个接一个涌了上来。既然她愿意嫁给他,又愿意听他摆布,真心诚意地肯跟一个流浪四方的商人,不再过伯爵小姐的生活,愿意和丈夫一起步行出走(这合乎珠宝商的身份和习俗),而且还逃避拐走伯爵小姐的罪名,这正是报复的好机会,所以他也没再多说,就同意娶她。

于是他们商定,除了侍女之外,对任何人都只字不提。他们装扮成香客,当天夜里便神不知鬼不觉地前往加利西亚的圣亚科坡祈祷,侍女流着泪为他们送行。

伯爵小姐出走一事,不仅在图卢兹,而且在全国都掀起了轩然大波,只不过很少有人了解真相,不少人以为伯爵小姐是为了侍奉上帝,到修道院出家了。因为伯爵小姐发觉自己怀孕时,更加用心祷告,避免同女伴们在一起,所以人们都相信她去了修道院,但只有侍女一人知道其中的奥秘。她装得非常难受,这一来,人们都深信不疑。

另外还有一个原因,就是他们很快就离开了兰格多克,人们找了他们好久也没找到。

洋洋自得的年轻伯爵一路上让他那可怜的妻子受的罪实在太多了,要讲的话,可以讲很久很久。以前她从来没有步行过,如果外出散步,那一定要选风和日丽的日子,还要由最显贵的宫中侍卫们陪同,可是现在她不得不腆着大肚子,冒着七月的烈日,在尖棱的石子路上走,受尽穷人在旅途中经历的种种艰辛。

年轻的伯爵忙生意时,才让她稍稍休息一会儿,但对她很不客气,因此,她体力上虽然有安静一会儿的时候,内心却没有片刻安宁。在离开图卢兹的那天,她下决心忍受命运的安排。后来每天赶路,年轻的伯爵小姐希望在一天劳累之后能在客店里短暂地休息一下,但是年轻的伯爵却专找那些西班牙出名的蹩脚客店住,因为他想以此羞辱她,她不仅得不到休息,反而感到更痛苦。

几天之后,他们终于来到了巴塞罗那。在这里,伯爵见到了与他同一天离开图卢兹的朋友们。他让朋友们找一个最差最坏的旅店给他们住,不过女店主却是位罕见的好人。这些小旅店的女主人不仅肯当接生婆,而且还给人拉皮条。

伯爵同妻子在旅店里住下。第二天晚上对她说,他城里有事,白天忙,只能夜里回来。他让她在店里帮助女主人,由女主人供她吃饭,因为他既不想卖珠宝,也不肯花钱,积蓄他都拿去做生意了。她如果想同他和睦相处,就该帮他忙。

不幸的伯爵小姐听到这话非常难过,她想起父亲何等慷慨,然而现在她不得不靠自己双手维持生活,尽管她十分难过,但还是微笑着回答丈夫说,她将照他的话去办。

年轻的伯爵离开妻子,一身香客打扮来到宫中。父母见到他时真是欢天喜地,原来以为没希望再看到他,因为他去朝圣的时间太久了。整天他都和朋友内侍们欢聚在一起。到了夜里,又换上原来的衣服,去伯爵小姐那里过夜。他不停地让小姐干脏活,要她帮助女主人烧饭,做家务。可是这样羞辱妻子还嫌不够,他决定来一次更让她丢脸的考验。一天夜里,他对妻子说;“明天我想请我的一个毛皮匠朋友到一个裁缝铺里喝酒,要带点面包去。这一带面包很贵,我不想花这笔钱。明天早上女主人去烤面包的时候,你去给她做帮手,离开面包房时,你假装掉了东西,回去拿四个面包藏在裙子下面的口袋里。”

伯爵小姐觉得这实在太卑鄙了，如果她不是听说西班牙人和那瓦拉人都这样吝啬，准以为这是笑话，但她看到丈夫说话十分认真，便和颜悦色地劝丈夫不要让她干这种丑事，丈夫大发雷霆，说：“你大概还没忘记你是图卢兹伯爵小姐吧，可是在我们离开你家时，我就要你别再留恋过去的生活，只把自己看作是一个那瓦拉穷光蛋的老婆，你不是也答应了吗？好吧，我再说一遍：如果你愿意和我一起和睦生活，那你就照我的话去办，否则我就把你丢在这里，我自己到另外一个地方去寻找幸福。”

伯爵小姐无奈，只好答应。到了早上她照他的话去办了。伯爵和平常一样，到巴塞罗那去寻欢作乐，他把一个和他一起去过图卢兹又和他沾亲的朋友找来，叫他如此这般。于是这个朋友走过住着伯爵小姐的破旅店时，就找了个借口在店门口停下来。他记住伯爵的嘱咐，便向正好和伯爵小姐一起坐在门口缝衣服的女店主说：“夫人，这位年轻妇女是什么人？”女店主把她是什么人和什么时候来的都告诉了他。这位高贵的先生说：“噢，看来您活在世上已经不是第一天了，可您什么也没学会。这是我遇到的最奸刁狡诈的一个女人，如果您对她不加提防，她准会把您偷个精光。”

女店主反驳他，并一再夸奖这个年轻妇女。高贵的先生说道：“我希望你在我离去之前，就能相信我说得不错：您把她的裙子下摆提起来，看看口袋里有什么东西，那时您就明白我在托勒多学了七年巫术不是白学的了。”好心的女店主叫他走近些，好让他看明白他说得不对，因为女店主怎么也不相信他的话。她把手伸进她的裙子袋里，发现口袋里藏着四个面包，不禁大吃一惊，她连忙向这位先生表示歉意，这个人又挖苦了一阵，便离去了。

伯爵小姐又羞又难过，简直无法形容。她干的这件卑鄙勾当竟当着这么一位高贵的先生的面揭发了出来。她难过得几乎昏倒。当女店主慈母般责备伯爵小姐时，小姐含着眼泪求女店主原谅，并且保证永不再犯，但未说出是谁指使她干的。

当天夜里，伯爵告诉她说，面包用不着了，还假装生气，责怪她给他丢人现眼，说她干得太冒失，一点也不谨慎。

这时年轻伯爵的母亲卡塔卢尼亚伯爵夫人要为一位手艺高超的师傅做的一件工艺品弄一个袋子，这件工艺品是她许愿赠送给巴塞罗那教堂一位女圣徒的礼物。袋子上除了别的装饰以外，还要照当时的习惯，用珍珠绣成圣徒和动物的像。年轻的伯爵听说之后，觉得又有了一个让老婆丢脸的机会。他对母亲说，他认识一个贫家妇女，是个法国人，手艺超群，明天就叫她来，他知道这个女人住在哪里。到了夜里，他把这事告诉妻子，对她说，既然她希望丈夫好，那她就尽可能把珍珠多藏一点下来。可怜的伯爵小姐泪流满面，一再拒绝，因为不久前面包的事让她出了一次奇丑，另外，她也不愿到九个月前被她拒绝求婚的人家里去，怕被认出来。但是在丈夫不断威逼下，她只好同意进宫。为了避免事情败露，他们商定，她把珍珠藏在舌头下面。这些珍珠虽然非常好看，又值钱，因为无法拿许多，所以也得不到很大的好处。

早上，伯爵夫人让这位年轻女子干活，伯爵夫人和在场的许多人非常喜欢这位年轻女子的举止言谈，都觉得这是一位大家出身的女子。此外，大家闺秀能干的事，她都能干，而且干得非常精巧。她对周围人们的议论似乎不大在意（其实称赞她的话句句都像尖刀一样刺痛她的心)，因为她别有心事：她把三颗最漂亮的珍珠藏在了舌头下面。这时，揭穿她偷面包的那个贵族先生又突然出现了。他按照年轻伯爵的意思，对老伯爵夫人说，他对伯爵家里竟来了这么一个女人感到惊讶，接着，便把她偷面包的事讲了一遍，并且说她还偷了老伯爵夫人的东西呢。这位不幸的女子感到特别难过和羞耻，因为她偷了老伯爵夫人的珍珠。但老伯爵夫人原谅了这位年轻女子，说她是因为太贫穷才这样做的，还给了她一大笔工钱。

最后年轻伯爵认为妻子使他受辱的仇已报，对她的惩罚已经够厉害了。他知道，如果他再继续惩罚她，他就会犯比当年接石榴子更大的过错，同时他也知道妻子已临近分娩期，所以他把原来的仇恨念头都抛开了。这对他本人、对妻子都是一件大好事。他把事情经过告诉父母亲，说她是被他哄骗到手的，他觉得他使妻子遭受的耻辱、痛苦和折磨已经足以赎她的过错。最后他说，如果双亲同意的话，明天就把她作为图卢兹伯爵的女儿和他的妻子迎进宫中。父母亲对此十分高兴，完全不像当年得知儿子求婚不成的消息时那样难过了。他们下令第二天举行盛大豪华的喜宴，但未说明举行宴会的原因。

头天晚上年轻的伯爵对妻子说："明天巴塞罗那伯爵宫中举行婚礼，伯爵的儿子娶阿拉贡王的长女为妻，她是这一带的人所见过的最美丽的女人之一，年轻伯爵应该永远感谢上帝，因为您拒绝了他的求婚，他才占了这么多的便宜，不仅成了亲，而且还娶了这么一位美丽的妻子。"比扬卡小姐听了这些话，忍不住深深叹了一口气，没想到当年她这位伯爵小姐如今竟成了珠宝商的老婆。伯爵接着说："明天是大喜的日子，谁也不干活，因此我想你应该同仁慈的女店主一起进宫，免得在这里感到寂寞，同时还可以设法偷点东西。万一被人当场抓到，也没关系，你是个女人，最多羞羞你，事情一过也就算了。穷人只能忍气吞声。"

如果说伯爵小姐过去干那些事她觉得为难的话，那这一次她觉得是最最为难的了。如果从前她还是恳求丈夫不要让她干这些事，那这一次她是流着泪哀求丈夫不要再让她出丑，她宁可死，也不愿再去偷人家的东西了。但是年轻的伯爵一定要最后再考验她一次，他又是威吓、又是谩骂，强迫她同意；同时他又偷偷地把自己的计划告诉女店主，并告诉她明天早上带他妻子应去的地点和时间。他把事情都安排停当之后，便回宫里去了。

第二天，巴塞罗那的名门望族的女士和她们的男伴准时都来参加婚礼盛宴，他们在入席前先进行了愉快的交谈、跳舞。

女店主按照年轻伯爵的意思，在宴会开始前一小时把伯爵小姐硬拉进宫。小姐一进入大厅，便朝最贫穷的客人群中挤过去。盛装的年轻伯爵为了使人们都能听见，微笑着高声开言道："亲爱的伯爵小姐，欢迎你来我们家，我亲爱的夫人！您的珠宝商变成了巴塞罗那伯爵，您这个可怜的流浪女子变成图卢兹伯爵小姐和巴塞罗那伯爵夫人的时候到了。"他的话把伯爵小姐弄得张皇失措，她又惊讶又难堪，她还以为年轻伯爵是对别人说话。她四下张望，后来定神朝伯爵一看，认出了他，才明白他是跟她说话，但她一句话也说不出来。伯爵接着说："我的夫人，我曾经被您错误地拒绝，因此才对您这样无情。您一定认为这太过分了，所以在生我的气，但如果您像我爱您那样爱我，那我在您心中不仅能得到宽宥，而且还能受到怜悯。为了您那始终如一伟大崇高的心灵，请您忘却我进行报复的所作所为吧，就好像我忘却您给我的不快一样。在这里，在巴塞罗那，当着我的父母和所有客人的面，请把您在图卢兹时所拒绝给我的以及我用哄骗的办法所得到的东西赐给我吧。”伯爵小姐的窘迫神情这时已经消失了，她已不再是衣衫褴褛的妇女，而是一位雍容华贵的夫人，她沉静地说：“我的先生，我感到您实在是太可亲了，尤其是今天，当我懂得我的命运胜过我的理智，知道我错把您当另一个人时，更觉得可亲。我原谅您对我的冷酷，要比您原谅我更容易做到，因为报复总比受屈辱有道理。至于把您在另一个场合应取得的东西，换句话说，也就是对您的求婚表示同意，这我早已高兴地做好了准备。可是在图卢兹时没有这种隆重的场面，也没有今天我在巴塞罗那见到的这么多尊贵的客人。我要提出一个问题，请您回答：我能不能做您的妻子？我要请求您的父亲伯爵大人、您的母亲伯爵夫人宽恕我使您受到的屈辱，我向您保证尊重他们，像女儿一样爱他们。”这时老伯爵夫妇的泪水和在场人们的欢快同情的欢呼声把比扬卡的话打断了。人们把她领出大厅，脱去她身上褴褛的衣衫，给她穿上贵妇人的盛装。欢快的婚宴开始了，他们结婚的事也通知了图卢兹伯爵，伯爵听到这个消息，高兴万分。

不久，伯爵小姐生了一个儿子。此后，她受到臣民无比的爱戴，与丈夫一起生活了好多年，给他生了许多儿子和女儿。

这个故事在两个伯爵领地的编年史中记述得并不相同，图卢兹方面有点羞羞答答，而卡塔卢尼亚方面十分谨慎。至于我这篇故事，那就让读者诸君自己去评说吧。

一对贵族恋人的故事

路易治·达·波尔托

献给美丽宽宏的鲁齐娜·萨伏尔扬娜夫人

我早就在闲谈的时候答应把我曾多次听到的一个发生在韦罗纳的动人故事写给您。现在,我要用几张纸,把故事扼要地写一写,免得落个言而无信的坏名声。再说,我这个人时运不济,由我来讲这对不幸的恋人的故事倒也十分合适,而且把这个故事寄给您这位品德高尚的人也十分恰当,因为在跟您一样的贤淑女子群中,您虽是最富有智慧的一位,但您读了这个故事之后,会更清楚地看到爱情之路是何等艰难险阻,这对被爱神摆布的不幸的恋人的命运又是何等凄切悲惨。我十分乐意把这几张纸送给您,因为我希望(我已暗暗下了决心)这几张纸是我在这一方面最后的一篇作品,从此之后,我再也不会去动我这支秃笔了,以免今后被人讥笑。您是世界上一切美德、豪迈、美丽的化身,也将是我那残破不堪的想象之舟的安身之地。这一叶小舟虽然满载愚昧,但也曾在爱神驱使下游弋过不少诗境中的浅滩,之后又曾在各地漫游。现在应该收拾起缆索,把帆、桨和舵交给别人了。在这个大海里,别人不仅精通航行,而且福星高照,我自己应该平心静气地停靠在您的岸边了。夫人,请收下呈现在您眼前的我的这篇故事吧,请您看在血缘之亲及温馨的友谊份上,屈尊阅读这个依我看十分动人的悲惨故事吧,这血缘之亲和温馨的友谊把这篇小说的作者和您联系在一起。他始终怀着崇敬的心情将自己托付于您。

您也许知道,在我刚踏入少年时代,当上天还没对我表示震怒时,我醉心于戎马生涯,一切方面都景仰仿效那些豪杰之士。我经常因公或因私周游各地,一连好几年都到过你们的美丽故乡弗里乌利。每次骑马外出,我总喜欢和我的弓箭手同行。这个人有五十来岁,深谙军事,待人和蔼,名叫别列格里诺。他和所有韦罗纳人一样(他就是在那里出生的),十分健谈。他不仅是一名勇敢机智的士兵,同时也是一位彬彬有礼的汉子,他经常(这在他这种年纪有点过分)搞一些风流韵事,因此他不仅给自己增添了一分勇敢精神,而且还善于娓娓动听地讲述我熟悉的故事中那些最好听的情节,特别是爱情故事。

我记得,有一次我在爱神的驱使下,同这位弓箭手和我另外两个仆人,离开我当时居住的格拉蒂斯卡,顺着被战火摧毁的荒凉大路,前往乌迪内。一路上我沉思默想,不知不觉竟离开了众人,和别列格里诺走在一起。他好像看透了我的心思,说:

"您是不是因为那个狠心肠的美人儿哄弄您,不大爱您,准备苦恼一辈子呀?虽然我有切身体会,知道劝说人家比自己做要容易,但我还是要对您说:我的老爷,像您这样的军中豪杰,可不能在爱神设下的暗牢里苦度时日,爱神给我们带来的几乎都是苦果,它使用的方式也十分危险,如果您想听的话,我可以讲一桩我们城里发生的事来证明我这句话,也可以排除旅途的寂寞。您可以听到一对出身高贵的恋人如何悲惨死去的故事。”

我刚刚做出一点儿愿意听的表示,他便讲了起来:

“在巴尔托洛密欧·德拉·斯卡拉这位谦恭仁慈的国君按照自己的心意治理我的美丽故乡时,据我父亲听人说,城里有两家贵族。这两家分属两派,互相为仇。一家姓卡贝列第,另一家姓蒙德基。据说,其中有一家分出一支,即现在住在乌登的尼科洛先生和乔瓦尼先生,他们当年只携带了祖上遗产的一部分,首先是善良谦恭,离开了韦罗纳,被人称为韦罗纳的蒙蒂科列家。我在读一些古代史料时,虽然曾经看到过这两家的姓氏,而且他们好像都是一派的,不过我仍然照我听到的故事来讲述,一点也不加改变。

“我已经说过,在刚才提到的那位国君治理下的韦罗纳,住着前面说的两大家族。这两大家族都各有英武的勇士,以及上天、大自然与命运之神赐予的财宝。这两大家族之间,就同豪富的大族之间常见的那样,不知为什么有一种不共戴天之仇,两方面都有不少人因此而丧命;不过后来——这也是常有的事——不知是因为厌倦,还是怕国君震怒——国君对他们两姓为仇十分不满——这两家虽然没有公开和解,但渐渐开始采取克制态度,两家的成员中有不少人甚至进行交谈。就在这个和解轻松的气氛中,有一次,被奉为一族之长的安东尼奥·卡贝列第家中一连几个昼夜举行盛大宴会,全城的贵族都赶来参加。

“一天晚上,蒙德基家族的一位青年,紧随着他的女伴也来参加卡贝列第家的宴会;当时情人们习惯如此,他们不仅相互思念,而且形影不离。这位青年魁梧英俊,彬彬有礼。他也跟别人一样,戴着假面,化装成山神。在场的人都惊呆了,这不仅是因为他的容貌胜过舞会上的所有女士,同时也还因为他的来临出人意料,而且又是在夜间。不过,对他印象最深的是主人安东尼奥先生的独生女儿,这位姑娘秀丽非凡,她那令人陶醉的容貌使别的女人黯然失色。她一见到这位俊美的青年,不由得大吃一惊,以致当他们的目光相遇时,她就觉得像丢了魂一样。他一个人站在欢乐的人群之外,很少跳舞或与人闲谈;他是被爱神引来的,所以他总是紧张地提防着,这使姑娘很是不快,因为她听说他本是一个生性快乐、为人真诚的青年。

"午夜过后,舞会快要结束了,这时人们跳起了所谓的火炬与帽子舞,这种舞直到现在还是喜庆活动的最后一项内容。这时男女舞伴可以随心所欲地互相邀请。这项活动开始时,有个人把那位青年偶然领到钟情于他的姑娘跟前。她身旁站着一位贵族青年,名叫麦库乔·胡艾齐奥。这位麦库乔的双手不论是在炎热的七月或严寒的一月,都冷冰冰的,天生如此。罗密欧·蒙德基(这就是我们讲的那位青年的名字)走到姑娘的左面,按照舞会上的习惯,拉起她那只柔美的玉手时,她立即对他说(也许她是想听听他说话的声音):'罗密欧先生,您来得太好了。'他在看到她那惊讶的神情的同时,对她的话也感到惊讶,便说:'我来有什么好哇?'她回答说:'不错,您来得的确很好,因为麦库乔把我的右手弄得冰凉,您把我的左手给弄暖和啦。'罗密欧壮着胆说:'如果我的手暖和了您的手,那么您的美丽的眼睛却把我的心都点燃了。'姑娘淡然一笑,她很怕别人看到他们或听到他们说话,但仍然对他说：‘罗密欧，我可以起誓，我觉得这里没有哪个女人有您这么漂亮。’罗密欧满面通红，回答说：‘如果姑娘不生气的话，那不论我多么漂亮，我都愿做您这个美人儿的忠实奴仆。’

“罗密欧很快就离开了那里，回家后他陷入了沉思之中。他觉得第一个女伴实在太狠心了，他苦苦思念她，却很少得到她的青睐。他下了决心，如果这位新女友的确看中了他，那么即使她出身于世仇之家，他也要献身于她。至于姑娘，头脑里想的也只有一个罗密欧，她长吁短叹，觉得假如能嫁给他，那可真是她的福分。但是，他们两家有宿仇，她不敢奢望会有这样美满的姻缘，担心会发生各种风波。因此，她心头总萦绕着两个念头：她一再对自己说：‘唉，我多傻！我怎么这样糊涂，竟钻到这个迷宫里来啦！罗密欧·蒙德基不爱我，我一个人怎么也得从迷宫里走出来！他不爱我，只不过是要败坏我的名声而已。不过，即使他想娶我，我父亲也是永远不会答应的。’当另一个念头出现时，她又对自己说：‘为了使我们早已不愿再相互为仇的两家言归于好，也说不定我会如愿以偿，同罗密欧结为夫妇。’她对这个想法深信不疑，于是对罗密欧的爱更深厚了。

“这一对恋人心中燃着同样的爱火，他们思念着爱人的身影，呼唤着爱人的名字，经常在教堂或在窗口见面。他俩觉得彼此凝望的时候，是他们最快乐的时刻。罗密欧对姑娘秀丽的面容惊叹不已，他冒着生命危险，彻夜孤零零地守候在心爱的姑娘房前，一直到天亮，有时爬到她的屋子窗前——谁也看不见他，连姑娘也看不见他——从凉台上听她那美妙的声音，有时干脆躺在大路上。一天夜里，当月亮按照爱神的心意，照耀得比平时更明亮时，罗密欧又爬上姑娘窗前的凉台,姑娘不知是偶然还是听到了响声——因为他这样做已经不止一次了——打开了窗户,探身往外张望,一眼便看到了罗密欧。他以为这不是姑娘,是别人,便要往墙脚暗处躲,但姑娘已经看到了他,便喊了他一声,对他说:‘这么晚您到这里做什么?’他看到是姑娘,便回答说:‘是爱神驱使我来的。’‘要是被人碰上。’姑娘说,‘您会白白送命的。’‘小姐。’罗密欧说,‘我自然是会白白送命的,假如您不帮助我,我一定会在哪天夜里死去。既然我在别的地方都会像在这里一样可能死去,那我情愿找个离您尽量近的地方。我多么热切地希望永远和您生活在一起啊,但愿上天和您也都这样想。’姑娘回答说:‘假如我们不能成婚,那可不能怪我,这是我们两家相互为仇造成的。’罗密欧说:‘请您相信我,除了娶您之外,我再没有什么别的愿望;如果您想做我的人,正像我希望做您的人一样,那我将毫不迟疑地娶您为妻,谁也别想把您从我的身边抢走。’他俩约定到第二天夜里再谈,时间更长一些,然后就分手了。

“从这次见面之后,他又多次来与姑娘谈话。有一天晚上,天正下着雪,他又在老地方看到了姑娘,对她说:‘唉,您为什么叫我这样吃苦受罪啊,难道您对这个不论刮风下雨天天夜里在外面等待您的人一点也不心疼?’姑娘说:‘我当然心疼,不过除了请您走开之外,我又能怎样?’罗密欧回答道:‘您可以让我走进您的房间,我俩可以舒舒服服地谈谈。’美丽的姑娘生气了,她说:‘罗密欧,我对您已经表示了爱情,而且已经超过了通常所允许的限度,对您的举动的宽容也已超过了我的名誉所允许的范围,这是因为我已为您的英姿倾倒。不过,如果您死乞白赖地讨好我,想以这种手法或别的方式来得到我的爱情,而不愿意保持爱的纯洁,那就请您带着这个念头走开吧,反正爱情是永远不会到来的。为了免得您每天夜里到这里来冒生命危险,我可以告诉您,假如您愿意娶我为妻,我准备把我自己完全奉献给您,而且不论您去哪里,我都将毫无惧色地跟着您。'‘这正是我唯一热切期望的。'罗密欧说,‘愿这事马上实现。'‘愿它实现,不过,'姑娘说,‘您要我高高兴兴地成为您的人,那一定要去圣弗朗契斯科修道院,在接受我忏悔的劳伦佐神父面前举行婚礼。'‘啊。'罗密欧说,‘原来劳伦佐·达·列佐知道您心头的秘密?'‘不错。'她说,‘为了我内心的安宁,我们要在他面前举行婚礼。'他们把一切都商量好之后,便分手了。

“劳伦佐是圣芳济修士团的神父,精通哲学以及各门自然科学和魔法,他和罗密欧私交甚笃,像他们这种交情在当时可以说是罕见的,因为他既想在一般教徒中保持好名声,又一心想从事他热衷的活动,他不得不在城里的贵族中找寻一个知交。于是他选中了罗密欧这个以沉着勇敢著称的年轻人,向他吐露了自己的心事,虽然出自谨慎还隐瞒了许多别人不知道的事情。罗密欧找到劳伦佐后,便开门见山地说,他想娶一位心爱的姑娘为妻,他俩已经商定请劳伦佐主持婚礼仪式,然后再请他去劝说姑娘的父亲同意这门婚事。神父一口答应,因为他无法拒绝罗密欧的请求,再说,他觉得有他参与,这事可能会变成一桩好事,那他就可以在国君和一切希望这两家和解的人们面前大大光彩一番。

“在大斋的那一天,姑娘假意说要做忏悔,便去圣弗朗契斯科修道院,她到一间忏悔室里去找劳伦佐神父。劳伦佐知道她来了，便同罗密欧一起走进忏悔室，他锁上门，把隔开他们的铁栅栏取走，对姑娘说：‘我见到您总是十分高兴，不过今天我觉得您比任何时候更为可爱，因为您愿意成为罗密欧先生的妻子。’姑娘回答说：‘除了做他的人之外，我没有别的愿望。因此我才怀着一片诚心站在您面前，要您和上帝一起为我在爱神的驱使下所做的一切作证。’神父说，他把这些话当作忏悔词。于是美丽的姑娘就在神父面前和罗密欧举行了庄严的婚礼。他俩约定第二天夜里相聚，然后，便亲吻而别了。然后，神父把铁栅栏装好，又去听别人忏悔。

“当这对恋人正像您听到的那样暗暗成了夫妻之后，一连好几夜享受着爱情的欢乐，他们希望以后能想个办法使姑娘的父亲平静下来，因为他们认为姑娘的父亲肯定会反对这门亲事。可是没想到那个反对人世幸福，播撒悲惨种子的命运之神作起祟来，两家之间几乎已经停息下来的仇恨之火突然又死灰复燃，局面大乱，两家谁也不肯让步，结果在市中心大街上打起来。格斗的人们当中竟有罗密欧。本来罗密欧一心想念着心上人，极力不去招惹她的族人。但是当他看到自己一方有许多人被打伤、几乎全被赶跑时，便怒不可遏，朝特巴尔德·卡贝列第扑过去，因为他觉得特巴尔德是最凶猛的敌手，一下子便把这个敌手打倒在地。特巴尔德一命呜呼，其余的人吓慌了，东窜西逃，一哄而散。罗密欧在众目睽睽之下杀死了特巴尔德。卡贝列第的族人上书国君，指控罗密欧杀人；罗密欧被逐出韦罗纳，终身不得返回。

“罗密欧可怜的心上人听到这个消息，悲痛欲绝，不管是谁，只要设身处地想一想，都不难想象。她哭得像个泪人儿，谁都无法解劝；她对谁也不敢吐露她的悲哀，因此她越发感到伤心。罗密欧难过的是，他要背井离乡，将心上人一人丢下。他说什么也要和她见上一面，否则他不肯上路。由于他无法去她家，便去找神父求助。神父通过姑娘父亲的一个仆人，也是罗密欧的好友向她捎话，让她来一下，她来了。在前往忏悔室的路上，他们为自己的不幸命运一起痛哭不已。最后她说：'您走了，我怎么办？我的心不会让我再活下去了。我们最好还是一起走吧，哪怕到天涯海角，我也要和您在一起。我把头发剪短，扮作您的仆人。除了我，谁也不会这样忠实周到地侍候您。''我的心肝，如果您要和我一起走，而又不是做我的妻子，那是很不合适的。'罗密欧说，'不过我相信，时间最多不过一年，我们两家就会言归于好，那时我可以获得国君的赦免。因此我们分离的时间不会很长；我将时时思念着您，与您在一起。万一事情发生意外变化，那我们以后再商量怎么办。'他们谈到这里，一再拥抱，洒泪而别。姑娘反复叮咛，要他别去罗马或佛罗伦萨，离她尽量近一些。几天之后，一直躲藏在劳伦佐神父修道院的罗密欧满怀凄凉地离开了韦罗纳，来到曼图亚。不过在动身之前，罗密欧曾经声色俱厉地嘱咐服侍姑娘的一个仆人，要他随时把姑娘的情况向神父报告，并且对她的吩咐统统照办，不得有误，否则，他就要考虑能不能得到另外一部分报酬。

“罗密欧走了已经好多天，姑娘每天以泪洗面，面容憔悴。母亲心疼女儿，一再柔声细气地问她为什么如此伤心。'孩子，你是我的命根子。'她说，'这些日子你为什么总是这样伤心？为什么一天到晚哭个不停？如果你有什么心事，你告诉我一个人，我会尽量让你高兴。’然而母亲从女儿口里听到的只是含糊其辞的解释。她于是想，也许是女儿想有个丈夫，由于害羞或是害怕，不肯说出来。有一天，她对丈夫说（她以为这是关心女儿，实际上却是把她往死里推）：‘安托尼奥先生，我早就看到我们的女儿成天在哭，您看，她都不像个样子了。我虽然多次问她，但什么也没问出来。我也实在弄不清她怎么会有这么多眼泪。依我看，她是想要出嫁。不过她是个正正派派的姑娘，张不开口。因此，依我看，最好是趁她的身体还没有垮下来，给她找个婆家。今年到圣艾菲米亚节她就满十八岁了，女孩子一过十八岁就会失去美貌。再说这也不是可以长期保留在家里的商品，虽然我很清楚我们的女儿不论哪一方面都纯洁无瑕。我知道她的嫁妆您都已经准备好了，现在的问题是要给她找个合适的丈夫。’

“安托尼奥先生也同意最好是把女儿嫁出去。他一再夸奖女儿，说她只是暗暗在心里难过，从未向他或母亲提出过什么要求。过了不久，他便同一位洛德隆涅伯爵商量起结亲的事来。他们快谈完的时候，母亲为了让女儿大大地高兴一番，便说，‘孩子，你现在该高兴啦，再过几天你就要嫁给一位贵人为妻，这一来，你就没有必要再哭啦。你虽然不愿意把你哭的原因告诉我，但我已经看出来了。我和你父亲为你操心，现在你一定会满意的。’女儿听了这些话，依旧泪流满面，母亲又说：‘莫非你以为我在哄你？’女儿说：‘妈妈，我一点也不开心。’这时，母亲又说：‘那你想要什么？告诉我，我什么事都肯为你去办。’女儿说：‘我只想死，别的什么都不要。’乔凡娜太太（这是姑娘母亲的名字）是个聪明人，她从这句话听出来女儿身上正在燃烧着一股情火，所以又跟女儿说了几句话之后便走开了。到了晚上一见到丈夫，便把女儿边哭边说的话都讲给他听。他很不满意，但转念一想，现在婚事就要定下来了，也该好好了解一下女儿的心思，免得出什么丑事。有一天，他把女儿喊来，对她说：'朱丽叶（这是女儿的名字），我准备把你嫁给一个出身高贵的人。你满意不满意？'女儿听了父亲的话，沉默了一会儿，说：'我的父亲，我永远不会满意。''那为什么，你是不是想到修道院出家？'父亲问。女儿说：'我自己也不知道。'说完眼泪便夺眶而出。父亲说：'我现在才知道你是不愿意。你别闹了，我已经决定让你嫁给洛德隆涅伯爵，就这样办。'但是女儿哭得更伤心了，她回答说：'这永远办不到。'安托尼奥听到这话，大为震怒，威胁说，如果她再敢违抗他的意愿，不把她哭的原因说清楚，他就鞭打她。但是女儿只是痛哭，什么也不说。他和乔凡娜太太怒气冲冲地走了，始终不明白女儿的心事。

"朱丽叶把父亲的话告诉父亲的仆人彼特罗。彼特罗知道她和罗密欧的关系，因为她曾当着彼特罗的面起过誓，说她非罗密欧不嫁（她已经铁了心），否则情愿一死。彼特罗按照朱丽叶的吩咐，通过神父将事情一五一十地告诉罗密欧。罗密欧写信告诉朱丽叶，说他怎么也不答应她与别人结婚，同时也不同意公开他们的秘密，他说一个星期或十天之后一定设法把她从家里接走。

"总之，安托尼奥先生和乔凡娜太太对女儿虽然软硬兼施，但始终弄不清女儿不肯出嫁的原因，也打听不出她爱上了什么人。乔凡娜太太甚至对女儿说：'我亲爱的女儿，别再哭啦，你想要个什么样的丈夫，我们就给你找，就是蒙德基家的人也行，虽然我相信你自己也不愿意嫁给这种人。'由于朱丽叶除了叹息和哭泣之外，什么话也不说，他们愈来愈怀疑，于是便决定尽快让女儿同洛德隆涅举行婚礼。关于婚礼的事都已商量妥当。

"朱丽叶听到这个消息，痛不欲生，她不知道该怎么办，只盼一死。

"她决定对劳伦佐神父诉说一下自己的痛苦，因为除了罗密欧之外，劳伦佐是唯一可信赖的人，而且她还听罗密欧说过，劳伦佐神父有一套解危救难的本领。因此，有一天她对母亲说：'妈妈，我没把我哭的原因告诉你们，请你们不要奇怪，因为我自己也不知道为什么。我只觉得心中难过，因而对世上的一切都感到厌恶，甚至觉得活着也没有意思。我不仅无法对您和父亲讲清楚究竟是怎么一回事，而且自己也糊里糊涂。这会不会是因为我过去造过什么孽，而我却已经忘得一干二净。前不久我做过一次忏悔，之后我觉得心里轻快许多，所以我现在希望您让我再去做一次忏悔；三一节快到了，可以用一次圣餐消除我的痛苦。'乔凡娜太太听了很高兴，过了两天，便陪女儿来到圣芳济修道院，把她领到劳伦佐神父跟前，请他在女儿忏悔时问明她为什么哭个不停。

"等母亲一走开，朱丽叶立即伤心地把自己的痛苦告诉神父，求他顾念他和罗密欧的感情和友谊，帮助她摆脱大难。神父说：'我的女儿，你家和你丈夫家积仇太深了，我能有什么办法？'愁眉不展的朱丽叶说：'神父，我知道您见多识广，可以想出上千的办法帮助我。如果您不愿意帮我大忙，那就请您做一件事：我听说我的婚礼是在离城两里处我父亲的一座庄园里举行，庄园正好在去曼图亚的大路上。他们把我弄到那里去，是怕我不肯嫁给这个新丈夫。我一到那里，他就来同我成亲。请您给我一点毒药，使我能一下子摆脱痛苦，也使罗密欧不致丢脸。如果您不肯，我只好用匕首自刎，不过那就更使我丢脸，罗密欧就更为伤心了。’

“劳伦佐神父看出她十分激动，暗想道，罗密欧待他不薄，如果不帮她忙，罗密欧会怀恨在心，于是便对朱丽叶说：‘朱丽叶，你知道，城里有半数的人都向我忏悔，我在这些人之中很有名望；不管谁立遗嘱还是和解，都要请我参加。因此，即使把世界上的黄金都给我，我也不干缺德事，而且也不愿意让人家知道我参与这种勾当。不过我很爱你和罗密欧，所以我一定想法帮你；这种事我还从来没帮过别人，但是你要答应我一个条件：你一定要保证任何时候都不说出我的名字。’朱丽叶回答说：‘神父，您放心把毒药给我好了，除了我，谁也不会知道，永远也不会知道。’神父说：‘我的女儿，毒药我不能给你。你要是在这青春年少、艳丽动人的时候死去，这可是我的一大罪孽。不过如果你有勇气照我说的去做，我一定可以使你回到罗密欧身边。你知道，你们卡贝列第家族的祖坟就在我们修道院的公墓里，在教堂附近。我给你一点药粉，你服下之后，会睡两天两夜，睡得非常熟，就连最高明的医生也毫不怀疑你已经死去。你一定会被葬在你们的祖坟里，时刻一到，我就会来把你接走，把你藏在我的住处，等我去曼图亚参加不久就要举行的神父会议时，我就让你化装成教士，把你送到你丈夫那里。你告诉我，你害怕不害怕你的堂兄特巴尔德，他是前不久埋在那里的？’朱丽叶兴奋地回答说：‘我的神父，只要能到罗密欧身边，我就是穿过地狱也不怕。’‘那好。’他说，‘你既然愿意，那我就很乐意帮你了。不过我看你首先要亲笔写封信给罗密欧，把前后经过告诉他，免得他听信谣言，以为你真的死了，感到绝望，干出一些荒唐事来，因为我知道他实在太爱你了。我们修道院里常有教士到他住的曼图亚去。你快点把信写好，我找个可靠的人捎去。'然后，这位好心的神父（任何一件要事没有他便不会有什么好结果）便把朱丽叶一个人留下，回到自己房间，过了不久，便拿了一小瓶药粉来，说：'带上这瓶药粉，到时候，你就在天亮三四点钟时服下，不要怕。到六点钟，药性发作，那时我们的计划就一定可以实现。不过你不要忘记把写给罗密欧的信给我送来，这事十分重要。'

"朱丽叶收下药粉，愉快地回到母亲身边，说：'母亲大人，劳伦佐可真是世界上最出色的神父。经过他百般劝解，我把往日的悲伤都抛到九霄云外去了。'乔凡娜太太对女儿不再伤心哭泣十分满意，说：'祝你一切如意，孩子，你记住，我们要时常布施他，这些人太可怜了。'母女一面商量，一面动身回家。

"朱丽叶忏悔之后，显得非常快乐，这使安托尼奥先生和乔凡娜太太的疑虑一扫而光，不再以为女儿伤心哭泣是为谁得了相思病，而认为是某种莫名其妙的原因引起的，如果他们不是那么性急地替她张罗婚事，弄得泼水难收的话，他们就不再管女儿的事了，就不再说什么让她结婚的话了。因此，当洛德隆涅伯爵提出要派他家里的人来看看他的未婚妻，加之乔凡娜太太身体又不好时，父亲便决定让女儿在她两个奶妈陪同下亲自到离城不远的庄园去。朱丽叶表示同意，于是便动身前往。到了庄园之后，她认为父亲之所以突然把她送到这里来，是要把她马上交给第二个丈夫。

“她动身时已把神父给的药粉带在身上，到了第二天凌晨四点钟，她把女仆喊来。这个女仆和她一起长大。亲如姐妹。她说她口渴，让女仆倒碗冷水来。她把效验神奇的药粉倒在水里，一饮而尽。然后她对女仆和这时醒来的一位奶妈说：‘要是我有力反抗的话，父亲一定不会强迫我出嫁的。’这两个女人的头脑像面团做的一样，她们看到朱丽叶服了药粉，都以为是清凉剂，听到了她的话，但什么也没听出来，所以也没产生一丝怀疑，上了床就睡着了。朱丽叶装做解手，摸黑起来，自己把衣服穿好，然后又躺在床上，做出一副迎接死亡的姿势：两只手交叉在美丽的胸口上，等待着药性发作。过了两个多小时，药性发作，她变得同死去一模一样。

“第二天早上，太阳已经很高了，人们发现朱丽叶双臂交叉在胸前一动不动地躺在床上。人们喊她，但怎么也喊不醒，一摸，发现她差不多已经浑身冰凉了。这时那个奶妈和女仆才想起夜里她要喝水和药粉的事以及她说的话，另外她们还看到她穿得整整齐齐躺在床上的样子，才恍然大悟，知道那药粉原来是毒药，她是服毒自尽的。这时她们才放声大哭起来，哭得最响的要数女仆。她一面喊着朱丽叶的名字，一面哭诉说：‘我的小姐呀，你说‘父亲强迫我嫁人是办不到的！’原来是这么回事。是您骗我弄来了冷水，竟使您死得这样惨，我真倒霉啊。我作了孽！我现在能怨谁？是怨死神还是怨我自己？唉，您为什么不带着您生前这样喜欢的仆人一起去死呀？我跟着您一起活，也跟着您一起死！小姐啊，我亲手把水递给您，原来就是让您抛下我们啊！这一下我不仅害死您，也害了我自己，害了您的父亲和您的母亲！’她一面说，一面扑在朱丽叶的床上，抱着仿佛已经死去的小姐痛哭。

“安托尼奥先生离得不远，他听到这里的哭喊声，惊恐万分地往女儿房间奔来。他看到女儿直挺挺地躺在床上，得悉她服了毒以及她说的话，也认为她已经死了，不过他还不大相信，便连忙派人到韦罗纳去请一位医术高明、经验丰富的医生。医生一到，便给朱丽叶做了检查，说她服毒身死已经有整整六个钟头了。万分悲伤的父亲一听这话，便痛哭起来。死讯一传十，十传百，很快传到母亲那里，她一听到这个消息，面色发白，晕了过去，像死去一般。醒来时，发疯般地喊叫，顿足捶胸，口中呼唤着女儿的名字，大声哭诉。‘你怎么死啦，我的孩子，你是我唯一的安慰呀！’她哭喊道，‘你的心怎么这样狠，把我抛下，连话也不跟妈妈说一句，不让妈妈合上你美丽的眼睛，擦洗你可爱的身躯！我怎么会料到你这一手？啊，所有在这里的亲爱的妇女们，请你们帮我一把，让我死去吧！如果你们真可怜我，如果你们肯行好的话，就用你们的手早点把我结果了吧，免得我悲伤而死。我们的天父啊，把你那锋利的箭朝我这里射来吧，好让我早点死去，请你成全我，别让我这个可恶可恨的老太婆再活下去了。’人们劝她，把她抱到床上，但她不停地哭叫，诉说。

“朱丽叶很快就被送到了韦罗纳，为她举行了隆重、排场的葬礼，亲朋好友都来哀悼，仿佛她真的死了似的，然后她被葬在圣芳济坟场的墓穴里。

“劳伦佐神父因为修道院的公事曾离开韦罗纳几天，他把朱丽叶的信交给一个去曼图亚的教士。这个教士到达曼图亚之后，曾去找过罗密欧两三次，但糟糕的是没找到他。教士不愿意托人转交，于是便把信带在自己身上。这时，彼特罗只认为小姐已死，在韦罗纳又找不到劳伦佐，无法可想，便决定把她的死讯直接告诉罗密欧。因此，傍晚时便从韦罗纳来到了主人的庄园，连夜又从那里转往曼图亚，他走得很快，次日凌晨就到了，找到了罗密欧。这时罗密欧一直没收到教士转来的朱丽叶的信。彼特罗一见罗密欧，便声泪俱下，告诉罗密欧说朱丽叶已经死去，他还参加了葬仪，并且把此前朱丽叶的情况和所说的话告诉罗密欧。罗密欧一听，面色惨白，拔出佩剑，就朝自己胸口刺去，想要自尽。彼特罗一把抱住了他，罗密欧说：‘我不能再活下去了，因为活着已经没有意义。啊，我的朱丽叶，是我把你害死的呀，都怪我没把你从家里接走，我仅是说说，却没有做。你是为了不离开我才死的！难道现在我为了怕死偷生在世？不会有这种事！’他脱下身上那件深棕色外套，交给彼特罗，说道：‘彼特罗，现在你走吧。’彼特罗走了，罗密欧锁上门，一个人坐在房间里。这时他觉得世界上的一切悲哀和活着相比都没有什么区别了。他想了好久该怎么办，最后，他穿上一身农民粗布衣服，在袖管里藏了一瓶早就保存在箱子里的蛇毒，动身前往韦罗纳，他已经做好了准备：要么被当局发现处死，要么潜入他熟悉的墓地，死在心上人身边。

“看来，这两个悲惨的结局中他得到的是后者，因为他在心上人葬后的第二天晚上来到韦罗纳，未被人发现，到了夜间，等万籁俱寂时，他便潜入圣芳济修道院中的墓地。修道院旁边不远是城堡，当时里面住着好多教士，但是后来不知为什么他们都走了，搬到圣泽诺附近的一个叫圣贝纳基诺的地方，不过圣徒弗朗契斯科本人经常来。修道院外面是一个个石墓穴；这类墓穴在教堂附近常可以看到。其中有一个便是卡贝列第家族的墓穴，美丽的朱丽叶便躺在那里。身强力壮的罗密欧走近墓穴（这时约莫凌晨四点钟），用随身带的木棒把石板撬开撑起，免得石板关上，进去之后，再把石板盖好。他还带来了一盏提灯，好最后一次看看心上人。一进入墓穴，便把灯捻亮，他看到他心爱的朱丽叶躺在一堆白骨与腐朽的尸衣之间。这时，他泪如泉涌，说：'当上天赐福给我时，你这双眼睛啊，曾是我心目中的灯塔！你的香唇我曾吻过千百次！你的酥胸曾给我的心带来欢欣！可是为什么你们现在却是不能看，不能说，全都冷冰冰？没有你们，我还看什么，说什么，我为什么还要活？我可怜的爱妻啊，爱神竟把你带到了这么个去处！莫非是爱神要我们这两个相恋的人在这个墓穴里熄灭生命之火？唉，希望告诉我的绝不是这个，你的爱在我身上所燃起的欲火告诉我的也绝不是这个！啊，我的生活如此不幸，活着还有什么意思！'他一面说，一面吻她的眼睛、嘴、胸，泪如雨下。'墙啊，你只是俯视着我，'他接着说，'为什么不塌下来压在我身上，中断我的生命？既然谁都可以求取一死，那么只盼望死，而不去求取死，就太可鄙了。'这时，他从袖管中掏出那一小瓶毒汁，说：'我不知道是谁竟让我死在被我杀死的仇人的遗骨之间，死在仇人的墓穴之中，但如果死在心爱的人旁边是甜蜜的话，那就让我马上死吧，我的心肝！'他把小瓶送到唇边，一饮而尽，然后，他把心爱的人紧紧搂在怀里，说道：'美丽的躯体啊，你是我最大最大的愿望！如果你失去了灵魂之后，还留下一点点感情，如果你的灵魂离开了躯体，还能看到我悲惨的死，那我恳求你宽恕我吧：我从前不能跟你欢乐地公开生活在一起，现在我只好痛苦地偷偷死在你的身旁。'他紧紧把她拥抱在怀里，等待着死神的来临。

“这时朱丽叶身体里的暖流快要战胜使她浑身冰冷痛苦的药效，即将苏醒了。在罗密欧怀里的朱丽叶醒过来，舒了一口气，不快地说：'啊呀，我这是在哪里？谁在拥抱我？吻我？我真不幸啊。'她以为这是劳伦佐，便喊道：'我的神父，您就这样表示对罗密欧的忠诚吗？您让我和他在一起原来是这么回事！'罗密欧见到心上人已经复活，不禁大惊，这时他大概是想起了皮格马利翁[①]，便说道：'您不认得我了吗，亲爱的？难道您没看出这是我、您的丈夫？他为了要同您死在一起，一个人偷偷地从曼图亚来到这里？'朱丽叶看出自己是在墓穴里，被一个自称是罗密欧的人搂抱着，几乎吓呆了，但当她摸了摸他，左右反复审视之后，便狂吻起来，说：'您怎么会冒险跑到这里来呀，您太糊涂了！我不是写信给您，说劳伦佐神父给我想了一个假死的办法，很快就可以和您见面么，难道您等不及啦？'到这时这个可怜的年轻人才明白自己铸下了大错，说：'啊，我的命好苦哇！朱丽叶，你太不幸啦！你可真是世上最最倒霉的一个情人哟！您的信我竟没有收到！'于是他把彼特罗把她的假死当作真死的事讲了一遍，他说，他只认为她已死去，因为不愿离开她，所以跑到这里来，在她身边服了蛇毒，此时他觉得可怕的药力已经在全身起作用。可怜的朱丽叶听到这些话，悲痛万分，她捶打着胸口，拉扯着头发。这时罗密欧已经仰身倒下，朱丽叶不停地吻着他，泪如泉涌。她脸色苍白，浑身战栗，说：'难道您命中注定要因为我的过错而在我面前死去

---

①希腊神话中的塞浦路斯国王。善雕刻，热恋他所雕的少女像。爱神被他感动，便给雕像以生命，使他们结为夫妇。

吗,我的丈夫?难道上天会允许我在您死后还继续活下去,哪怕时间不久?我真痛苦啊!我情愿自己死去,把生命让给您!'罗密欧悲伤地说:'您是我内心的希望,如果您曾经珍惜过我的爱情与忠诚,那我恳求您在我死后不要绝望,只希望您能记着那个曾为您的美丽燃起爱情之火,在您眼前死去的人。'朱丽叶回答说:'您是因我的假死而死,我在您真死之前又该怎么办?我后悔的是我没先您而死,我恨自己还活着,不过我相信,过不了多久,我这个使您死去的罪人也将成为您死亡之路上的伴侣。'她吃力地说完这句话,昏了过去,当她苏醒之后,用她那美丽的嘴贪婪地啜吸着爱人最后的呼吸;现在他正大步向生命的终点走去。

"劳伦佐神父记着朱丽叶服药以及被葬入墓穴的时间和情况,知道药效已经散尽,于是便带着一个忠实可靠的同伴在天亮前一小时来到墓穴。他听到朱丽叶的哭声和呻吟声,朝石盖缝隙中一看,发现里面有灯光,不禁大吃一惊,他以为这是在安葬朱丽叶时,人们把灯忘记在里面了,现在她苏醒过来,看到死人吓得又哭又叫,要不就是怕一直被关在墓穴中,再也出不来了。同伴连忙帮神父打开石盖,这时神父看到朱丽叶披头散发,脸色苍白,正坐在墓床上,抱着罗密欧那差不多已经僵硬的尸体。神父大声说道:'孩子,难道你怕我把你丢在这里让你死吗?'她听到这话,泪如雨下,说:'不是,我现在怕的是您把我活着带走。请您看在上帝份上,离开这里,并把墓穴盖上,让我死去吧!要不,您就给我一把剑,让我自尽,不要再让我痛苦了。我的神父,我的神父啊!原来您是这样送走我的信,这样成全我们夫妻,这样让我和罗密欧在一起的。'她指着罗密欧,把事情经过告诉劳伦佐。劳伦佐听到这些话，难过得几乎呆住了，他望着已经离开人世正前往另一世界去的罗密欧哀诉起来：‘唉，罗密欧，你怎么竟会这样离开我！你跟我说两句话，睁眼看看我呀！你看见你心爱的朱丽叶了吧，罗密欧，她求你看看她！你为什么不回答她的话，瞧她正抱着你哪！’罗密欧听到这个心爱的名字，微微睁开了失去光泽的眼睛，朝她瞥了一眼，便又合上了眼睛。不久，死神在他全身施展了威力，他痛苦地吐了口气，便死了。

“当这位不幸的情人像我刚才讲的那样死去以及悲痛哭泣的时刻过去之后，天亮了，神父问道：‘朱丽叶，你打算怎么办？’她伤心地说：‘我要死在这里。’‘我的孩子，别这样说，’他说，‘离开这里，我现在虽然不知道如何是好，但你可以一直住在修道院里，如果需要，你可以为自己和你死去的丈夫向上帝祷告。’朱丽叶回答说：‘我的神父啊，我对您别无所求，只求您看在和他（她指了指罗密欧）的友情上答应我一件事：对谁也不要提起我们死的事，这样，我们的遗体可以永远一起留在这个墓穴里，永远不分离，万一有人知道，那我求您看在您和罗密欧的友谊份上，为了我们两人，恳求我们双方的父母谅解，把我们葬在一起，别让被同一把爱情之火烧死的这两个人分开。’她俯在罗密欧直挺挺的尸体上，把葬她时带来的枕头放在他的头下，合上他的眼睛；这时她的眼泪像雨水般洒在他冰冷的脸上，她大声喊道：‘我的丈夫啊，你走了，我现在怎么办？除了随你走上黄泉路之外，我能为你做什么呀？我没有别的选择了！本来只有死才能使我们分开，而现在却只有死才能使我们在一起了！’说完，她便怀着失去亲爱的丈夫的巨大悲痛，决心不再活下去，她深深吸了一口气，然后止住呼吸，接着又吐了一口气，大叫一声，倒在罗密欧的尸体上。

“劳伦佐神父看到朱丽叶断了气，感到非常痛惜，和他的同伴为这一对死去的恋人伤心痛哭了好久。这时，波杰斯塔巡夜的巡逻队为了追捕一个小偷，突然来到墓穴，他们听到墓中有哭声，而且还有灯光，便一齐冲了进去。他们围住神父，喊道：‘神父们，这么早你们在这里干什么？是不是要亵渎这座坟墓？’劳伦佐神父看到巡逻队，情愿赶快死掉也不愿被他们撞见。他对巡逻队说：‘你们谁也不许靠近我，我这人你们是不能碰的。假使你们要问什么事，请在远处问吧。’巡逻队长于是说：‘我们想要知道你们为什么打开卡贝列第家的墓穴，昨天刚葬了他们家的一位年轻小姐。如果我不认识您劳伦佐神父，不知道您是一位正人君子，那我可以说您是来干抢劫勾当的。’神父把灯熄掉，回答说：‘我们干了什么，你无法知道，而且也不该知道。’队长说：‘好吧，我去报告国君。’劳伦佐把心一横，说：‘你要报告就去报告吧。’他们把墓穴门关好，回到修道院。

“当他们摆脱了巡逻队的纠缠时，天差不多已经大亮。有一个人知道了两个神父的事，立即把这情况告诉卡贝列第家。卡贝列第家知道劳伦佐神父和罗密欧要好，连忙去见国君，要求国君不惜动刑，让劳伦佐交代他在墓中找些什么东西。国君让巡逻队把劳伦佐监视起来，不要让他溜掉，然后派人把他召来。他来了之后，国君问：‘今天早晨您在卡贝列第家的墓穴里找什么？您说出来，我们一定要查个清楚。’神父回答说：‘我的国君，我很愿意将这事报告陛下。我是接受安托尼奥·卡贝列第先生女儿忏悔的牧师，前不久她突然死亡，死因不明。我接受过她的忏悔，很喜欢她,但我没有参加她的葬礼,所以我就去给她做祈祷。这些祈祷文如果念九次,就可以超度亡魂。许多人不知道这个情况,还有的人不懂,所以一些愚人便说我去偷死者的东西。我知道我永远不会坏到干这种勾当的地步。我有这件长袍和这根带子就心满意足了,对活人的财宝我不屑一顾,我要死人的衣服干什么!只有那些给我脸上抹黑的人才干这种勾当。'

"国君对他的话将信将疑。有几个教士与劳伦佐神父不和,这时他们得知他是在墓穴里被发现的,于是也急忙进了墓穴,发现里面还有姑娘情人的尸体。他们连忙叫嚷着来见国君,这时国君还在和劳伦佐谈话。他们告诉国君,说昨天夜里卡贝列第家的墓穴里,有一具是罗密欧·蒙德基的尸体。这使所有的人大惑不解,惊诧万分。这时劳伦佐神父看到再也隐瞒不住了,便跪在国君面前,报告说:'我的国君,请恕罪,我在回答您的问题时,我对陛下撒了谎。我这样做,并不是出自恶意或私心,而是信守我向这一对不幸的恋人许下的诺言。'他只好当着许多在场者的面,将事情前后经过讲了一遍。

"国君巴尔托洛密欧·德拉·斯卡拉听了这个故事,极感惋惜,差点儿没掉下泪来。他想亲自看看这对死去的恋人,便在一大群随从的陪同下,前往墓穴。他下令把他俩抬出来,放在两条毛毯上,送往圣芳济教堂。两方的家长都来到教堂,为他们的孩子痛哭。他们虽然相互为仇,但都为两个孩子的死所感动,相互拥抱。由于这一对情人悲惨的死,两家之间长期以来朋友的劝解、国君的威胁、残酷的伤亡以及时光本身所未能消除的仇恨,现在消除了。人们为这对恋人的坟墓制作了一方墓碑,上面镌刻着他们死亡的原因，举行了极为盛大隆重的葬礼，他们的父母、全城的居民和国君都来表示哀悼。

“罗密欧与朱丽叶爱情的悲惨结局就是如此，这是我听韦罗纳的别列格里诺讲的。”

《谈爱情》节选

阿尼奥洛·菲伦佐拉

第一篇

尼科洛在前往巴伦西亚途中被暴风卷至贝贝利亚并被卖身为奴。主人之妻与他相爱,为了爱情,主人之妻成了基督徒。他俩乘友人之船出逃,来到西西里岛。在西西里岛被人认出并被解往突尼斯。船尚未到突尼斯时,又被暴风刮到利伏诺,遇海盗,后获救,返回佛罗伦萨,过着美满的生活。

很久之前,我们这地方有两个出身高贵的豪富子弟,他们不以祖辈的功业自傲安享荫庇,而是靠自己的事业赢得美名,受到人们赞誉,为祖先增光,为门庭添辉。他们的学识与文雅的举止以及其他许多美德,使他们在佛罗伦萨博得了美誉,就连那些自诩为豪杰的人也都表示叹服。另外,值得人们称赞的是他们情同手足,形影不离,一个往东,另一个决不会往西。

这两个青年过着令人艳羡的安逸生活，可是命运之神对他们起了嫉妒之心。有一次，他们中有一个叫尼科洛·台里·阿比齐的，得到舅舅病逝的消息。尼科洛的舅舅是巴伦西亚的富商。既没有子女，也没有近亲，只有尼科洛是他唯一的继承人。因此，尼科洛想要亲自去看看他的家业，便决定前往西班牙，为此他邀请好友科波同行。科波欣然同意。

正当他们择日动身时，科波的父亲忽然患了重病（吉凶难卜），没有几天便去世了。这一来，尼科洛只好只身一人闷闷不乐地前往热那亚，然后乘热那亚的船去西班牙。

但是命运之神怎么也不让他安宁。当尼科洛的船驶离岸边一百海里时，落日余晖中的大海突然白浪滔天，眼看一场暴风雨即将来临。船主见此情景，立即下令采取措施以防不测，但狂风暴雨转眼之间就朝船身袭来，弄得船上的人动弹不得。天突然黑了下来，黑得伸手不见五指。有时蓦地亮起闪电，闪电过后，人们又陷入更深的黑暗之中，周围的一切显得特别恐怖。

可怜的乘客们也想同暴风雨斗争，可是他们的所作所为效果却适得其反！船主有时跟他们说话，但是倾泻而下的哗哗雨水声、浪涛的怒吼声、缆索的嘎吱声、船帆的呼啸声以及飞箭般的闪电雷鸣声震耳欲聋，他们连一个字也听不清。情况越严重，他们越没有勇气，越灰心。你们想，当这些可怜的人们看到船时而要冲上天空，时而又劈开海浪，像是要钻入地狱时。他们是一种什么心情？当他们觉得天空好像变成了大海，正要把海水倾入海中，而大海水面愈来愈高，就要漫到天际时，他们又是何等惊恐？当他们看到别人怕葬身鱼腹，把财物丢入大海或他们自己也把财物抛入大海时,他们又是一种什么心情?

船已经进水,无力动弹,只好随波漂流。它上下颠簸,仿佛在寻找一块礁石,好结束这些遭难的人们的痛苦。这些人已经在束手待毙,他们相互拥抱亲吻,哭喊,呼救。唉!多少人虽然需要别人的安慰,但此时却在安慰别人。然而他们的话语却不时为叹息和哭泣所打断。唉!多少人不久之前还在讥嘲上天,而现在他们的祷告却如此虔诚。有的呼唤圣母玛利亚,有的呼唤圣徒巴厘的尼古拉,有的号啕大哭,呼喊圣徒耶利米;有的要寻死,有的要出家,有的为了赞美上帝要结婚;这个商人愿意抛弃一切财富,那个商人情愿不再放高利贷;有的喊爹,有的叫娘,有的念叨朋友,有的想起了孩子。他们虽然目睹彼此的痛苦,耳闻彼此的哀诉,但仍然互相安慰。所有这一切使这场灾难凄惨百倍。

正当这些遇难的人们处在危急的关头,桅杆被一阵狂风吹断,船身碎成上千块木片,把大部分乘客抛入海中充当鱼儿和海怪的食物。有一些人也许是比较机灵,要不,就是受到命运之神的特别青睐,靠木板保住了性命。尼科洛就是其中之一。他紧紧抱住一块木板,一直漂流到离苏扎数海里的贝贝利亚海岸。几个来这里捕鱼的渔夫发现了尼科洛,很同情他,便把他抬到附近一所小茅屋里,生起了火,把他放在火堆旁。

他们好不容易使他恢复了知觉,当他们听到尼科洛讲拉丁语时,便断定他是基督徒。那天早上他们也不打鱼了,经过商量,把尼科洛送到突尼斯,卖给当地一个著名的贵族拉治·阿麦特为奴。阿麦特见他年轻,面目清秀,就把他留在身边使唤。尼科洛勤勉肯干,机灵麻利,很快就博得了主人和全家人的欢心。

但最喜欢他的是阿麦特的妻子。她是当地多少年来最聪明、最善良、最美丽的女子。她为他神魂颠倒，日夜坐卧不宁，只有看到他或听他说话时才会安定下来。她哄骗丈夫的手段十分高明，丈夫做梦也没想到她有那种邪念，便把这个奴仆赠给了妻子，这使她喜不自禁。头几天她默默地忍受着欲火的煎熬，为了不让丈夫起疑，她愿意再忍受下去。但是因为经常同尼科洛来往，她的欲火愈来愈炽烈，不得不设法把它硬压下去。她多次想对尼科洛表示亲热，但每当她要这样做时，便觉得爱上一个奴隶太丢脸，想到尼科洛不可靠，想到给她的名誉和生命造成的危险，便又作罢了。她一个人苦闷异常，常常自言自语地说：

“你这个傻瓜，欲火一冒头，就得压下去，现在用两捧水就可浇灭，可是等这火把你烧着时，即使把大海的水都浇上也无济于事了。唉，你这个瞎了眼的女人，如果有人知道你还没给这个外国的奴隶基督徒自由就把爱情给了他，让他跑掉，把你这个不幸的女人丢下，叫你为自己的愚蠢伤心落泪，你会遭受多大的耻辱？难道你不知道，幻想无边，欲望也就没有止境。你怎么能指望一个一心只想解除奴隶身份的人的爱情？别胡思乱想啦，抛开那虚幻的爱情吧，如果你一定要置自己的名声于不顾，那你也要找些理由，免得招致太大的耻辱，也好得到知情人的宽恕。

“可我这是跟谁说话啊，可怜虫，我又是向谁哀求！我既然已经有了丈夫，怎能听任情欲的摆布？这样的想法，这样的打算，这样的念头，只有那些无拘无束的人才有，可不是我这样的有夫之妇！

“傻女人，你别胡思乱想，浪费时间，自找痛苦啦，因为这件事你今天不想好，明天会更糟糕。你爱他，一定也要他爱你。你想，他虽是个外国人，无论是你，还是别人，都不应该瞧不起他，因为，如果不是我们的东西就不能珍爱，那为什么黄金、珍珠和另外那些更贵重的东西不论在什么地方价值都同样高。命运之神使他成了奴隶，但并未使他失去优雅的举止和温柔的谈吐。我能感到他高贵的心灵，看出他闪光的品德！命运之神无法改变人的出身。谁都可能变成奴隶。这不能怪他，要怪命运之神，所以我恨的不应是他，而是命运之神。如果我成了奴隶，他也只能根据我的心看出我还是原来的我。这样说来，这并不妨碍我爱他。那还有别的什么？是不是他的信仰不同？哎呀，你这个傻瓜，好像我就那么忠实于自己的信仰，就不能忠于他的信仰？即使我绝对忠实于我的信仰，我爱上他，也不会违反我的信仰，不会做任何反对我们神灵的事。他如果也爱上我，说不定我还能劝他改信我们的宗教呢！这一来，我一下子就能把事情办妥，对我对天主都有好处。

"既然如此，我为什么还跟自己作对？为什么不去寻欢作乐？为什么不遂自己的心愿？看来我是担心我违背了爱神立下的规矩吧？如果我这个可怜的婆娘只能充当爱神火刀上的火绒，以为可以避开成千上万的圣人贤士无法避免的事，那我就太蠢了！但愿我的欲望能战胜这种种理由，但愿我这个年轻娇弱的女人没有违反如此强大的主宰的意志。"

这位陷入情网的女人自言自语地考虑了很久，最后终于让爱神按照她的心愿把她推向的那一头占了上风。接着，她便不失时机地把尼科洛拉到身旁，向他倾诉相思之苦，要他接受她的爱情。

尼科洛听了她的话，沉吟起来，脑子里乱哄哄的，他不由得起了疑心：女主人这样做是不是要考验他？他已经打算回绝她了。不过，尼科洛又暗暗地一一回忆起女主人所做的爱情表示，觉得她比这一带其他的女人朴实多了；尼科洛又想起了安维尔伯爵和法国王后的故事①和其他许多故事，最后他决定（反正豁出去了）听她的。于是他就这样办了。

尼科洛不知是要引她上钩，还是想考验考验她或者是看看她的为人如何，在没有明确表态之前，先不和她谈这些问题。等她按捺不住，硬要与他成就好事时，尼科洛看出来自己已经居于主动地位。为了实现他的第一步计划，他决定让她改信基督教，然后再与她成欢。于是他便说了许多好话。他说，对她的任何要求他都同意照办，不过要她答应一个极小极小的条件。女主人觉得她已等得不耐烦了，一心只想与他效鱼水之欢，所以也不考虑尼科洛会提什么条件，便满口应允，并保证办到。这时尼科洛便娓娓动听地把他的意思说了一番。

起先女主人觉得这条件太苛刻了，如果不是她有求于人，我可以肯定，她准不会干出这种蠢事来。不过爱神有时也会创造奇迹，竟把她劝过来了。经过多次犹疑和反复思考之后，她不得不说：“随你的吧。”

于是——我们长话短说——当天她就受了洗礼，当天就和他举行了婚礼，当天就成了亲。她觉得新教的洗礼太甘美了，就像当年的阿莉白②一样，一再责怪自己为什么不早点品尝新教的滋

①见《十日谈》第二天第八个故事。

②见《十日谈》第三天第十个故事。

味；她觉得这些刚认识的深刻道理十分称心，不过只有当她尝到了新教义的滋味时，才觉得浑身特别舒畅。

正当尼科洛和女主人像师徒一样神不知鬼不觉地过着甜蜜美满的生活时，尼科洛的好友科波来到了突尼斯。原来科波听说尼科洛遭难，特地带了一大笔钱前往贝贝利亚营救尼科洛。

科波刚一上岸(他来此也不易)，便碰上了外出回来的尼科洛和女主人。他们好不容易才彼此认出来，又是拥抱又是亲吻，简直没有个完。尼科洛得知朋友来的原因时，对他表示感谢，同时又嘱咐朋友不要对任何人提起他已经遇救的事，到时候他自己会和朋友谈。尼科洛还答应另外找时间把他为什么这样做的原因告诉朋友。他们约好第二天见面的地点之后，没再说什么，便分手了。

女主人连忙问尼科洛这个人是谁，谈了些什么，因为她总是提心吊胆，就是见到飞鸟也担心它会把她的男人抢走。尼科洛随口编了个理由，她这才放了心。

谁都知道，尼科洛念念不忘回家，不过他知道这个情欲似火的女人一旦有所觉察，不是把他毁掉，就是把他的计划打乱。他左思右想，不知如何是好。这正是他不让科波跟别人提起他遇救的原因。此外，我觉得，长期以来他心里激荡着的伟大爱情(你们一定知道这句话：爱情是要被爱的人去爱[①])在他的生活道路上撒下许多危险和疑虑，因而他情愿听从命运的安排，在这个地方住下去。但是他并未因此而忘乎所以，他知道他的恋人如此耽于情欲，早晚会被拉治·阿麦特发觉。

①见但丁《神曲·地狱篇》第五歌。

他经过考虑之后，好几次想要试探她，问她想不想随他一起到家乡去。尼科洛看到她一心只想着他，便觉得完全有把握劝她走；不过由于以前他没有办法，又没有钱，走的事只好不提。现在科波来了，这正是一个好机会，一切都不成问题，便决定先和她谈谈，以后再提和别人一起走的事。因此，他和科波见了面，经过详细商量之后，决定一旦这位美人愿意走，便立即动身。

尼科洛找了个适当的时间和地点，对她说：

“我最亲爱的夫人，有的灾难一开始就可以设法避免，等你到遭难时才想逃脱的办法，这不过是事后逞聪明。我们要是不愿意‘事后逞聪明’，那我们就要趁没出事的时候，避开爱情带来的危险。爱情已经把我们弄得晕头转向，这你可能比我更清楚，我简直担心，或者说，我毫不怀疑，如果我们不采取措施，我们的爱情一定会给我们招来杀身之祸。因此我已经考虑过好多次，想办法逃脱这个严重危险。我觉得有两个办法做起来还不十分困难，第一个，比方说，慢慢结束我们的肉体之欢，不过如果你的欲火比我还炽烈，那你一定无法忍受，相比之下，另一个办法就简单多了，我看似乎倒比较合适。乍一听你可能觉得这个办法难以实行，不过你如果好好考虑一下，你一定会同意，因为你会发现这对你丈夫有好处，可以保住他的面子，而且还可以使我们放心大胆地安享夫妻之乐。

“这个办法便是和我一起去我们美丽的意大利。如果拿意大利和这个地方相比，那就无须我多说，因为你以前常听到我和别人讲起，在意大利中部美好的天空下坐落着佛罗伦萨，我最可爱的家乡（这话对谁说都没关系），佛罗伦萨是世界上最美丽的城市。她的神殿、宫殿、私邸、笔直的大街、宽阔美丽的广场以及城外那些建筑就不必说了；佛罗伦萨简直就像天堂，它的郊区、花园比任何一个城市都更为富饶美丽。只盼上帝开恩，让我们平安到达那里。因为只有上帝知道你在那里将是多么快乐，到那时你一定会天天责怪自己为什么不首先提出跟我走。

"我们不谈对你有好处和使你高兴的这些事了，因为这和对我的好处与使我高兴的事相比是不一样的；就算你想到另一个地方去，但最主要的还不是因为你想把你的情人从这个叫人担惊受怕的处境中解救出来吗？他太爱你了，为了不离开你，他才留在异乡为奴，如果回到家乡，他就能当个自由人。是的，可以回故乡去，因为现在我可以毫无困难地找到一个逃出牢笼的办法，不过你一定要同意照我的意思办才行。这两天我同那位基督徒商量过，我们差不多已经谈定了。不过千万不能让我离开我的爱人，我的夫人，我的心肝。我知道她爱我，相信我的话，我好像已经看到她要照我的心意去做了。

"唉！夫人，是什么妨碍你，不让我马上听到我想听到的你那些亲切的话？也许你觉得离开故乡太不合情理吧？难道你不明白，对你这样勇敢的女人来说，四海都可以为家嘛！如果我像你千百次说过的那样，是你的幸福，那么我要去的地方也就是你的故乡，那里有你的丈夫，你的亲人；这里的亲人，不论有多少，就算每家有一百个吧，你到了那里不是一样也可以找到吗？你和我们那里的人，特别是和我的妹妹来往，你一定会非常高兴，你甚至会有一种脱离了野兽世界来到人间的感觉。当我的妹妹——她的天生秀丽就不必说了——知道你为了我来到我们这里，她一定会亲热、高兴地接待你，你将会每天上百上千次感谢我，感谢我把你带到这个充满幸福的国家。

“至于我们那里的男子怎么样，那我们就不必争论了，你早已给他们做过评定，如果说我虽然无法同他们相比，但你却认为我是你勇敢的丈夫，过去和现在都博得你的欢心，使你把自己也献给了他的话，那么对其他那些男子你就更喜欢了，因为他们更值得你这样的行家青睐。

“尽管你听了我这些理由之后，你的心已经动了，不过你可能还怕在你走后这里的人会议论你，对吗？哎，我的夫人，但愿这不会拖累你和我：一个人的名誉比什么都重要，这种说法我并不否认，我也不是说，人家在背后议论，我们可以置之不理，不过我认为，无论是你或是别的什么人对那些诽谤、诬陷都不必在意。谁能因为你抛弃伪教改信真教，或因为你逃离同我们基督徒不共戴天的敌人而指责你？或是因为你救了我，使我不再为奴，并且又跑到我的家乡栖身而指责你？有见识的人都不会这样做！相反，倒会有无数的人因此而夸奖你，赞扬你。

“我的心肝，你在想什么？是不是你在拿主意时觉得有许多困难与危险？如果是这样的话，那我就要怨你了，因为我目前虽然无法预见到什么危险（即使真有危险，我也无法预见），但是如果在这里待下去，继续恣情欢乐，肯定是有危险的。谁不会孤注一掷，以避厄运？至于困难，那可以由我承担，只要上帝不使我失去你对我的厚意，让我能做一个快乐的奴隶，我就可以向你保证：在前两天你看到的和我谈话的那位朋友的协助下，我们一定可以平安无事地乘他的船离去。

“我最亲爱的夫人，你瞧，我把我的重要打算都对你说了，可见我多么相信你。请你想想这个主意有多大好处吧。你完全可以相信，无论是你对自己名声的担心，还是对困难与危险的恐惧都不应阻拦你。因此请你准备好解救我，使我不再当奴隶，准备陪伴我回到我的故乡，不，不是，是到你的故乡，找你的亲人和你的妹妹，她早就在等待着我们，正含着眼泪，合起双手，央求你把我和你一起送还给她。”

他一面说，一面流泪，做出情意绵绵的各种表示，即使铁石见了也会动情，因为他觉得一个男子在这种情况下应该这样做。说完他就沉默不语了。

他的话深深打动了这位热恋中的少妇的心，虽然她觉得这个决定来得非常突然，难以接受（因为她想到会有许多困难与危险，又想到男人对轻信的女人所干的那些背信弃义的勾当），但她这位心胸豁达的女子在能使高山变为平地的伟大爱情驱使下，便一口答应他的要求。

于是（我不想再啰唆了）他和科波在商定行动的时间与办法，并做好一切必要的准备之后，年轻的夫人打点好事先存下的许多金银珠宝，在一天早晨，假装外出散步，便和尼科洛一起去找科波的船。他们一到，她便装作上船参观，离开岸边的人上了船。他们刚一登船，船便扬帆而去。和他们一起来的人直到他们走出了半海里路才明白过来是怎么一回事，他们又尴尬又气恼，回到家里把经过告诉拉治·阿麦特。

你们不难想象，阿麦特立刻大嚷大叫起来，想尽一切办法追赶他们。但是船正逢顺风，等阿麦特动身追赶时，他们已经开到西西里岛了。

到了西西里，他们在墨西拿港下了船。他们怕夫人旅途辛劳，需要休息，便决定进城，将她安顿在当时一家最好的旅店里。

正在这时西西里王也到了墨西拿。前来同西西里王进行重要谈判的突尼斯王的使节也住在这家客店里。这位使节多次看到这位女人，觉得很面熟，他正怀疑是不是他认识的那个女人时，接到一封突尼斯王给他的诏书，命他在西西里王或是别的什么人协助下，一见到这个女人，立即设法把她扣下，送回国内还给她丈夫。使节一看完信，断定就是这个女人，马上直接求见西西里王，转达突尼斯王的意思。西西里王立即把女人和两个青年弄来，没费什么劲便认出她正是使节要找的那个女人。为了讨好突尼斯王，他也不找什么借口，即刻下令把他们送回去。

当他们听到这个消息时，可怜的女人和倒霉的尼科洛以及科波是一种什么心情，我简直连千分之一都无法描述：他们又是喊叫，又是哭泣，又是哀求。他们被押送到港口，登上了那条船（突尼斯王的使节已将此船交给自己人驾驶），以突尼斯王的俘虏身份，被送往贝贝利亚。

天气晴好，风平浪静。他们来到离卡发根角只有几海里路时，已经使可怜的尼科洛受了这么多折磨与考验的命运之神，决心改变航向，它掀起了狂风暴雨，把船往相反的方向刮去。没过多久，船就到达了离利伏诺不远的第勒尼安海面上。船桅也没有了，缆索也没有了，千疮百孔的船落到了比萨海盗之手，女人和两个青年花了许多钱财才赎回了性命，来到比萨。他们在这里住了几天，给受了许多惊吓和折磨的年轻女人治病。

当她开始清醒时，便前往佛罗伦萨。到了那里……不行！不要说描述了，就连大胆想象，也无法想象出她所受到的热烈、盛大、亲切的欢迎！她在这狂欢的气氛中度过了好几天，等她恢复了健康，心情欢快之时，尼科洛再次送她去圣佐瓦尼教堂，让全城的人庆祝她的洗礼，并给她取了个比亚特利切的名字。尼科洛决定按照基督教的仪式为她举行盛大的婚礼与庆祝活动。为了巩固和科波的友谊，尼科洛还决定把妹妹嫁给科波为妻，因为妹妹不仅美丽非凡，而且和哥哥一样善良。两对新人都举行了豪华的婚礼。比亚特利切夫人愈来愈觉得，住在这个地方，和这里的仕女交往非常愉快。她确信尼科洛对她说的都是真话。姑嫂二人彼此十分敬爱，简直说不清是两个女人之间的友谊深还是两个男人之间的友谊深，因为他们四个人从来没拌过一句嘴，和睦相处，其乐融融，整个佛罗伦萨都称赞不已。他们越来越快乐、越幸福，越来越操心怎样使对方高兴，虽然天天见面，天天来往，心中一点也没有烦腻单调之感，相反，他们彼此越来越关心体贴，幸福地度过了漫长的岁月。

第二篇

伏维奥爱上了梯沃利城里的一个少妇，他男扮女装，潜入少妇家中。少妇发现她是男身，喜不自胜。正当他们纵情欢乐时，少妇的丈夫发现伏维奥是男子，不过听信了他的话和朋友的话，认为伏维奥是到他家之后才变成男身的。于是便把他留在家里，让他生儿子。

在梯沃利这个最古老的拉丁城市里,有一位名叫契克安托尼奥·佛纳利的贵族。正当别人对结婚一事懊丧不已时,他却想要结婚了。他和别的老头子一样,也想娶个年轻美貌的妻子。正好有个叫朱斯托的,是科罗纳蒂一族人,家境殷实,但他因为有好几个女儿,舍不得办嫁妆,便把其中一个美貌可爱的女儿嫁给了契克安托尼奥,使他如愿以偿。姑娘之所以早就想离开娘家,舍弃双亲的疼爱,就是为了享受夫妻之乐,但是契克安托尼奥年老力衰,精神不济,她的希望竟成泡影,心中十分难过。到了后来,她对丈夫的咳嗽、流口涎等等衰老的表现实在厌烦了,决心自寻乐趣。她想,一旦有机会,便找一个比她亲爹更心疼她的人,保证满足她的青春需求。

命运之神十分同情她的想法,几乎超出她自己的预料。有一年夏天,一个叫伏维奥·马卡罗的罗马青年同他的朋友麦尼科·科沙来梯沃利游玩,见过这个年轻女子几次。伏维奥见她十分美丽(她的确很美)便一心爱上了她。伏维奥把心思告诉麦尼科,让他设法成全此事。

麦尼科这个人神通广大。他满口应允,让伏维奥放心,只要伏维奥肯乖乖地听他指挥,他保证能让伏维奥如愿以偿和那个少妇欢叙。伏维奥因为心中只想着那个女人,没对他说"明天再说吧",而是立即答应说,只要能早点解除他的相思之苦,他就一切从命。

麦尼科接着说:"听说你看中的这位少妇的丈夫正在给她找一个十四五岁的丫头,过不久,再把丫头嫁出去,这是罗马的风俗。我看你正好趁机进去,愿意去多久便去多久。事情是这样的：我们有个街坊，是塔里亚科佐人，他常帮我们干活，和我是好朋友。昨天早上——我记不得他有什么事找我——他告诉我，那老头子托他找个丫头，他过几天就要出门，找到丫头后就送回来。这个人家里很穷，愿意给有钱人家办事，我们只要给他几个钱，他一定肯听从我们，这一点我有十分把握。他可以假装到塔里亚科佐去，过20天或个把月回来，然后把你打扮成那里来的乡下小姑娘，冒充他的亲戚，把你带进那位少妇家；到了那里，你有没有胆量，就全看你的了，事情不成功只好怨你自己。你的皮肤白净，最近十来年不会长胡子，而且一张脸又像女人，所以人家准会把你当女人看。另外，我知道你的奶妈正好又是那一带的人，你讲话的口音和那一带的农民讲话没有什么两样。"

这个可怜的恋人连连点头表示同意，他像热锅上的蚂蚁，只盼着这一天的到来。他仿佛觉得已经和心上人在一起，帮她料理家务了。这虽然只是幻想，但他十分满意，好像真事一般。麦尼科与伏维奥毫不拖延，立即找到了那个人，那个人当即表示同意，事情全部谈妥。过了不到一个月(我不想多费口舌)，伏维奥已经当了少妇的侍女，他手脚勤快，没多久，便不仅博得了拉维尼亚(这是少妇的名字)的欢心，而且家里的人都很喜欢他。

正当留奇亚(这是新来的"侍女"给自己取的名字)想换个花样，不要总是铺床叠被来服侍女主人时，契克安托尼奥有事要到罗马去几天。拉维尼亚一个人在家，便让留奇亚陪她睡。第一天晚上，当她俩躺下，留奇亚因这意外的机会喜不自胜，迫不及待地等拉维尼亚睡下好犒劳自己，拉维尼亚也在想找个人替她解闷，便兴冲冲地去拥抱侍女，与她接吻。她玩得高兴，一只手竟伸到那男女有别的地方,她发现这个侍女并不是和她一样的女人,大吃一惊,就好像是在草丛中摸到蛇一般,连忙把手缩了回来。

留奇亚不敢作声,只等着看这事怎样收场。拉维尼亚呆呆地直瞪着他,疑心这是不是留奇亚。当她看到的确是留奇亚时,她也没说什么,怀疑刚才也许是弄错了,便想再去摸一下,一摸,果然没错。她这时怀疑自己是不是在做梦。接着,她想也许她的感觉不可靠,便掀开被子,想看个究竟,她发现这个男人的脸上涂得像雪一样白,还抹了胭脂,这时她才相信,觉得这正好给她提供了享受青春欢乐的机会。她大着胆子,问留奇亚:

"哎,今天晚上我看到的是什么啊?我知道你刚才还是女人,可现在我看到你变成了男人。这是怎么搞的?我以为是我看错了,要不你就是个妖怪,来戏耍我的。我一定要弄清楚是怎么回事。"

她一面说,一面挪动身子,和他交欢。这一来她才知道他不是什么妖怪,她也不是在做梦。这光景你们也不难想象。不过你们别以为第一次甚至第三次之后她的疑心就消除了,我敢说,如果她不怕留奇亚变成妖怪的话,就是第六次她的疑心也无法消除。她含情脉脉地要留奇亚告诉她是怎么回事。

留奇亚把事情的经过自始至终一五一十地都告诉了她。她听了之后,欢喜不尽,原来这个后生为了她竟敢冒这样大的风险。接着,他们又说了许多柔情蜜意的话,等他们起身时。已经是日上三竿了。他们商定,白天在人们面前留奇亚仍然要男扮女装,到了夜里或者只有他们两人时,再变成男人。说完,他们走出卧室。他们这样过了好几个月,家里的人都还蒙在鼓里。

如果不是契克安托尼奥的话，他们还可以这样过好多年。这个老头虽然已经像匹老驴，十分勉强地给老婆的磨盘送上点谷子，但是看到家里还有个长得很标致的留奇亚时，竟还想分一点谷子加在她的磨盘上，所以常去缠她。留奇亚怕不知哪天会出事，便以天主的名义央求拉维尼亚把这个负担给搬掉。

我说不准拉维尼亚是生气还是假意发牢骚，不过当她和丈夫躺下时，可以肯定地说，她没尊称他为先生。

"瞧你，"她说，"好一个英勇的步兵，现在竟要出风头改行当骑兵了！你要是年富力强的话，你可能干呢，可现在你一只脚已经入了土，不知什么时候你的末日就会来到，却想把这么漂亮的首饰戴在我头上，给我加冕[1]？老糊涂，你别去作孽啦，再说你也没本事去作孽了：你难道看不见，就算你是钢打出来的，你也派不了什么用场了么？哎，若是你把这么好的一个小姑娘给……我差点说出口啦，你可光彩呢：瞧，这就是给她办的嫁妆，算给她找到男人啦！她的父母要知道他们把羊羔投入了狼口，他们该多开心，亲戚们有多高兴！你说说看，要是人家也这样对待你，你会怎么想，老东西？要是有人来调戏我，难道你不会大发雷霆，吵得四邻不安？你明白不明白我要跟你说什么？你如果不改，那你就是迫使我想那些到现在我还不曾想过的东西。要是以后你不出丑，我就不是人！走着瞧吧，我会让你找到你想要的东西：既然我知道好言相劝没有用，那我只好做恶人了。反正就是这么回事：在这腐朽、万恶的世界上，谁想过得快活，谁就得作恶。"

她一面说，一面使劲挤出两滴眼泪。她的话使老头大为感

①指丈夫不忠于妻子。

动,他请求她原谅并保证今后再不找小丫头说话。不过他的保证并不作数,既然眼泪和哀求是装出来的,那么眼泪和哀求唤起的怜悯也不会出自内心。果然,过了几天拉维尼亚去参加托巴多家的婚礼,因为留奇亚有点不舒服,没让他去。不知在房间的哪个地方这个老色鬼看到留奇亚正在睡觉,便用手把她的裙子撩起,想同她春风一度。没想到竟摸到一样东西。

老头惊呆了,呆呆地愣了好久。他不禁胡思乱想了一番。他恶狠狠地问这究竟是怎么回事。留奇亚听到这凶言恶语,起先吓得手脚冰凉,但他和拉维尼亚早已准备好了对策,而且也知道这个老头脑袋比较简单,分辨不出真假,话虽然厉害,人实际上并不凶恶,所以一点也不慌张,装出一副哭丧的样子,求老头听他解释。老头见了,便安慰了他两句。然后他低下头,声音颤抖地说道:

"先生,你知道,当我来这里时(这一天真可恶,这件丑事是到这里以后出的),我不是今天这副样子,因为这个东西(天啊,我的命真苦!)是三个月前长出来的。有一天我洗衣服,觉得很累,这个东西就钻出来了,起初很小很小,后来愈长愈大,变成现在这个样子。前两天我要不是看到你那个大侄子也有这个东西,我只以为这是个毒瘤,因为它弄得我坐卧不安,总是想干点什么,究竟干什么我自己也不知道。我羞得要命,对谁也不敢提这件事。不过我问心无愧,我求你看在天主和德·乌里沃圣母面上,可怜可怜我,对谁也别提这件事,与其让人家知道这件见不得人的事,我情愿先死掉。"

这个好心的老头简直不知如何是好。他看到留奇亚的眼泪簌簌而下，听他娓娓动听的解释，几乎信以为真。不过他觉得这到底不是小事情，而且又觉得拉维尼亚如此疼爱他，便疑心其中必有文章；拉维尼亚发现“这件事”，肯定干了对不起他的事。因此他一再逼问留奇亚，拉维尼亚知道不知道“这件事”。

“一点不知道！”留奇亚大着胆说，因为他觉得事情有了转机。“我一直怕人知道这件丑事，我可以再说一遍。我宁可死，也不愿让人知道。如果天主能把我这个病除掉，那么世界上除了你，没有第二个人会知道了。天主保佑，但愿以后我能恢复女身，说实在的，我已经吃够了苦头，看来我也活不久了，因为我除了见到你觉得难为情以外，我总感到两条腿当中有个东西（我差点没说出来）晃来晃去，再难受不过了。”

“好吧，孩子。”心软下来的老头接着说，“眼下暂时忍忍吧，对谁也别提，说不定能找到治这个病的药。这事让我来办，不过最要紧的是别告诉太太。”

老头什么也没再对丫头说，满腹狐疑地去向当地的医生康索洛硕士和另外几个人讨教。

这时拉维尼亚参加过婚礼回到家里。留奇亚把事情都向她讲了（我让你们自己去判断她对此满意还是不满意。至于我，我认为，她听到这个消息时比她知道要嫁给一个老头子还难受）。

契克安东尼奥向别人讨教这件事，他听到有人这样说，有人那样说，回到家里愈加不放心。当天晚上什么话也没说，决定第二天早上去罗马找一个有学问的人给他解决这个疑难。第二天一大早他就骑马前往罗马。到了罗马，在一个朋友家住下，稍微吃了点东西，便到大学去，他估计在那里可以找到人替他解释这件事。正好他碰到那个把留奇亚弄到家里来的人。这个人有时闲来无事便到大学来走走。老头看到这个人穿得很神气,颇受人敬重,以为他是个了不起的学者,便把他领到一边,悄悄向他请教。

麦尼科十分熟悉老头的脾气,一听就知道是怎么一回事,不禁暗自好笑,说:"你算找对人了。"他发表了一番宏论之后,便向老头暗示,这种事不仅可能,而且屡见不鲜。为了让老头对他的话深信不疑,他把老头领到一个叫雅科波·第·钟塔的人开的书店里,向他借了一本意大利文的普利尼著作①,把第七册第四章中讲的这种情况给他看,还把巴蒂斯塔·弗列戈佐在谈奇迹这一章中写的这方面的情况找出来让他看。这一来,老头彻底放心了,即使天地翻过来,他也不会再加怀疑。麦尼科看老头已经堕入云里雾中,一时醒悟不过来,便又不厌其烦地劝他不要撵走那个丫头,因为这种人在哪里,哪里便有福,不仅能帮助人家生贵子,还可以有许多别的好处。然后,麦尼科又一再说,如果老头执意不要这个丫头,那就把丫头给他,他愿意要。麦尼科说得头头是道,这一来,人家就是出一千个弗罗伦②,好心的老头也不肯把留奇亚让出去了。

老头对这位义士一再感谢,表示愿意把财产都送给他,然后同他告别,急急忙忙赶往梯沃利,看看他能不能让他老婆生个男孩子。当天晚上他便使尽浑身解数全力以赴,留奇亚也不遗余力

①普利尼(23—79),古罗马作家,著有《博物志》。该书成于77年,共37卷。

②意大利13—16世纪流通的金币。

协助他，不久拉维尼亚果然怀了一个男孩。正因为如此，留奇亚便全心全意地侍候她。后来留奇亚不做丫头了，但他仍然自由出入他们家，老头从来也没起过什么疑心，或许，他也不想看到什么。

《小说集》节选

马特奥·班戴洛

第一卷　第三篇

一位太太捉弄一位年轻贵族，后来遭到这位年轻贵族报复[①]。

不久之前，在伦巴第省的某城有一位高贵的太太，丈夫是个富有的贵族。她比同样地位的女人更为狡黠任性。她最大的乐趣便是嘲弄别人，有时还常常拿她身边的男伴取笑，当着别的女人的面一会儿嘲弄这个，一会儿又挖苦那一个。谁也不敢向她献殷勤，更不敢与她亲近，因为人们都知道她喜欢搬弄口舌，一有机会便说人坏话，恶语伤人。男人们都觉得不应该跟女人争论是非，对她们应该迁就退让，加之她出言尖刻恶毒，不把任何人放在眼里，所以人们对她都敬而远之。不过这位太太姿色秀美，俏丽

①这篇小说与薄伽丘《十日谈》中第八天第七个故事有相似之处。许多文学评论家认为这篇小说是班戴洛创作技巧的范例。

动人，她举止优雅，一举一动都给她的美色增艳添辉。像她这样的美人整个伦巴第找不出第二个。

有些男士因为不了解这位太太的脾性，拼命追求她，有的甚至钟情于她。而她一旦领会到这些男人的充满柔情的目光之后，便开始千方百计拿他们开心取乐，把他们甩掉，这些冒失的男士们只好任她嘲弄。这位太太虽然令人厌恶，然而却十分喜欢人家欣赏她的美色。她为了引诱男人堕入情网，往往装得像爱上了某一个人，可是到头来，她又不知动什么脑筋，装出一副好像谁也不认得的样子。

城里有一位出身名门、豪富之家的少年，虽然听到许多传闻，说这位太太喜欢讽嘲别人，而且刻薄任性，但当他目睹她的美色之后，只当她是仙女下凡，弄得日思夜想，六神无主，茶饭无心。他反复思量关于她的议论，想到好事有望时便兴高采烈，想到无望时便无精打采，最后他决心想方设法博取她的欢心。于是他便开始在她住的那条街上流连徘徊；每当见到她时，便施礼问候，无论如何也要停下来与她攀谈几句。尽管他不敢向她吐露真情，但他的叹息和炽烈的目光已经表明了他的心事。这位太太实在狡猾奸刁，少年的痴情使她感到可笑，因而她越发自命不凡，自以为是绝色美人。有时对他频送秋波，使他渐渐觉得这位太太对自己深有情意。

少年有个姐姐，住的地方离这位太太不远。由于某些原因，我不好说出她们的真名实姓，就连他们住的那个城市我都没有说，现在我们把少年的姐姐姑且称作巴巴拉，把这位太太称作艾列奥诺拉。巴巴拉寡居，膝下只有一子，年纪尚幼；丈夫死后，留给他们母子一大笔遗产，家里的事都由巴巴拉操持。少年——我们姑且称他为篷培约——每次去看姐姐时，必须在艾列奥诺拉门前走过，加之巴巴拉与艾列奥诺拉太太又相处得不错，常常见面，所以篷培约把这当作是他求之不得的福分。有一天，篷培约欲火难熬，便向这位年轻的太太吐露爱慕之情，乞求她垂怜，允许他为她效力，并说了许多堕入情海的人在求爱时常说的话。她一点也不喜欢篷培约，但又不能讥讽他，因为他是当地名门之子。她劝篷培约另寻所爱，不要再对她说这些话，可是篷培约依然故我，一有机会，便紧随不舍，不断向她表白爱慕之情。但她对他的冷漠与日俱增，这使他感到绝望。

大概是在6月底，有一天，篷培约偶尔得知艾列奥诺拉的丈夫外出，便决心去找她谈谈，要她答应他的要求。在爱情的鼓舞下，他信心十足，勇气倍增。他跨上骡子，带了几个家人，朝她家走去。到了她家之后，他让家人们牵着骡子到他姐姐家等候，自己单身一人潜入艾列奥诺拉家，这时约莫下午三点钟。正好他走运，艾列奥诺拉白日不睡觉，正坐在客厅外的一间屋里绣花。篷培约没碰到任何人阻拦，径直来到客厅，朝门里一看，正见到这位美人，便朝她走去。她一抬头，看到是他，吃了一惊，因为只有她一个人，别人都在睡觉。没等他开口，她便说道：

“哎哟，我真是苦命，是谁把你带进来的？”

他深深行了个礼，说他听说她丈夫外出，决定找她单独谈谈；他把仆人都打发到姐姐家去了，一个人来到这里。他刚要倾诉思念之苦，便被艾列奥诺拉打断。她高声说：

“哎，糟糕，糟糕！你这一来使你我有性命之虞！我的名誉也有被玷污的危险！你要知道我丈夫就在城里，马上就要回家了。他是午饭后出去办事的，现在一定都办完了。唉，篷培约，你要是能替我想想，要是你爱我，那你就走吧。我浑身都在颤抖，我觉得他已经回来了。"

她刚说完，外面果然传来了她丈夫的声音。他说话的声音很高，艾列奥诺拉一下子就听出是她丈夫。篷培约也听出来了。艾列奥诺拉吓得直打哆嗦，篷培约也吓得发抖，不知如何是好。她丈夫还未下马，正在门外跟人谈话。

艾列奥诺拉蓦地想出了个办法：屋子里有个大筐，她把里面的东西倒出来，让篷培约躺在筐子底，不要动弹，上面再仔仔细细地盖上衣服和杂物，叫谁也看不出破绽。然后，又把在旁边一间屋里睡觉的丫鬟叫醒。这时她丈夫下了马，走了进来。艾列奥诺拉亲切安详地问道：

"谁呀？"

丈夫应了一声，走进卧室，坐在床上。

"我亲爱的，"他说，"刚才我从一位落魄的朋友那里买下一把古战刀。这种刀城里根本看不到，就是方圆千里之内也没有第二把。我想把它好好磨磨，再配上漂亮的丝绒刀鞘，送给我们的好友布鲁斯科船长，他早就想弄这么一把刀。"

他叫人把刀拿来，让妻子看看，接着说：

"你见过吗？"

妻子笑着说：

"我才不稀罕你的刀呢，这不是女人家的事，我又不懂这一套，刀好不好我说不准，不过要是这刀上有装饰和镀金，我倒很喜欢。我真不明白你弄这么多刀有什么用，储藏室里都被你的刀塞满了，那些战刀和土耳其军刀有什么用，连切干酪都切不动。你还是把钱拿去买有用的东西吧。”

“那可不行，”他说，“你天天要买的那些发帽等小玩意儿，反正少不了你的，你不仅少不了新帽子、新衣领、金线流苏的床罩，就连车也要四匹那坡利或弗里西安马来拉，否则，你就没脸见人。”

“不错，不错，”妻子回答说，“你总是说女人坏话，而且言行不一。我们女人就少不了这些小玩意儿，有了这些东西才能过日子。我们要是穿着马马虎虎，不把我们的天然美好好修饰一番，你自己准又会讥笑我们，说我们太随便，穿得像无知无识的乡下女人和厨娘。你一见到一位打扮入时的女人，即使她长得丑，只要脸上涂些脂粉，特别是东方地区的脂粉，你就会像苍蝇见了血一样去找她。你知道，我对你的心思反正是摸透了。好吧，你那些刀怎么办？多得可以装备一个军了，不过那些战刀却连干酪也切不动，这话不错吧。”

“好吧，”丈夫说，“如果我一刀下去不能把马劈成两半，那就让我不得好死，让我的手烂掉。瞧，这刀多锋利，多好。”

妻子只笑了笑，她站起来，朝篷培约藏身的地方跑过去，把一只手搁在筐子上面的一件红丝绒衣服上说：

“我敢和你打赌，你砍两下也砍不断我手里的这些衣服。”这时她的手正搁在篷培约的两条腿上。

她要丈夫劈衣服是想吓唬篷培约，她明知道丈夫不会这样做。

读者们，你们想想篷培约是一种什么心情吧：他听到艾列奥诺拉这句话时吓得面无人色，几乎要从筐子里跳出来。但他只身一人，手无寸铁，他以为艾列奥诺拉的丈夫是由仆人陪着来的，手里还握着刀，因此他惊慌不已；他仿佛看到他已经躺在断头台上，刽子手正举刀劈下来。他一方面胡思乱想，一方面安慰自己，觉得他上面有那么多衣服，一刀未必能劈得透，于是只等着看艾列奥诺拉这个缺德主意如何收场；他浑身直冒冷汗，像结了一层冰似的。

我们这位太太要和丈夫打赌，说他无论怎样也劈不透这些衣服。她丈夫回答说：

"爱妻，这不行，如果我弄坏衣服对你或对我都没有什么好处，只有损失。还是换一种东西来试吧。你可以看到它比任何剃刀都快。"

"不，这个赌一定要打，"艾列奥诺拉说，"如果你一刀真能把这些衣服劈透，我就给你做一件锦缎坎肩，要是劈不透，那你就花钱给我做一件白缎衫。"

艾列奥诺拉有自己的进项，姨母留给她一笔遗产，数目还不小，所以她才能和丈夫打赌。丈夫看到妻子一定要试试这把战刀，怎么劝她也不行，便同意了。他站起来，举起手说：

"砍什么地方？"

她的手原来是在篷培约双腿上面的衣服上，现在她把手移到他的胯骨上面，说：

"只要你有胆量，就往这里砍吧。"

"你说着玩还是当真？"丈夫问，"我保证立刻办到。"

“当真，一点不假，”她回答，“我就怕你不用劲。换个地方，往这里砍吧。”

她说着，便把手搁在篷培约胸口上的衣服上，后来又移到他脖子的地方，说：

“你看到这根黄带子了吗？就往这里砍。”她的手仍指着篷培约脖子的地方。

她丈夫真要劈了，说：

“你闪开。你既然想要看看这把战刀多么锋利，那我就要劈啦。”

篷培约身子上下都是衣服。这时她笑盈盈地对丈夫说：

“说真的，我不相信你敢劈我的衣服，要是把这些衣服弄坏，那我又得去做新的。算啦，别用我的衣服来试你的刀啦。”

她一面说（后来还说了许多别的话），一面把丈夫推出房间。丈夫骑上马，到外面去散心了。她又把婢女们都支开，回到屋里把那个倒霉的人放出来。只见他已面无人色；他心里暗暗咒骂艾列奥诺拉，咒骂自己，咒骂自己的爱情。艾列奥诺拉朝他微微一笑，说：

“现在你可以远走高飞，别再缠我啦。你要注意，如果你再敢到家里找我，我就给你厉害瞧，说不定手段还要辣。”

篷培约鼓起精神，回答说：

“夫人，我这样做都是因为爱你，没有别的。”

她不肯听篷培约的表白。篷培约又是爱，又是气，悻悻离去。他暗暗思忖如何才能充分享受爱情的欢乐，对她进行报复。后来他想出了一个非常好的主意，此刻只等待时机。他仍然像从前一样追求这位太太，跟踪尾随。她一见到篷培约，便想起拿他开心的事，忍不住笑起来。

过了不久，艾列奥诺拉的丈夫离开伦巴第去了罗马。篷培约知道他要在罗马待好几个月，当天就装病，并放出风声，说他的病情严重。他好几天闭门不出，有一位名医陪着他，听他吩咐，同时他还把他的打算告诉姐姐巴巴拉。巴巴拉请艾列奥诺拉吃早饭，艾列奥诺拉因为和她很熟，立即答应。正当她们在吃饭谈着篷培约的病情时，一个仆人走来，对巴巴拉太太说：

“夫人，你的兄弟情况不好，话也不会说了。”

“真的？”巴巴拉惊叫了一声，“备马。”

她请艾列奥诺拉同她一起去看望兄弟。

她们上了车，关上车门，朝篷培约家驶去。篷培约正躺在床上，房间里漆黑一片。她俩走到床头。

“别垂头丧气，兄弟，”巴巴拉说，“你看，艾列奥诺拉来看你啦。”

篷培约有气无力地嘟囔了几句谁也听不清的话，脸色很难看。屋里的仆人都按事先的布置离开了房间，房间里只剩下篷培约和姐姐以及艾列奥诺拉。后来巴巴拉也借口有事走了出来，并且把门上了锁。聪明的少年见到这位狠心的美人已经落入他的手掌，一骨碌爬起来，紧紧把她搂在怀里，喊道：

“可被我抓到了！”

艾列奥诺拉使劲挣扎，但无济于事，篷培约一面紧搂着她，一面关上了窗子。艾列奥诺拉知道她喊也是白喊，便哭起来，埋怨巴巴拉叫她上当受骗。篷培约婉言劝慰，决心无论如何要和她成欢,不达目的,不报她狠心的戏耍之仇,决不罢休。不过他要另想办法,不动用武器。

艾列奥诺拉生性傲慢、执拗,而且身强力壮,死也不肯相从。她还从来没心甘情愿地听任过谁的摆布,当她发现自己落入暴徒之手,又无处求救时,便拼命哭喊。等她哭够数落够之后,篷培约便把她紧紧抱住,像发狂一样吻她的香唇和酥胸,接着又提起了老账。他说:

"夫人,你知道我为你害了多久的相思,为了你,我什么都愿意去做。你曾对我多次殷勤相待,对我的情意表示欢慰。我觉得再不会有时间和机会来向你表示我炽烈的爱情了。为了你,我茶饭无心,坐卧不宁。因此当我听说你丈夫已走时,我决意一了心愿,而且我以为你一定能让我如愿。于是我战战兢兢在情欲的驱使下去找你。你一定还记得你对我说了些什么,又怎样放肆地拿我取乐。傲慢可能使你忘记了你给我的惊吓与恐怖,然而我却始终没有忘记,牢记在心。我记得你——虽然我不应当受到这样的待遇——如何把我弄得差点丢掉性命。你不应该对我这样,因为你明知我是多么爱你;如果我不值得你爱,那我们可以好见好散,我可以另寻所爱。今天我要报仇雪耻,这你做梦也想不到吧。我知道你决不会到我这里来,所以才决心设这么个圈套。既然你来了,你最好还是自己把那东西交给我吧。反正你是无法从我手中夺回去了。"

艾列奥诺拉拼命挣扎反抗,最后只好宽衣解带和篷培约一起躺下。篷培约尽情和她嬉戏,如愿以偿。事毕,他打开一扇门,把艾列奥诺拉领到一个华丽的大厅,大厅里放着一张床,就是最显赫的大臣也愿意躺到这张床上去：床上有四层棉垫，上面盖着几条绣着金丝线的薄被单；床罩是金丝绣的红缎子做的，四边是红丝金线流苏；床头放着四个精致的枕头。这张豪华的床上悬着一顶绸帐子，上面是各种贵重的装饰。墙上挂的不是漂亮的壁毯，而是红色天鹅绒。大厅中央放着一张精美舒适的桌子，上面铺着绸毯。桌子四周是八张漂亮的刻着花纹的椅子，四张红色天鹅绒圈椅，此外还有几幅达·芬奇的画，给厅内的摆设增色添辉。

这时，巴巴拉太太请来了城里最显赫的名门望族出身的25位年轻贵族。篷培约早已得到消息，事先让艾列奥诺拉躺在床上，把她的脸用一条华丽的丝巾盖好，房间里洒上塞浦路斯香水、麝香等香料，再用芦荟熏过。他把帐子拉开，吩咐艾列奥诺拉不论听到什么，都不得动弹。然后，他打扮得漂漂亮亮，走到门外伸出双臂迎接前来的年轻人。客人们原以为他病得很重，所以见到他都大为诧异。篷培约见到客人们大惑不解的神情，说道：

“我的先生们，朋友们，我知道当你们看到我这个病重的人出现在你们面前时，你们是何等吃惊。我的身体的确很差，我原以为这条命保不住了。不过今天我服了一剂神药，你们瞧，这神药把我的病治好了。我知道你们都为我的病感到怏怏不乐，所以我想让你们看看我这副样子，同时，还想让你们看看这具有特效的神药。不过我要你们保证，不论你们看到什么，你们都不要离去。”

篷培约一面说，一面领着客人们参观这间大厅。他们仿佛走进了天堂，这里的陈设和阵阵芳香使他们大为吃惊。艾列奥诺拉听到了他们谈话，甚至还能听出来她的亲戚和朋友的声音。她浑

身哆嗦,不知篷培约搞的是什么名堂。当这些客人对眼前所见的空前的豪华陈设大声赞叹,并且都想一睹帐子里的人时,篷培约说:

“诸位先生,你们在这张床上可以看到把我的病治好的名贵神药,我想让你们参观一下,不过不能一下子都看完,要慢慢来。”

他说完这话之后,又告诉客人不能揭开面纱,然后,在一位仆人的协助下,小心翼翼地把床罩揭开。躺在床上的女人身上只盖着一条薄如蝉翼的被单,她那娇嫩的玉体清晰可见。篷培约掀起被单一角,露出一双雪白的脚,脚趾像是用象牙雕成的,小巧圆润;指甲仿佛是一颗颗珍珠。女人伸展着下肢,男人们看了不禁春兴大发。大家都等着一睹她仙女般的芳容,但是篷培约连忙把她盖好,把客人们领到桌旁坐下。这时,巴巴拉已备好点心,有新鲜的果子、糖渍的扁桃,上好的美酒。客人们又吃又喝,谈着自己感到印象最深的事情。这时巴巴拉太太走到艾列奥诺拉躺着的床边,说:

“太太,怎么样,我兄弟对你可是以牙还牙吧,对吗?”

艾列奥诺拉泪如雨下,她请巴巴拉把衣服给她,还埋怨巴巴拉出卖了她。篷培约走过来,向艾列奥诺拉行了个礼说:

“夫人,我们两清啦。如果实事求是地想想,那还是怨你。”

篷培约对她讲了许多话,她安静了下来。不过她已经领教了篷培约拥抱的滋味,觉得比丈夫的爱抚甜蜜得多,于是她的气消了,两人一起又享受了好长时间爱情的欢乐。从那时起,她便再也不嘲弄别人,对任何人都和蔼可亲。所以,亲爱的女士们,如果你们不愿意让人家取笑你，不愿让人家加倍报复你，那你们就应当记住：不可取笑别人。

第一卷　第五十八篇

菲利波·利庇[①]法师是佛罗伦萨一位画家，被摩尔人俘获为奴，因他的艺术才能而获得自由，并受到人们的尊敬。

从古至今，不论在哪个国家，凡是在语言、哲学以及各类艺术方面享有盛誉的杰出天才人物，都受到人们的尊敬。就连那些至高无上的统治者和政和民安的共和国也都尊重、爱戴、器重他们，给他们丰厚的奖赏。我们不仅从有关这些天才人物的回忆资料中看到这种情况，同时每天也都可以亲眼看到许多事实。这十分明显，无需再加以证明。

在米兰大公洛得维科·斯福尔扎·维斯康第当政时期，米兰几位名流有一次在多米尼克派僧团圣马利亚·德拉·格拉齐耶隐修院的餐厅中聚会，观赏著名佛罗伦萨派画家达·芬奇正在创作的名扬遐迩的《最后的晚餐》，上面画的是基督同他的门徒。达·芬奇喜欢让那些看到他的作品的人无拘无束地发表意见。他习惯一清早就来（这我曾多次亲眼见到），登上脚手架（因为壁画离地面很高），握着手中的画笔，通宵达旦地工作，不吃不喝。但有时一连好几天碰也不碰这幅画，只是一个劲地在打量端详，琢磨已

---

①利庇（1406—1469）是著名的佛罗伦萨派画家。关于他有许多传说。本篇所述故事皆无事实根据。

经画好的人像。我曾多次看到，他的灵感一来，便冒着正午的烈日，离开他在塑造泥马的古堡，直奔圣马利亚·德拉·格拉齐耶隐修院，登上脚手架，在人像上修改两三笔，然后便又离去。

这时隐修院里正住着古尔根教区一位老红衣主教，他也是来看这幅画的。他来时正逢前面提到的那些贵族在这里聚会。达·芬奇见到红衣主教来了，连忙从脚手架上下来迎接，表示敬意。主教亲切地问候达·芬奇，对他百般赞扬。他俩无所不谈，也谈起了彩画的优点与长处，这时有人提出想见识一下备受著名作家们赞誉的古画，看看当今的作品能否与古画媲美。主教问起米兰大公给达·芬奇多少薪俸。达·芬奇说薪俸一般，除了公爵赏赐的礼品、奖赏之外，每年可得两千杜卡特[①]。主教觉得已经为数不小，便离开餐厅回他的住处。这时，达·芬奇为了向在场的人证明杰出的画家是何等受人尊敬，便讲了一个有趣的故事。当时我也在场，这个故事我记得很清楚，至今不忘，所以我在写小说时，也把这个故事写了下来。现在我正在动手编选小说集。这篇东西正好在手头。我便想让这篇东西同你的大名一起问世。我把它送给你，对你给予我的关怀表示敬意。祝你健康。

主教大人听说我们尊敬和仁慈的洛得维科大公对我如此慷慨，颇感惊讶。不过说实在的，我对主教的无知更为吃惊，因为他的无知说明他的学识何等浅薄。这里我不谈科学艺术界的著名人物受到的尊敬，只说一说画家如何被人尊崇和敬重。请诸位放心，我不会把古代享有盛誉的所有画家都一一介绍，耽搁诸位很多时间，即使我想这样做，一天的时间也是不够的。古代的画家

①古代威尼斯的金币。

中我只举亚历山大大帝和著名画家阿佩莱斯[①]的例子，当今的只举一位佛罗伦萨派的绘画大师。

我们言归正传。阿佩莱斯不仅深受亚历山大大帝的敬重，而且他们来往非常密切，亚历山大大帝曾多次驾临阿佩莱斯的画室看他作画。有一次，亚历山大大帝当着阿佩莱斯的面同一个人发生了争执，而且愈来愈不讲道理，阿佩莱斯婉转地打断了他的话，说：

“亚历山大，你闭一会嘴，别再胡言乱语啦！你把我那些磨颜料的学徒都逗笑了。”

由此你们可以看出，阿佩莱斯在亚历山大大帝眼里的地位有多高。亚历山大不仅生性傲慢，而且脾气暴躁，这你们是知道的。至于他还颁布诏书，规定只有阿佩莱斯一人能为他画像，我就不说了。

有一次，亚历山大大帝想要阿佩莱斯为他的一位绝色妃子坎帕斯帕画一张裸体像。阿佩莱斯一见这个年轻女人一丝不挂的娇艳玉体，竟情不自禁地爱上了她。亚历山大大帝知道了这件事后，便把这个妃子赏赐给阿佩莱斯。亚历山大大帝生性慷慨，但这一次他更前进了一步，表现得竟像在战场上取得巨大胜利时一样伟大。他战胜了自己，不仅把爱妃坎帕斯帕送给阿佩莱斯，而且还牺牲了自己所爱，让坎帕斯帕从一位帝王妃子降为一个普通画师的伴侣。

现在我们谈谈当今一位佛罗伦萨画家和一位海盗的故事。佛罗伦萨有一位名叫托马佐·利庇的，他有个儿子叫菲力波。父

---

①阿佩莱斯是希腊化时代早期画家，活动于公元前4世纪，但无作品传世。

亲死去时菲力波才八岁。迫于生计，可怜的母亲便把菲力波送进了卡尔美利特修道院。这个小僧人不去读书写字，而是成天在纸上墙上画画。院长看他如此爱画画，便让他去学绘画。修道院里有一个小礼拜堂，墙上的彩画是一位著名的画家画的。菲力波·利庇（修道院里都这样称呼这位新来的小僧人）一天到晚都待在那里和另外几个人一起学画。他很有心计，技术又精，别人都赶不上他。凡是认识他的人都深信他长大之后一定会成为一个出类拔萃的画家。但菲力波尚未长大成人就已经运笔如神，在佛罗伦萨和别的地方创作了许多出色的作品，这些作品至今还可以见到。菲力波不断听到别人的称赞，同时对僧侣生活已感到厌倦，在这种情况下，他虽然已晋升为执事，仍然脱掉了袈裟。他为柯西莫·美第奇[①]作了许多精美的画，柯西莫·美第奇对他一向厚爱。

但是这位画家嗜色如命。如果他看上哪个女人，总要千方百计把她弄到手，否则决不罢休。碰到这种事时，他不是辍笔停画，便是减少作画时间。有一次菲力波法师应柯西莫·美第奇之请作一幅画，这是美第奇准备赠给威尼斯犹金教皇[②]的礼物。美第奇发现菲力波经常丢下工作，找女人寻欢作乐，便下令把他锁在家里一个大房间里，让他抓紧时间作画。但是菲力波好不容易熬了三天，然后就用剪刀把床单剪成布条，结成绳子从窗口吊下去，痛痛快快地享了几天艳福。

还有一次柯西莫·美第奇去看菲力波（美第奇天天去看他），

①柯西莫·美第奇（1389—1464），佛罗伦萨银行家，是佛罗伦萨实际统治者，从他起开始了美第奇王朝的统治。

②即犹金四世（1383—1447），意大利籍教皇。

菲力波不在家，美第奇大为震怒，派人去找；后来又同意他想怎么画就怎么画。菲力波给美第奇作画总十分认真努力。美第奇常说，像菲力波法师这样的人是旷世奇才，绝不是驮货的驴子。

现在我们还是回到本题，谈谈连野蛮人也知道尊重天才的事吧。菲力波有一次在昂科纳的马尔卡和几位朋友乘小船在海上兜风。这时忽然遇上了当时贝贝利亚的著名海盗阿卜杜·毛曼的船队。我们这位菲力波法师和他的朋友被海盗掳获，钉上镣铐，送往贝贝利亚。他们在那里待了大概一年半，受尽折磨。菲力波早已丢下画笔成了舵手。有一段时间因为天气不好，不能出海，菲力波便奉命在花园里翻地。他在那里常有机会见到阿卜杜·毛曼老爷。有一天菲力波竟异想天开，在墙壁上面了一幅毛曼的像，一身摩尔人打扮。他画得非常好，画上的毛曼栩栩如生。

摩尔人把这幅像看成奇迹，因为这地方没有人画画。于是毛曼便下令将他释放，作为朋友款待，另外几个被掳来的人也沾了光，同样受到了优待。菲力波法师为老爷又画了不少精美绝伦的水彩画。毛曼对这位天才非常敬重，赠送给他各种礼物，其中还有好多银盘，然后将他和几个同伴一起安然无恙地送往那坡里。

艺术的力量就是如此巨大，连我们历来所仇视的野蛮人，都一再奖励画家，不让他们为奴。菲力波法师在故乡同样也受到爱戴。他曾同一位年轻的佛罗伦萨美女卢克列西亚(弗朗契斯科·布第的女儿)同居，生了一个儿子，也叫菲力波(后来也成了著名的画家)。犹金教皇见过菲力波法师许多杰出的作品，非常敬重宠爱菲力波，甚至想要免去他执事职务，让他与卢克列西亚成婚。但菲力波法师喜欢自由自在，不愿被家室拖累。

第三卷 第四十三篇

堂·安塞摩和堂·巴蒂斯塔自以为能同一女子欢度良宵，但结果在科莫城大庭广众面前大丢其丑。

诸位先生，有些神父就喜欢追逐教民的妻子，这实在太不像话。好像被戴上绿帽子的教民愈多，这些神父就愈恪守教规。这也正是从前颇受人尊敬的神父如今却被人嗤之以鼻的原因。不过这也没有什么值得大惊小怪，神父之中确有不少人更适合到树林里去放猪，却不适合去动圣餐。他们不过粗识文字，圣经虽然勉强能读，但一点不懂或者懂得甚少，至于唱诗就更差，可他们要是追起女人来，那却是百折不回，不遂淫欲决不罢休。还有的人则满口仁义道德，欺骗教民，打着遵奉教规的幌子，耍弄他们。

另外还有一些神父就更别提了！他们一做完弥撒，便直奔酒店大吃大喝，喝得东倒西歪，然后这些不可救药的骗子又去赌钱，从早赌到晚，满不在乎。

哎，我怎么竟有点糊涂，不去讲故事给你们听，却一个劲教训起人来啦。还是让听他们忏悔的牧师教他们改邪归正吧，我来讲我的故事。不久之前，在科莫为一位大贵族艾列乌台罗·卢斯孔公爵举行葬礼，所有的神父和僧侣都被邀参加这一盛大仪式。待要出殡时，发现少了两位受人尊敬的神父。由于这两位神父在群众中都享有德高望重的美名，人们便到教堂和家里找他们，但都不见他们的踪影。这时传说纷纭，有一种说法是他们多半碰上强盗,被打死了。又找了好久,人们确认这两个人再也找不到时,便举行了盛大豪华的葬礼。葬礼结束时,还要宣读政府悼词,所以人们都还聚集在市中心广场上。就在这个时候,这两位神父突然出现了,不过却是一副狼狈相!详情听我道来。

在这两位神父所在的两个教堂之间,有一家染坊,染坊主名叫阿朋狄奥,是波列察人,很爱开玩笑。他的妻子叫安叶泽,是卢甘诺人,她不仅年轻美貌,而且品德高尚。她天天去堂·安塞摩(刚才提到的两位神父之一)供职的教堂做弥撒,已经习以为常。这位神父见她每天来,又见她姿色艳丽,便起了邪念,刚一结识,就要她献出最珍贵的礼物。这个女人对他的无耻要求气愤非常,对他说,神父的职责是做弥撒。这以后她便换了一个教堂,主持是堂·安塞摩的同行,名叫堂·巴蒂斯塔。这个堂·巴蒂斯塔一见到安叶泽,也立即想同她亲热,与她结识后不久,便马上向她求欢。可怜的女人这时才发现她是才出狼窝,又入虎口。她想,唯一的办法就是去孤儿院教堂做弥撒,虽然这教堂离她家很远,来去很不方便。丈夫见她一反常规,便问她是怎么回事。为了不使丈夫起疑,便一五一十据实相告。丈夫大为震怒。对她说:

“难道你就因为这两个色鬼而甘愿长途奔波?这我可不答应。孤儿院太远,店里一开工,你怎么也来不及。我看要好好教训教训他们,让他们知道厉害,也叫他们那些同伙不敢再打人家老婆的主意。我要给他们点颜色看,准保他们不敢再拈花惹草。你明天到教堂去找堂·安塞摩,他要是挑逗你,你就装出一副害羞的样子,忸怩一番,然后表示同意,并对他说我离开科莫到外地去了,叫他哪天夜里两点钟来。后天你再去找堂·巴蒂斯塔,把那番话再重复一遍，叫他同一天清早五点钟来。”

温顺的妻子按照丈夫的吩咐，一一办妥。事情的发展果然不出所料：这两个神父一见到这女人，马上纠缠不放。她装出一副受宠若惊的样子，暗示他们的任何要求她都同意。当神父们表示要与她成就好事时，她便按照丈夫的吩咐叫他们某日某时来。堂·安塞摩半夜两点果然准时来了，安叶泽把他关在一间小屋里，让他躺上床。堂·安塞摩连忙脱了衣服躺好。然后安叶泽摸黑走到床前说：

“先生，请您别着急，稍等一会，染坊里有点事要安排一下。安排好我就来。”

这时女人的丈夫敲起门来，喊道：

“安叶泽，你在干什么？快开门。”

“啊呀，糟糕！”她说，“我男人回来了，这下可没命啦！先生，您先快点钻到这个桶里，等一下我再想办法。”

她把神父叫起来。然后大声应道：

“来啦，老头子！”

她把神父塞进桶里，把桶盖盖好，又把他的衣服藏进衣柜。然后给丈夫开了门，问道：

“怎么这样快就回来啦？”

阿朋狄奥提着灯走进房间。他对妻子说，湖上起了暴风，无法摆渡；现在他想安排一下染绿色布的活儿。说完，便把木桶翻了个身，这一来，里面的神父如果没人帮忙是出不来了，桶里装的是绿色染料。阿朋狄奥想再吓唬一下神父，便对妻子说：

“你去叫人烧一锅开水，我想把染料化开，明天要用。”

“这是干什么?”妻子吃了一惊,“工具都收拾起来了。你忘了明天要给艾列乌台罗·卢斯孔公爵下葬吗,午前谁来干活?伙计们都回家了。还是去睡吧,绿染料明天化没问题。”

你们可以设想堂·安塞摩这时的心情,寻乐的念头早已丢到九霄云外去了。男的走后,女的来安慰神父,说一定把他放出来。神父浑身上下都沾满了染料,难受得要命,愈抓愈痛;再说他那副样子实在难看,身上一丝不挂,加上又是滴水成冰的一月天气。

五点钟刚过,堂·巴蒂斯塔先生也来了。安叶泽把他领到另一个地方,也让他脱衣上床,并说她要到楼上作坊给伙计们开门。实际上楼上只有阿朋狄奥和一个伙计,他们故意大嚷大叫。这时堂·巴蒂斯塔已经乖乖地脱光衣服躺在床上。阿朋狄奥悄悄走出大门口,使劲敲门,嚷着叫老婆把门打开。安叶泽下了楼,走进房间,让浑身精光的堂·巴蒂斯塔钻进另外一个染料桶,桶里装的是染黑布用的青粉。这个家伙浑身发抖,他听到安叶泽丈夫的声音,吓得魂飞天外。

阿朋狄奥进了屋,知道第二只老鼠也上了圈套,便吩咐把房门打开,这时堂·巴蒂斯塔已经浑身发青。阿朋狄奥对妻子说:

“去叫他们把水烧开,拿来化染料。”

安叶泽又把刚才的答话重复了一遍。丈夫也没和她争,便说:

“既然明天是给艾列乌台罗·卢斯孔公爵举行葬礼的日子,那我这个染坊就不干活了;公爵人格高尚,总替我们百姓说话。”

他走到堂·巴蒂斯塔藏身的那个桶跟前,把桶翻了个身,这一来里面的人就别想再钻出来。这时两位神父后悔莫及，他们只盼着安叶泽把他们放出去，但有时又觉得绝望，这也是常有的事。青染料和绿染料一样，刺激性很强，尤其是对眼睛。堂·巴蒂斯塔不停地揉，结果两只眼睛红得和兔子眼睛一样。

到了早上，各教堂钟声四起，向公爵致哀。葬礼结束之后，人们都在广场上集中。阿朋狄奥决心一不做，二不休，要给这两个神父来个厉害，免得他们再去觊觎人家的老婆。他趁着这个时候，和几个仆人一起把装着神父的两只木桶滚到广场上。一路上颠簸得厉害，两个人在染料里翻来滚去，一个发青，一个发绿——绿得就像一条四脚蛇。

阿朋狄奥背着铁斧，那神情就像是到树林里砍柴。由于他这个人生性快乐，爱逗笑，人们便立刻把他围起来。他抡起斧子朝桶箍上砍下去，高喊道：

“哎，你们当心，我这桶里有蛇爬出来啦！”

他刚把桶箍砍断，桶就散了。两位倒霉的神父像鬼一样跳出来，愣了一会儿，因为他们的眼睛什么也看不见，不知往哪里跑，后来两人便撒开腿各奔东西；四周的人认不出他们是谁，高喊道：

“抓住他们，抓住！揍，揍！”

市长的一条猎狗这时正好也在广场上，它朝堂·安塞摩扑过去，咬住他的腿；当他拼命呼救时，猎狗又把他掀倒在地，把他两腿当中那个家什连同两个铃铛一起咬了下来，痛得他昏了过去。

有几个人朝他跑过去，看到他被狗咬成这副样子，不禁动了恻隐之心，便把他扶了起来。他苏醒之后，才告诉人们他是谁，要人们看在天主份上把他扶出广场。堂·巴蒂斯塔因为看不见，不知往哪里跑，很快被人们抓住。问他是谁，他说了，并哀求人们把他领出广场，走得远一些。阿朋狄奥见他的计划已全部实现，这两个无耻的神父当众丢丑，便要大家安静下来。他站到一条板凳上，把事情经过讲给科莫的居民听。人们已经亲眼看到，到这时才相信这两个满嘴仁义道德的家伙原来是两个伪君子。

堂·安塞摩被送回家，过了好多天才痊愈。这一次他的唯一收获是：现在他尽可以和女人来往，不必担心把她们的肚子搞大。堂·巴蒂斯塔也满面羞惭地回到家里，科莫市主教严厉地惩罚了他：赔偿染坊主阿朋狄奥两个桶和染料钱，并且把堂·巴蒂斯塔投入监狱。被猎狗彻底阉割的堂·安塞摩也不得不蹲了一段时间的牢。两人的职务都被撤销，并且都不得去教堂做弥撒。

第三卷　第六十五篇

正在为一位老妇举行葬礼时，一只猴子穿上了老妇患病时穿的衣服，把家里的人都吓跑了。

听我父亲（他曾是米兰城堡警卫队长）说，在时运不济的洛多维科·斯福尔扎公爵[①]在米兰执政时，城堡里养着一只很大的猴子。这只猴子十分讨人喜爱，惹人发笑，从不闯祸闹事。因此，没有给它拴铁链，让它自由走动；不仅允许它在城堡里跑来跑去，而且允许它到外面去。它常去的地方是迈涅·库赞诺和圣乔瓦尼·

①洛多维科·斯福尔扎（1451—1508），曾在法国的协助下攫取王位。后又投奔敌方，失败被俘，抑郁而死。

苏里·穆罗等街区的人家。附近的居民都喜欢抚摸它，喂它果子和别的食品。这不仅是出自对公爵的敬重，同时还因为谁见了这猴子滑稽可笑的动作都会捧腹大笑，但它从来不伤害人。

猴子最常去的地方是一个老妇家。这位老妇住在圣乔瓦尼·苏里·穆罗街区，她有两个儿子，长子已经成家。老妇看到猴子在家里大模大样地走来走去，十分高兴，拿东西给它吃，望着猴子那副调皮的样子，哈哈大笑，和它一起玩耍，把它当作家里养的一条狗。两个儿子很孝顺，看到体弱的老母这样开心，也很高兴。要不因为这猴子是公爵大人的，他们一定会把它买下来，随时让老母亲解闷。兄弟俩嘱咐家里人，谁也不许折磨打骂猴子，一定要爱护它，顺着它。猴子在老太太家自由自在，而且还有东西吃，所以经常来，其他人家不大去。不过每天晚上猴子一定要回到城堡去，那里有它住的地方，它已经住惯了。

老太太已届高龄，染了病，竟卧床不起。两个儿子悉心照料。随时侍奉汤药。猴子像从前一样天天到老太太的房间里来，也没人阻拦。老太太非常欢迎它来，每次都拿糖渍蟠桃给它吃。你们大概也知道这家伙嘴很馋，特别爱吃蟠桃。所以这个猴子几乎总待在老太太床前，蟠桃比老太太吃得还多。

然而老太太年纪实在太大，病情愈来愈严重。她做了忏悔，得到天主宽恕，进了圣餐之后，终于魂归九天。家里按照米兰人的习俗为她准备盛大的葬仪，给死者净身，戴上帽子和假牙，穿上衣服。猴子一步也没离开，这一切都看在眼里。后来，老太太的遗体放进棺材，过了不久神父来了，按照习惯举行了追荐仪式。然后，棺材便送进不远的教堂。

猴子看到房里无人,便享用起桌子上的糖果点心来。等它吃饱喝足之后,竟起了一个怪念头——猴子这类动物特别喜欢模仿。刚才我说过,遗体放入棺材前,人们给老太太戴上假牙、帽子,这一切猴子都看在眼里。

猴子翻出了一顶旧帽子戴在头上,又把床上那些刚才给老太太擦洗时换下来的旧衣服穿好,动作非常熟练,好像有多少年的经验似的,然后爬上床,盖好被,谁看到都以为睡在床上的是老太太。

这时两个侍女进来收拾房间。她们一见到床上有人躺着,只以为是已故的老太太。两个侍女吓得半死,不禁喊叫起来,连忙跑到楼下,争先恐后地叙说什么已经送到教堂去的老太太又回来了,此刻正躺在床上。不久,两个儿子从教堂回来,同来的还有几位亲戚。他们都上了楼走进房间。他们虽然有好几个人,但一见到这景象,也不禁毛骨悚然,奔下楼去。等心神稍定之后,便派人去请神父,把事情告诉他。

这位神父十分虔诚,很有威望。他令人拿着十字架和圣水,自己披上袈裟,走进房内,诵念赞美诗,做祷告。他一再安慰死者的儿子,叫他们不要害怕,因为他认识这位老太太,知道她笃信天主。神父说,如果他们看到什么的话,那不是看错了(这是常有的事),便可能是闹鬼,用不着惊慌,他能做祷告驱邪,鬼一听到他的祷告,就会溜掉。接着神父一面口中念念有词,一面往四周洒圣水。然后与同来的执事上了楼,别人都不肯去。神父进了房间,看到床上躺着的身躯,也只当是从棺材里跑回来的死者,也吓得要命。不过他鼓足勇气、强打精神,举着点洒圣水的刷子,走到床前，口中说道："主啊，不要让我看到鬼怪！"便把圣水往猴子身上洒去。猴子看到神父晃动着刷子，以为是要打它，吓得浑身哆嗦，上下牙齿直打战。神父一听，只当真的闹鬼，吓得魂飞天外，丢下刷子便飞奔而逃。那位执事也早就扔掉十字架，把圣水倒光，没命地朝楼下跑，脚一滑，从楼梯上滚了下去。神父也紧紧跟上，不知怎么搞的，竟撞到执事的背上，两人就像加尔达湖（从前叫贝纳科湖）里的鳗鱼一样，正如农民说的"相好"着滚下来。只听神父说了一声："主耶稣，请保佑我！"

老太太的两个儿子听到响声跑过来，接着家里其他人也来了。他们看到神父和执事两个人摔得连站也站不住了。兄弟俩问神父是怎么回事。只见神父和执事两人脸色煞白，像死人一般，一双眼睛骨碌骨碌直转，好久也说不出一句话来；执事的脸上也有好几处摔破。神父最后叹了口气，颤抖着说：

"哎呀，孩子们，我刚才看到一个鬼，活像你们的母亲！"

当神父定下神能开口说话时，猴子跳下床，享用了各色点心，正蹦蹦跳跳地从楼梯上跑下来。只见猴子头上戴着帽子，脸上扎着带子，浑身缠着布片。下了楼梯，便一个箭步跳到屋子中央，在场的人吓得差点没四下逃命，它那副打扮倒真像死去的女主人。

最后，兄弟俩中终于有一个认出这原来是猴子，吓得半死的人这时才笑起来。特别是当这个打扮得奇形怪状的祸首做着鬼脸在屋子里来回蹦跳，像摩尔人一样跳舞时，更令人好笑。刚才它还把人吓得半死，现在又把人逗乐了。但它还觉得不过瘾，于是便一面像摩尔人那样跳着舞，一面躲开人们的捕捉，逃出这家人家，回到城堡。士兵们见了它那副打扮，都哈哈大笑。兄弟俩家里的人们不论心里多么难受，一想到这只猴子和它的恶作剧，都不禁要笑出声来，同时还互相取笑那天被猴子吓得那副狼狈相。

《少年恋人的白昼》节选

彼特罗·福尔济尼

第二篇

安托尼奥·安哲利尼与一位佛兰芒女子相爱，同她一起生活了很久，学会了几句佛兰芒语。回家之后，与妻子交欢时总说几句佛兰芒语。有一次，他妻子看到有个香客走过，她便把丈夫说的一句佛兰芒语说给香客听，但她并不明白这句话的意思。如果她不呼救，她必将受辱。

不久之前，锡耶纳有一位年轻商人，经营一家食品杂货店，生意兴隆，获利甚丰。这位商人不仅相貌英俊，一表人才，而且衣着讲究。为了做好生意，他经常亲自站柜台，料理一切业务。另外一家食品杂货铺的老板有几个女儿尚未出嫁。他看上了这位年轻商人，想把一个女儿嫁给他为妻。这位老板十分喜欢年轻商人那绣着花纹、镶着花边（这在眼下的青年人中很时髦）的缎子衣服。老板看他穿得如此阔气，生意又好，认定他的买卖比实际上要兴隆得多，于是决心把女儿嫁给他，托一个朋友去说亲。这位年轻商人本来还没有认真想过娶亲的事，但当他见到这位姑娘几次之后，竟完全被她迷住了。这一来，这位安托尼奥便成天思念姑娘，铺子里的事很少考虑。他只觉得胸中的爱火愈烧愈旺，其他什么事都不再想了。在这位俏丽的姑娘的父亲的催促下，媒人天天找安托尼奥，要他早点完婚。安托尼奥现在比姑娘的父亲还要急，所以双方很快就把婚事商量妥当，选定了吉日。不难想象，安托尼奥此时心花怒放，正想摆摆阔气。他花了许多钱购买豪华的礼物，大大超过常规。当婚礼结束，做好弥撒，他便把新娘接到家里。有好长时间他把铺子里的事忘得一干二净。几个星期过后，他去找岳父和小舅子，向他们讨妻子的嫁妆。岳父早把这笔钱准备好了，他根据过去达成的协议，签了字，把钱交给了女婿。安托尼奥拿到这笔钱之后，想去进一点货，把杂货铺整顿一番。因此，又过了几个月，他决定跑一趟威尼斯，去办一批货物。当时，开食品杂货铺的人，只要条件允许，总是要跑威尼斯的。他准备好行装，告别娇妻，经过佛罗伦萨、波伦亚、菲拉拉、帕多瓦，来到伟大的名城威尼斯。他以前没来过，一下子不知道在哪里落脚。他向几位行人问讯，并作了自我介绍。在寻找落脚点的路上，他碰巧遇到了一位常居威尼斯的老乡，名叫乔瓦尼·马涅蒂。安托尼奥向他说明来意，并请他指点一下进货以及歇脚的地方。这位马涅蒂为同乡一向肯两肋插刀，对外乡人更是热情相助（这正是锡耶纳人的秉性，我们对外国人的关切要大大超过对自己人的关切）。马涅蒂介绍安托尼奥去找他一个朋友。这位朋友是斯拉夫人。如果遇到体面可靠的旅客，这位斯拉夫人愿意出租房间，兼包伙食，这是威尼斯人的习惯。据说几乎所有的贵族都出租房子，至于普通百姓就更不必说了。马涅蒂让安托尼奥去找这个斯拉夫人，还派了个仆人给他带路，并把他作为好友加以介绍。

马涅蒂同时还给安托尼奥许多指点，提出要他注意的问题。安托尼奥一一答应，然后便住到斯拉夫人家里去了。五六天之后的一个星期天，安托尼奥·安哲利尼（这是他的全名）与主人一起用午餐。饱餐之后，两人谈了起来。安托尼奥说：

“扎诺比先生（人家都这样称呼斯拉夫人），今天我有件事请您帮忙。”

扎诺比非常和蔼热心，说：

“有什么事？亲爱的先生，您尽管吩咐。”

安托尼奥回答说：

“今天休息，如果您不觉得为难的话，请您陪我一起逛逛威尼斯，给我带带路，否则我人地生疏，这里又是街道又是河渠，准会晕头转向。”

扎诺比欣然同意。他俩又彼此客气了一番，便出了家门，走了好长一段路，扎诺比的家位于卡巴巴罗旁边的圣母教堂附近，现在已远远抛在后面。逛完大街之后，他们给了一个船夫三个马凯蒂，雇了一条小船，让小船载着他们在河里与海上兜一圈。当他们驶过一条小河时，安托尼奥问：

“扎诺比先生，我们是不是去找两个姑娘玩玩？我们花钱，这些照罗马的习惯称自己是交际花的姑娘，就会给我们爱情和温存。”

“好哇，”扎诺比表示同意，“不过现在太早，姑娘们还在教堂里做祷告，等她们一用完圣餐，我们就去找她们，一定可以找到不少美女。现在我们顺着大河划下去，划到利阿多桥。到了那里，时间就差不多了。”

他们划过大河时，扎诺比想起一位佛兰芒女子。他说：

“先生，我想让您去卡拉巴洛特，看看能不能碰上扎肯娜小姐，她是佛兰芒人。我敢说她是最出色的一位美女，相信您一定会喜欢她。要是不喜欢，您想去哪里都行。”

于是他们便朝卡拉巴洛特驶去。船在扎肯娜小姐家门口停下来。扎诺比下了船就去敲门。这位女子听到敲门声往窗口一瞧，看到了扎诺比——他们已经是老相识了，便把门绳一拉，开了大门。扎诺比打发了小船，领着安托尼奥进了门。他们顺着楼梯来到一间大房间。房间墙上贴着漂亮的花缎。这时一位满面笑容的佛兰芒女子走出来，对他们表示热情欢迎。这位小姐果然美丽非凡，不比最漂亮的威尼斯女子逊色。她亭亭玉立，容颜俏丽。那白得像初雪一样的脸透出娇嫩的红晕，皮肤宛若东方的珍珠一般光洁。她整个身躯仿佛是在花园浓荫中生长，在晨曦中采撷下来的一束玫瑰和紫罗兰。

刚才已经说过，她对客人的到来表示热情欢迎，请他们在镶金线的绿色天鹅绒安乐椅上坐下（这像是阔佬家的家具），自己坐在他们之间，三人一起海阔天空，无所不谈。她虽是佛兰芒人，但意大利语说得非常流畅。她那美丽的容貌同她高贵开朗的性格十分协调。当他们谈兴将尽时，她转身对侍女（也是佛兰芒人）用自己的语言嘱咐了什么事。侍女立即摆了一桌丰盛的宴席。客人看到桌上那么多佳肴美酒，便一面交谈，一面尽情享用。吃完之后，扎诺比怕安托尼奥感到拘束。便说：

“亲爱的先生，实在对不起，我本应把一点东西送到基奥朱去，可是出门的时候我竟把这事忘得一干二净。安托尼奥先生，如果您不觉得为难的话，请您在这里等个把钟头；您可以同扎肯娜小姐谈谈，我绝不耽搁。”然后他又添了一句：“安托尼奥先生，您只有等我回来，因为您一个人是怎么也找不到回家的路的。”

扎诺比走了，只剩下安托尼奥和扎肯娜两人。安托尼奥此时什么也没想，只觉得自己恍如置身王宫一般。他对扎肯娜小姐说了许多甜言蜜语，拉起她的手，百般狎昵。扎肯娜小姐毫不推拒，很快适应了，也还吻安托尼奥。这时两人欲火炽烈，哪里还按捺得住，互相厮抱着走进旁边一间屋子，在一张装饰得富丽堂皇的床上躺下；两人男贪女爱，尽情作乐。事毕他们又回到客厅，闲聊戏谑，仿佛老相识一般。他们商定今晚一起共度良宵。安托尼奥头一次碰到这样一位天仙似的美女，怕她耻笑，便给了她一个金斯库多[①]（对她来说已是相当可观了）。

他俩在一起待了很久。扎诺比觉得时间差不多了，便回到扎肯娜小姐的住所，问安托尼奥是否与他一起走。安托尼奥已领略到这个女子的滋味，早把扎诺比、办货、家乡和老婆忘得干干净净，听到扎诺比一问，一时竟不知如何回答。这时扎肯娜连忙插嘴说：

“扎诺比先生，”她用威尼斯话回答说，“我希望安托尼奥先生今晚在我家吃饭。”

不过扎诺比倒是为安托尼奥着想，他说：

①16—18世纪意大利流通的货币。

“小姐,今天晚上我和这位年轻贵族要运一批货去麦伦涅;事情一办完,我就叫他回来。”

扎肯娜以为他讲的是实情,转身对安托尼奥说:

“好吧,安托尼奥先生,我等您回来吃晚饭。”

安托尼奥听不懂扎诺比说话的意思,他与扎肯娜告别并说晚上一定回来,说完便走了。扎肯娜觉得今天来了这么一位有钱的主顾,十分满意,迫不及待地等着安托尼奥回来。

当安托尼奥和扎诺比一面谈,一面在卡拉巴洛特大街上走的时候,扎诺比说:

“亲爱的先生,我把您从她家拖出来,全是为了您。她现在正和威尼斯一位贵族姘居,所以我不愿让您随身带着钱财去她家吃饭过夜。如果您倒霉,让这个贵族碰上,又听说您是商人,准会把您洗劫一空。您如果一定要去,就把钱放在马涅蒂那里或是另外一个保险的地方,然后您放心大胆地去找她好了。不过您要记住,如果您在她家被抢或是碰到别的事,您无论如何不能去告她。”

安托尼奥尽管对扎肯娜一见钟情,还是听从了扎诺比的劝告,并对他表示感谢。安托尼奥觉得扎诺比为人十分可靠,便把值钱的东西都放在他房内一个结实的箱子里,然后马上请扎诺比先生送他去扎肯娜家。安托尼奥回到她家之后,同她一起用了一顿威尼斯式的晚餐。到了夜间,他俩如胶似漆,片刻不离。上了钩的安托尼奥一连好多天恣情纵欲,欢乐无度。使他着迷的不仅是扎肯娜的美貌与娇柔(这在佛兰芒人中是难得的),还有她对他的关切与爱护。什么锡耶纳,什么爱妻,都被他置诸脑后;他心目中只有这位亲爱的扎肯娜。落在情网中的他，变得又傻又瞎，一步也离不开扎肯娜。他过了整整两个月如痴如醉的爱情生活，全部时间都花在扎肯娜身上。这个女子生性快乐，她教给安托尼奥几句佛兰芒话，另外又教给他当男人想同女人干那事时该怎么说，女人愿意的话又该如何回答。每当扎肯娜想要玩耍时，她便问道："安西维兹米涅列？"这话安托尼奥一下子便记住了。这时他如果想干时，便回答："依奥。"如果因为疲倦或者有别的原因而不想干时，便说："尼蒂兹米涅列。"

因此，安托尼奥一走到门口，他就不再问候她，而说：

"安西维兹米涅列？"说完，便捧起她的下颏，吻她的香唇。

扎肯娜很想让他快活一番，就说：

"依奥！"

这位可怜的安托尼奥由于作战频繁，几乎奄奄一息，如果不是扎肯娜每日以佳肴美酒给他滋补身体，他早就因纵欲过度而送了性命。不过他对此毫不在意，正像我已经说过的，他早已把家乡爱妻丢在脑后。他几乎忘记了他的家是在另一个地方，只觉得这里才是他的出生地，这里才有他的幸福。他原定的回家日期早已过去，妻子、兄弟、朋友以及其他许多对被他抛弃的美丽妻子表示同情的人不断给安托尼奥写信。安托尼奥只恋着扎肯娜，谁的信也不回，不过听到人家讲到故乡锡耶纳时，总会产生一点思念之情。

有一天，他在亲人来信的规劝下，在来威尼斯的同乡的敦促下，认识了自己的过错，下决心回到被他遗忘的家乡去。他花了几天工夫用所剩无几的一点钱买了几箱威尼斯玻璃，打点好自己的东西,装上船运往佩扎罗。他找了几个十分站得住脚的理由,把和扎肯娜的事了结。安托尼奥紧紧拥抱着她,向她发誓不久还要回来,最后两人洒泪而别,安托尼奥离开了威尼斯。

离别使他们两人十分伤心,不过这是安托尼奥自己决定走的,所以他没像扎肯娜那样难受。他上了船,往家乡驶去。几天之后,便到了锡耶纳。妻子见他归来,高兴万分,因为她实在太思念丈夫了。过了几天,货也运到了。安托尼奥把威尼斯的玻璃、香料等摆出来,开门营业。

安托尼奥在锡耶纳已经住了很长时间,但怎么也忘不了使他销魂的那个佛兰芒女子扎肯娜。他的妻子虽然美似天仙,可他时时刻刻在思念威尼斯的情人。为了减少相思之苦,他常常像和扎肯娜那样,同妻子颠鸾倒凤,这时他仿佛觉得扎肯娜又在他的身旁。他搂着妻子,捏着她的下颏问:"安西维兹米涅列?"然后,便吻着她的嘴唇,抚摸着她那玉琢似的丰满的乳峰,品尝着爱情的甘果。年轻的妻子听不懂他常说的这句话,有一天她亲热她问丈夫:

"'兹米涅列'是什么意思?"安托尼奥没想到她提这个问题,心里不由一怔,深深叹了口气,想起了扎肯娜。他回答道:

"这意思是:'你想吃点吗?'"

傻乎乎的妻子笑着说:

"我常听你说这句话,还以为是句坏话呢。"

安托尼奥把她拉过来,只当她是扎肯娜(这时他正是这样想的),两人如鱼得水,酣畅无比。妻子只当丈夫说的是真话,因为不论是吃中饭、吃晚饭、睡觉时她常听到丈夫说这句话,慢慢她也学会了。她时常热情地笑着说：

“安西维兹米涅列？”

安托尼奥心里十分明白，便回答说：

“依奥。”接着便给妻子一个热烈的吻。妻子对这种游戏十分满意，她几乎天天都勾起丈夫的伤痛，只是她不知道而已。

他们这样说说笑笑，又过了好久。有一天(那正是盛夏季节)，安托尼奥的这位不大有心计的美丽妻子正坐在荫凉处缝衣服。这个季节白昼长，许多人都喜欢外出旅行。一方面因为昼长，另一方面也因为朝圣日到了，路上的香客特别多。这位年轻美丽的女子因为受不了暑气的袭击，穿得十分单薄，她一身家常打扮，看上去显得分外娇媚。她穿着一件袒胸无袖连衣裙，裙子很短，只到小腿；一双透花丝袜，是丈夫从威尼斯给她买来的；裙子下露出一双纤美的小脚，脚上穿着一双银线绣花黑天鹅绒鞋；头上扎着一块丝头巾；脖子上围着绣花薄绸领。这样一位仙女似的美人坐在大门口旁的一张小板凳上，低着头缝衣服。因为她低着头，人家可以看到她那美丽绝伦的胸部，像是用珍珠与红宝石做成的。

正当这位美丽的女子坐在门旁做活时，有几个为朝拜圣彼得前往罗马忏悔的佛兰芒香客经过，其中有一个贵族是去罗马进香还愿的。他还不到三十五岁，但看上去不过才二十四五岁，正当青春年华。他身上带着钱，一路吃住都由自己开销。当他同别的香客走过安托尼奥家门口时，看到一位姿色秀丽的女子坐在那里缝衣服。年轻香客看到如此一个美人儿，只当是天上仙女下凡，暗想，世间竟有这样如花似玉的女子。他想饱餐秀色，便打住脚步，求她布施(一路上他还没有这样做过)。他恳求美人儿看在天主份上施舍一点东西。女人抬头一看，见这个佛兰芒人器宇轩昂，彬彬有礼(事实上的确如此)，她忽然想起了丈夫说的那句话，便问道：

"安西维兹米涅列?"

香客一听这句话，不由惊呆了。他怎么也想不到这样一位美丽的女子竟会提出这样的要求。他呆呆地站在那里，对这个女子提出的要求惊骇不已。我们意大利语他一句也不会说，只是盯着她看，仿佛被她天仙般的美色惊呆一般。

女子看他不说话，就把那句话又说了一遍；香客听她又一次邀请他，确信这个女子是要和他干那事取乐，这更燃起他的欲火。他想来想去，最后他根据这个女子提出的要求与她那一身令人销魂的打扮，断定她是个荡妇。但他仍然以恳求的目光直盯着她。过了不久，女子在怜悯心驱使下正待向香客施舍时，又把那句话重复了一遍。这时香客一扫畏葸惶恐之心，把什么圣彼得、圣保罗全都丢到九霄云外，只想着撩拨起他的欲火的美女。他一声不响地宽衣解带；奔进门廊，抱起女子，把她放在旁边装玻璃的箱子上(安托尼奥总是把箱子放在这里，因为店里地方太小，而且店就在对面)。女人做梦也想不到会有这种事，一时慌了手脚，只好高声呼救：

"安托尼奥！安托尼奥！"

这时，香客已经掀起她的裙子，听到喊声，只好罢手。他虽然听不懂我们的话，但还是听出来女人是因为怕才大喊大叫。他对这个女子的所说所为，感到莫名其妙。他只当是中了什么圈套，懊丧万分，连忙溜走，谁也没抓住他。

安托尼奥正坐在对面的铺子里，听到妻子的喊声，赶紧朝家里奔去，只怕她受到侮辱。他气喘吁吁地跑进门廊，那香客已不知去向，只见妻子岔胳膊岔腿躺在木箱上。那姿势还是香客摆弄的；披头散发，裙子已翻到肚脐，面无人色，气得连话也不会说了。安托尼奥一看，只当是妻子给他丢了丑，面子再也无法挽回了。他打着哆嗦，问妻子是怎么回事；妻子转怕为怒，气呼呼地回答说：

"让天主劈死你！"

安托尼奥不明白她的意思，又问了她一遍。她回答说：

"都是你这个鬼东西！可把我吓死了。"

安托尼奥只想知道是怎么回事，对她说：

"你快说呀，还磨蹭什么。"

妻子戴好头巾，理好裙子，说：

"我这一辈子还从来没遭过这样的难。我可以向天主起誓，没让你丢脸，不过我倒觉得太可惜了。"

"到底是怎么回事，你倒快说呀！"丈夫等得不耐烦了。

她对丈夫说：

"这不是你教我的么？你说，是不是你？瞧你那副样子，还说什么这都是正经话！可你教的都是下流话。算啦，上天都看到了，用不着我去发火。"

安托尼奥仍然不明白妻子的意思，央求她把事情告诉他。

"你倒快说呀，"他央求说，"别折磨人啦！"

于是她把香客的事前前后后都告诉了丈夫。安托尼奥听着妻子的讲述，脸色一会儿红一会儿白，这时才明白罪魁祸首原来是他自己。

“这句话再也不能说了，”他对妻子说，“除了对我说之外，对谁也不能说。这句话的意思是：我想和你干那事，你愿意吗？”

妻子把脸一沉，气冲冲地说：

“你怎么好意思把这种下流话教给我？”她怒不可遏，把丈夫骂了个狗血喷头，把女人对男人能骂出来的话都骂遍了。

安托尼奥知道这都是他自己不好，便没吱声，等妻子骂得差不多了，才对她说：

“以后要聪明些，这次总算没出事，你要感谢天主。”

说完，他便转身朝铺子走去。

妻子在他身后喊道：

“你自己要感谢天主。我以后再也不说我不懂的话了。请你也别再说外国话。你要是有事对我说，就用我们自己的话说吧。”

安托尼奥一面走一面气呼呼地说：

“随你的便。”

他把怒气冲冲的妻子丢下，回铺子里去了。

她衣服也不缝了，哭丧着脸回到屋里。安托尼奥和他美貌的妻子以及那位佛兰芒香客这三个人都同样又气、又恼、又懊丧。

《欢快之夜》节选

乔旺弗朗契斯科·斯特拉巴罗拉

第二夜　第二个故事

波伦亚有三位美丽的女士毫不留情地捉弄了一位名叫菲伦奥·西斯特纳的学者。这位学者因此举行了一次盛大的家宴,也把她们捉弄了一番。

尊敬的女士们,我完全没想到夫人会让我代替费奥杰扬娜小姐讲故事,因为费奥杰扬娜小姐的顺序是抽签定下来的。不过既然夫人这样安排了,而且你们也想听,我就尽可能讲一个你们都喜欢听的故事。万一这个故事你们听下来觉得枯燥无味或者粗俗不堪,那就请诸位多多包涵,要怪只好怪费奥杰扬娜小姐,因为她才是真正的罪人。

伦巴第有一个被誉为科学之母[①]的名城——波伦亚。这里物阜民丰,要什么有什么。城里有个学者,是克里特岛的贵族,名叫

①指波伦亚有一所建于12世纪初的大学。

菲伦奥·西斯特纳，长得十分俊秀，很讨人喜欢。有一年，在波伦亚举行了一次节日活动，城里许多女士与当地的贵族和学者都参加了，菲伦奥也是其中之一。他和别的年轻人一样，见了这位小姐赞不绝口，见了那位女士又惊叹不已，总之没有一位他不喜欢的。他很想和她们跳跳舞。他走到一个名叫艾梅莲茨扬娜[①]（她是兰贝托·本蒂伏奥先生的夫人）面前，邀请她跳舞。这个女人既美丽又热情大方，立即答应。菲伦奥从容不迫地挽着她跳，不时紧握着她的手，低声说道："尊敬的夫人，您比我见过的任何一个女人都美丽。在场的女人中，除了您，谁都唤不起我如此炽烈的爱情，如果您能以爱相酬，我将认为自己是世界上最高兴、最幸福的人；否则，您将会看到我僵硬的尸体，而置我于死地的就是您。所以，夫人，因为我爱您，而且不能不爱您，请您允许我做您的奴隶并把我和我那一点微不足道的财产，都交给您来支配吧。对我来说，没有比听从您的支配更幸福的了。我就像一只小鸟一样落入您的情网之中。"这一句句甜言蜜语艾梅莲茨扬娜都听在耳中，但她很冷静，装作什么也没听见的样子，没有搭理他。舞曲结束之后，她回到自己的位子上。这时菲伦奥又拉起另一位太太的手和她跳起舞来。刚一迈步，菲伦奥便说道："高贵的夫人，看来我毋需再用言词来表达我对您深沉炽烈的爱情，只要我的心尚能主宰我脆弱的四肢和可怜的身躯，我就永远这样爱您。如果您现在能成为我的夫人，或者说是我的全权主宰，我将感到幸福和无限的快乐。您为我所爱，一如我爱您一样，所以我完全是属于您的，对此请不必怀疑。请允许我以一个最最恭顺的奴仆的身份接近

①艾梅莲茨扬娜（拉丁语）意为"有功的"。

您,因为您是我的幸福和我的整个生命。"这位女士是潘杰米娅[1]太太。这些话她听得一清二楚,却一句也没回答,若无其事地继续跳舞。舞曲结束,她淡淡一笑,回到女士群中。过了不久,多情的菲伦奥又挽起第三位太太的手(这是当时波伦亚最端庄美丽的女子)和她跳起来,使那些聚拢在一起来欣赏她的人纷纷闪开。舞曲还没结束,菲伦奥对她说:"尊敬的夫人,我向您表示衷心的爱情,您也许会感到我这个人未免过于自信。但这不能怪我,只能怪您自己的美丽;您的美丽使您高居于任何一个女人之上,并且使我成为您的奴隶。至于您那出色的性格,令人赞叹的高尚品德我就不提了,就连天上的神仙也会下凡来拜访您。如果不朽的神仙也喜欢您这天生的而不是造作出来的美貌,那么我胸中燃起的对您的爱就不值得大惊小怪了。我的美丽的主宰,我生活中唯一的欢乐,我求您关切这个为您一天之内死去一千次的人吧。如果您答应的话,我一定终身感戴不忘,为您效力。"这位美女名叫西伏罗西娅[2],她听到菲伦奥从火热的内心吐露出来的这些甜蜜诱人的话,不禁轻轻叹了口气,但她想到自己的名誉,想到自己是有夫之妇,便什么话也没说,跳完舞之后就回到座位上。当这三位太太坐在一起闲谈时,艾梅莲茨扬娜——兰贝托先生的妻子——毫无恶意地像说笑话一样对她们说:"亲爱的夫人们,是不是把我今天碰到的一件事讲给你们听听?""什么事?"她们问。"跳舞的时候,我遇到一位向我求爱的男子,这个人潇洒英俊,是难得的美男子。他说他被我的美貌迷住了,弄得日夜坐卧不宁。"于是

①潘杰米娅(希腊语),意为"受大家尊敬的"。
②西伏罗西娅(希腊语),意为"幸福的"。

她便把菲伦奥说的话一五一十地讲给她们听。潘杰米娅和西伏罗西娅一听，不禁异口同声地惊呼说，她们也都碰到了这样的事。直至弄明白向她们三人献殷勤的是同一个青年时，她们才离去。她们明白这个求爱的青年说的话并非出自衷心的爱慕，只不过是一时感情冲动逢场作戏而已；这些话不啻为痴人说梦的荒唐小说[1]，并不可信。她们商定每人都同这位求爱者开个玩笑，把他戏耍一番，好让他记住女人也会这一套。且说菲伦奥继续一会儿向这一位，一会儿又向另一位女士献殷勤。他看到每个人都有意于他，便打定主意，要抓紧时机，同她们三人都成就好事。不过他的愿望全都没有实现，他的盘算全都落了空。艾梅莲茨扬娜对这个笨头笨脑的青年的虚情假意忍无可忍，于是便唤来一个年轻貌美的侍女，叫她找机会告诉菲伦奥，说女主人十分思念他，如果他愿意，女主人今夜在家里等他。菲伦奥一听，心花怒放，对侍女说："你回去后，在你家女主人面前为我美言几句，并请转告女主人，请她今晚等我，她丈夫一走，我就来。"艾梅莲茨扬娜赶紧吩咐准备几捆荆棘，塞在床下，然后便等待菲伦奥的到来。入夜之后，菲伦奥带好佩剑，朝她家走去；他打了个暗号，进了门。他和艾梅莲茨扬娜说了一会儿话，用过了丰盛的晚餐，然后两人走进寝室。菲伦奥刚脱下衣服上了床，艾梅莲茨扬娜的丈夫兰贝托先生突然回来了。艾梅莲茨扬娜装作万分惊吓的样子，想找个地方把菲伦奥藏起来。她叫菲伦奥钻到床下面去。菲伦奥知道情况十分紧急，便光穿着一件衬衣急忙往床下钻去，结果荆棘刺得浑身上下都是血道子，一条一条的。他在黑洞洞的床下面越是躲躲

①指文艺复兴时期被许多作家取笑的骑士小说。

闪闪,被刺得也越厉害,但他一声也不敢吭,唯恐被兰贝托发现把他打死。你们可以想象得出这一夜这位可怜的菲伦奥是怎么度过的,只是没把那点东西丢掉罢了。天亮后艾梅莲茨扬娜的丈夫终于离开了家,这个倒霉的学者胡乱穿上衣服,浑身血淋淋的回到家里,提心吊胆地过了好几天。幸亏有一位技术高明的医生护理,他才安定下来,恢复了健康。几天之后,菲伦奥故态复萌,又去追求潘杰米娅和西伏罗西娅。这一次事情进展顺利,他居然找到了一个同潘杰米娅晚上单独交谈的机会。他倾诉了长久以来的相思之苦,最后求她怜悯,赏他以爱情。狡猾的潘杰米娅装出一副可怜他的样子,不过却又推说无法遂他的心愿,菲伦奥又是苦苦哀求,又是连连叹息,最后潘杰米娅让他进了卧室。正当他脱去衣服,准备上床同意中人共度良宵时,潘杰米娅要他先到旁边的盥洗室里去好好擦擦身子,抹点香膏——那里有橙子液和其他各种香料。菲伦奥不知这是女人使的毒计,一进门就踩到一块木板上;木板突然脱落,连人带板落在下面一个堆放棉花和羊毛的库房里,所以他虽然从很高的地方跌下去,却没有摔伤。库房里伸手不见五指,他只好顺着墙边摸着走,想找个出口或者楼梯,但什么也没摸到。这时他不禁大骂起潘杰米娅来。天亮了,这时他才明白(可惜太晚了)这个女人哄了他。他看到一面墙上透进一线阳光——原来墙壁破旧不堪,已经出现了裂缝。菲伦奥找了个大裂缝,使出浑身力气扒去砖头,直到扒出一个大窟窿,从里面逃了出来。墙外是一条僻静的小胡同,紧挨着人群熙攘的大街。他只穿着一件衬衫,光着脚丫,飞也似的往家里逃。好在一路上没被人认出来。到了家门口,连忙溜了进去。西伏罗西娅听说艾梅莲茨扬娜和潘杰米娅捉弄菲伦奥的办法之后，也想出了一个新招，这一招比前面两个人干的更令人好笑。西伏罗西娅每次遇到菲伦奥时，都朝他投去哀怨的目光，想方设法向他表示相思之苦。这时菲伦奥已经忘记了两次受辱的事，又到西伏罗西娅家门口转来转去，装出一副热恋她的样子。西伏罗西娅见他欲火如焚，就找了一个老太婆，让她送一封信给菲伦奥。信中说菲伦奥的英俊和高尚的举止早已把她迷住，弄得她坐卧不宁；如果菲伦奥愿意，即使她同他说上两句话就已经心满意足，此外别无他求。菲伦奥看完信，不知是计；他早已将前两次受辱的事忘得一干二净，只觉得自己是世界上最幸福最快乐的人。他拿起笔和纸写回信，信中说，如果西伏罗西娅爱他，深受相思煎熬之苦，那她将会得到数倍于此的报偿，因为菲伦奥爱她爱得更为炽烈，任何时候，只要西伏罗西娅认为合适，他都可为她效力，听候她的吩咐。西伏罗西娅看完信，选定了日子，便把菲伦奥请到家里。西伏罗西娅见到他，连连叹了几口气，说："我的菲伦奥，除了你，我不知道还有谁能使我这样做。你的英姿，你的优雅，你的谈吐在我胸中燃起了熊熊烈火，简直要把我这捆干柴点着了。"菲伦奥听了这番话，确信她已经如痴如狂。正当他俩谈得高兴，菲伦奥觉得应该上床与西伏罗西娅成就好事之时，西伏罗西娅忽然说："我的心肝，我看上床之前我们应当吃点东西。"说完，便搀着菲伦奥的手走到隔壁一间屋，那里已经摆下一桌丰盛的酒席。这个狡黠的西伏罗西娅早就准备好一瓶掺有蒙汗药的酒，好让菲伦奥喝了以后酣睡不醒。菲伦奥哪里会想到这些，拿起酒杯，斟得满满的，一饮而尽。喝过酒之后，又用橙液洗了澡，洒香水抹香膏，上了床。那药性很快发作，菲伦奥酣然入睡，此时就连炮轰雷鸣也不能把他唤醒。西伏罗西娅见他睡得像死人一般，就叫来一名知情的侍女，轻轻打开大门，一个抓手一个抬腿，把菲伦奥抬到外面，丢在离她家有一箭之遥的街上。天亮前一小时光景，药性已过，菲伦奥一觉醒来，只当是躺在西伏罗西娅身旁。张开眼才发觉自己赤着脚，身上只穿一件衬衫，躺在光光的地上，冻得半死，两条胳膊和两条腿都不能动弹了。他挣扎着爬起来，趁没人看见，摇摇晃晃回到家里。一到家，便立即请医生治疗。亏得他年轻力壮，否则早就冻成一团，无法行动了。菲伦奥恢复健康之后，心中虽然气得要命，但表面上对那三位太太毫无怨恨的表示，装得比以前更加爱恋她们，分别向她们大献殷勤。三位太太真以为他没有怀恨之心，感到十分得意，每次对他都笑脸相迎，就像对情夫那样热情、温存。菲伦奥见了不禁火冒三丈，恨不得抽她们几下耳光，把她们揍个鼻青脸肿；不过冷静下来一想，这三个女人出身高贵，再说打她们对他也不光彩，就按捺住了。但他心里一直在盘算找个什么办法报复。他想了好久，也没想出什么好办法，十分不快。但不久他就想出了个一解心头之恨的主意，另外也正好碰到了机会。菲伦奥在波伦亚租有一幢豪华的房子，有宽敞的大厅和精致的房间。他决定在那里举办一次宴会，邀请仕女参加，艾梅莲茨扬娜、潘杰米娅和西伏罗西娅三位太太也都接受了邀请。到了这一天，三位太太完全没有察觉菲伦奥怀的是什么心肠，轻率地来到菲伦奥家。到了青年们该请女士们喝酒吃糖的时候，狡黠的菲伦奥搂着这三位似乎是他百般爱恋的女人的肩膀，一面说着笑话，一面说要请她们吃点心，便把三人领到一间内室。她们这三个蠢女人一进去，菲伦奥就锁上了房门，走到她们跟前说："狡猾的女士们，现在轮到我来报复了，你们对我炽烈的爱情恣意亵渎，为此我要让你们受到惩罚。"三个人一听，吓得要死，装腔作势地表示痛悔她们的所作所为，但心中却在责骂自己太轻信这个可恶可恨的家伙。菲伦奥紧绷着脸，命令她们说，如果她们有一点点珍惜性命的意思，就脱个精光，一丝不挂。三个伪善的女人一听，面面相觑，接着便痛哭起来，哀求菲伦奥大发慈悲（这时不能再提爱情了），不要让她们出丑。菲伦奥此时心中虽然十分得意，而且对她们说话的语气也很客气，但仍然坚持要她们当着他的面脱光衣服。她们跪在菲伦奥面前，呜咽着哀求放她们出去，别让她们丢人。菲伦奥的心此时比金刚石还硬。他回答说，他的目的不是要凌辱她们，是报仇雪恨。于是三位太太只好把身上的衣服脱下，脱得一丝不挂，就像人们说的，和刚出娘胎时一样。这时的她们和穿着衣服时一样美丽。年轻的菲伦奥从头到脚仔细打量，他看到她们一个个亭亭玉立，浑身上下胜似白雪，不免动了一点恻隐之心，但一想到他受到的屈辱和差一点丢掉性命的危险，便又冷酷如初。不仅如此，为了以防万一，菲伦奥把她们脱下的衣服收在一起，丢在隔壁的一间小屋里。然后，他又声色俱厉地叫她们一个紧挨一个地躺在床上。她们吓得浑身发抖，叫道："啊呀，我们的丑丢够啦！要是丈夫和亲人看到我们赤身裸体地死在这里，他们会说些什么？早知道会死得这样丢人现眼，情愿死在摇篮里啦！"菲伦奥看到她们像夫妻一样紧挨着躺好，便拿来一条雪白的厚毯子，把她们从头到脚盖好，免得被她们的丈夫认出，然后走出房间，再把门反锁好，去寻找她们的丈夫。三位丈夫正在跳舞，等舞跳完，菲伦奥就把这三个男人领进房间，说："诸位先生，我请你们来开开心，让你们看看你们这一生还从来未见过的最美妙的东西。"他掌着灯，走到床脚那一头，掀起毯子，慢慢往上卷，一直卷到三位太太的膝盖。呈现在三位丈夫眼前的是雪白的粉腿和一双双精巧的纤足，着实令人赞叹不已。接着，菲伦奥又把毯子卷到她们的胸口，即令尤比特神[①]见了也会按捺不住而偎上去吻它们。三位丈夫见到这一切时的兴奋与快乐简直无法形容。我想你们自己能够想象得出这三位倒霉的太太听见丈夫在欣赏她们一丝不挂的玉体而发出赞叹声时是一种什么心情。她们连动也不敢动一下，吭也不敢吭一声，唯恐丈夫认出她们来。这时三位丈夫要求菲伦奥让他们看看这几个女人的脸，但是菲伦奥很谨慎，他将心比心，虽然他们一再要求，他还是没有同意。不过菲伦奥并不就此罢休，他把三位太太的衣服首饰拿来让她们的男人看。他们见了，不禁起了疑心，待仔细看过这些东西之后，更加惊讶了，暗自思忖道："这不是我送给老婆的衣服么？这不是我给老婆买的包发帽么？这倒很像我老婆挂在胸前的坠片哪？这不是我老婆戴的戒指吗？"他们走出房间之后，没有马上离开菲伦奥的家，为了不给宴席扫兴，留下来参加晚宴。这时，菲伦奥知道晚宴已经摆好，便请宾客入席。正当宾客们觥筹交错时，菲伦奥走进三个女人躺着的房间，把毯子掀掉，对她们说："夫人们，你们好！听到你们的夫君说的话了么？他们近在咫尺，正迫不及待地等着你们呢。还磨蹭什么？快起来，你们太好睡了。别打呵欠，别揉眼睛啦！快把衣服拿去穿起来，大厅里的

①尤比特是古罗马神话中最高的神。

太太们正等着你们呢。”他对三位太太百般嘲讽，得意洋洋地奚落她们。这三位失魂落魄的太太浑身颤抖，以为没有生还的希望，号啕痛哭。她们悲痛万分，从床上爬起来，只当必死无疑。她们转身对菲伦奥说：“菲伦奥，你干得很漂亮，仇你算报了，而且已经大大超过了限度；现在你要做的就是用剑把我们一个个刺死，我们正引颈以待。如果你不想杀死我们，那就求你放我们回家，不要让人认出来，以保全我们的面子。”菲伦奥一想，他干得的确是够厉害的了，于是便把衣服递过去，让她们赶快穿好。等她们一穿好衣服，便打开暗门把她们送走。她们羞惭万分，好在没被人认出，连忙各自逃回家中。一到家，就赶忙把衣服首饰脱下，藏在箱子里，上了锁。她们没有上床，各怀鬼胎，干起活来。晚宴之后，三位丈夫对主人的非同寻常的款待，特别是邀请他们参观比阳光还要美的娇躯玉体，表示感谢。他们告别主人，回到家里。一进家门口，就看到老婆坐在炉旁缝衣服。由于菲伦奥给他们看的那些衣服、戒指、宝石引起了他们的怀疑，所以他们一见到老婆就问她们晚上到哪里去了，她们的衣服首饰放在哪里。三位太太都说今夜根本没出门，然后又打开箱子，把丈夫给她买的东西拿出来让他看。几位丈夫看到东西，也就无话可说。接着，他们便将那天夜里的所见所闻，详详细细地讲给老婆听。三位太太听了，装出一副一无所知的样子。夫妻取笑了一阵，便脱衣上床。没过几天，菲伦奥在街上碰到她们已经有好几次，有一次终于问她们：“你们三人之中最担惊受怕的是谁？最受虐待的是谁？”她们都低下头，一言不发。这位菲伦奥虽然没有动武，却想了这么一个好办法，像男子汉那样为自己受到的侮辱报了仇。

莫利诺这个好笑的故事讲完了。夫人和小姐们觉得菲伦奥报仇雪耻的办法未免太狠毒,太不体面了,不过想起他如何被荆棘刺,如何从楼上摔下来,如何服了掺过蒙汗药的酒,光穿着一件衬衫躺在大街上冻得浑身发僵的情景,又觉得这种报仇雪耻的办法极为公平。夫人认为,既然费奥杰扬娜小姐没有讲故事,就请她出个谜语让大家猜猜也行。不过这谜语讲的必须是做学问的人所熟悉的东西。费奥杰扬娜乐意从命,她说:"夫人,我的谜语讲的虽然不是像我们才华出众的莫利诺先生讲的那种残酷复仇的故事,但它的内容是读书人都熟悉的事物。"她没等夫人开口,便讲了下面这样一个谜语:

一活两死来帮忙,
又使三死返回阳;
三死执火照人世,
再使新人来成长。
一活救起两条命,
深得人世大褒奖。
能同死人通言语,
活人死人同欢唱。

费奥杰扬娜这个谜语不大好猜,大家猜了半天,说什么的都有,但没有一个人猜中,费奥杰扬娜微笑着直摇头。这时,贝姆波说:"费奥杰扬娜小姐,依我看这完全是白白浪费时间。还是请您自己说说这个谜语的谜底吧,我们对您的解释肯定满意。""诸位尊敬的先生小姐要我来破这个谜,我很乐于从命。这倒并不是因为我会猜谜语,而是为了满足大家的愿望,因为我在好多方面都有负大家的期望。亲爱的小姐们,这个谜语谈的是一个清早一起床就忙于工作的学者。这位学者(他是活的)用两个死的(就是指火刀和火石)打着火绒,再由这个活的(点燃的火绒)使一直是死的(指世间)出现了生命。然后头一个活的(指学者)在上面提到的两个活的和两个死的帮助下,开始同死的(指很早之前有学问的人所写的书)谈话。"大家对费奥杰扬娜的解释非常满意,认为她出的这个谜语也十分妙。眼看快到半夜了。夫人便命利奥诺拉讲故事。利奥诺拉显得比平时更为高兴,她微笑着,开始讲起来。

第六夜　第一个故事

有两个干亲家彼此关系非常密切,但他们相互欺骗,结果双方的老婆同时都成了对方的老婆。

当今许多可恶的家伙常常使用欺诈骗人的手段,问题的确很大,不过我觉得如果干亲家之间互相使用卑鄙龌龊的手段,那更加糟糕。因为我的故事要给今天夜里的议论起个头,所以我就讲一个干亲家之间互相欺骗,彼此干出见不得人的勾当的故事。一个人动足了坏脑筋把另一个要了,但另一个也不甘示弱,用同样狡猾奸刁的办法把那一个也哄了。这到底是怎么回事,请你们赏光,听完就知道了。

在久负盛名的古城热那亚住着两个干亲家:一个是利别拉

列·斯皮诺拉先生。他很有钱,迷恋尘世之乐;另一个名叫阿蒂劳·萨拉,是个商人。他俩情同手足,谁都离不开谁。如果一家有什么事,另一家便会毫不迟疑地跑去帮助,从不讲什么客套。

阿蒂劳是一位巨贾,很忙,有自己的事,也有别人的事。有一回他要去叙利亚。他找到最好的知己利别拉列先生,亲切真诚地说:

"亲家,不仅是你,全城都知道我们两人亲如手足,我过去和现在都一直信赖你这位老朋友,信赖把我们联系在一起的亲家关系。我打算去一趟叙利亚,但我找不到一个比你更可以信赖的人,所以我大胆地直接来找你,求你帮帮我的忙。这事会给你添不少麻烦,希望你不要拒绝;我知道你心地非常善良,而且我们彼此又非常信赖。"

利别拉列很愿意帮助朋友,因此他不像老友那样啰唆,回答说:

"阿蒂劳先生,我的亲家,我们的关系这样密切,互相关怀,互相爱戴,而且还是干亲家,你说这么多话未免有点见外了,你只管直截了当地说要我做什么,吩咐一声就行,什么事我都可以照办不误。"

"我希望,"阿蒂劳先生说,"我不在家的时候,请你照顾一下我的家,照顾一下我的妻子;不论她有什么事,都请你帮帮忙。你为她花费的钱,我都将如数奉还。"

利别拉列先生听了亲家的话,先是对他的赞扬表示感谢,然后欣然表示尽力而为。到了动身那天,阿蒂劳先生把货装上船,把怀孕三个月的妻子达丽娅托给亲家,便登上舷梯,扬帆启程,顺利地离开热那亚前往目的地。

阿蒂劳先生动身之后，利别拉列便去看望亲爱的亲家母达丽娅，对她说：

“亲家母，你的丈夫，我最亲密的亲家阿蒂劳先生，动身之前曾一再要我照顾他的事务，并且，如果需要的话，在各方面关照你。所以现在我来看看你。如果有什么事需要我做，你尽管吩咐，一点不要客气。”

达丽娅生性温柔，她对亲家表示感谢，求亲家经常关心帮助，因为这正是她需要的。利别拉列先生请她尽可放心。

利别拉列常去看望亲家母，问她是否有什么事要他帮助。他发现达丽娅有了身孕，但他装作什么也不知道的样子问道：

“亲家母，身体怎么样？你会不会觉得奇怪：你丈夫阿蒂劳先生怎么说走就走了呢？”

达丽娅回答说：

“是这样，亲家，不过原因很多，特别是我这副样子，他丢下我就走了。”

“什么‘这副样子’？”利别拉列问。

“我怀孕了，”达丽娅说，“已经有三个月，觉得很不舒服，这在以前怀孕时还没有过。”

利别拉列听到这话，便说：

“大概觉得很累吧，亲家母？”

“只要心情好就行。”达丽娅回答说。

利别拉列先生和亲家母经常这样东拉西扯，他看到达丽娅娇艳动人，竟动了邪念，日思夜想的只是如何满足自己的淫欲，毫不顾及他和亲家的交情。有一天，他欲火难熬，走到达丽娅面前，对她说：

“哎，亲家母，阿蒂劳先生把你丢下，让你吃苦，我实在看不过去。我担心他走得太匆忙，没来得及把你怀着的孩子弄好，大概就是因为这样，你才觉得不舒服。

达丽娅问道：

“你是说我肚子里的孩子不是缺条胳膊就是少条腿，所以我才觉得不舒服吗，亲家？”

“一点不错，”利别拉列先生肯定地说，“我的确认为我的老友阿蒂劳没把事干完。正因为这样，生下来的孩子才会是瘸子、独眼，不是这里有毛病，就是那里不正常。”

“亲家，你的话对我真好比是当头一棒，”达丽娅吓得要命，“有什么办法吗？”

“哎，亲家母！”利别拉列先生说，“你说得完全对，除了死之外，什么都有办法，这全看你啦。”

“亲家，”达丽娅哀求说，“请看在你和阿蒂劳的交情上，给我想个办法，办法想得越快，我就越感谢你。即使孩子生下来有毛病，也不会怪到你头上。”

利别拉列看到事情已经差不多了，便继续说：

“亲家母，如果一个人见危不救，那是最卑鄙不过了。我可以对胎儿进行补救。如果我不能见义勇为，那我就太对不起你了。”

“说干就干吧，亲爱的亲家，”达丽娅说，“否则孩子就成残废啦！这样一来，不仅太惨，而且也是一个不小的罪过。”

“请放心，亲家母，我为你效力再合适不过。请吩咐丫鬟收拾桌子准备吃饭,我们动手去干。"

就在丫鬟收拾桌子准备吃饭时,利别拉列和亲家母走进内室,他锁上门,就去摸她吻她。从来未有哪个男人对女人如此亲热过。达丽娅十分吃惊,她说:

"利别拉列先生,怎么能这样对待亲家母?唉,我真倒霉!这可是弥天大罪呀[1];不然,我就答应你的要求了。"

利别拉列先生回答说:

"什么才是弥天大罪:是和亲家母睡觉,还是生个残废?"

"依我看,孩子因为父母而成为残废就是弥天大罪。"

"所以你要是不让我把尊夫未了的事干完,你就会犯下大罪。"

达丽娅怕孩子生下来有毛病,便相信了亲家的话。她顾不上什么亲家不亲家,觉得应该满足他的要求。在这以后,他俩又多次相会。校正胎儿的活动,十分合她的心意,她一再要求亲家不遗余力,要他比丈夫更勤奋。虽然利别拉列先生十分喜欢这个差使,早就不分昼夜地尽心操劳,以便使胎儿十全十美。

不久,这丽娅分娩,生了一个儿子,相貌酷肖他父亲,一点也挑不出毛病,十分正常。达丽娅欢喜不尽,向做了好事的亲家称谢不迭。

没多久,阿蒂劳回到了热那亚。回到家,见到妻子面色绯红,非常艳丽;她抱着孩子起身相迎,夫妻俩紧紧拥抱亲吻。

利别拉列听说亲家回来了,连忙赶来看他,和他拥抱,祝贺他顺利归来,见他身体健康,很是高兴。

---

①根据宗教法规教父和教母不得通婚。通奸则是乱伦行为。

有一天，阿蒂劳夫妻俩正在用午餐，阿蒂劳逗着小宝宝，说：

“达丽娅，瞧我们的孩子多漂亮！你见过比他更好看的孩子么？瞧他那小脸蛋！那双明亮的眼睛就像两颗星星！”他一样一样地夸着小宝宝。

达丽娅说：

“是啊，孩子长得端正清秀。不过这可不是你的功劳。你离家时，我已经有三个月的身孕，这你知道；不过胎儿发育得不好，给我添了许多烦恼。我们应该感谢利别拉列先生，他不怕麻烦，把你疏忽的地方都给补上了。”

阿蒂劳听到妻子的这番话，明白是怎么回事，不由得怒火中烧。这些话就像刀一样扎进他的心。利别拉列竟干出这种对不起他的事，把他老婆糟蹋了。不过阿蒂劳为人谨慎，只装做什么事也没有的样子，把话题扯开了。

饭后，阿蒂劳先生心里琢磨着亲家干的这件出奇的丑事，日夜都在盘算报复的办法。

他苦思冥想了好久，不知怎么办才好。最后他终于想出一个满意的点子。他对妻子说：

“达丽娅，明天准备一桌丰盛的午宴，我请利别拉列先生和他妻子——我们的亲家母普罗贝齐娅，到我们家做客。你如果要命的话，那么你不论见到什么或是听到什么，都不要作声。”

妻子答应了。他离家往广场走去，在那里找到利别拉列先生，邀请他们夫妇第二天来家吃午饭。利别拉列欣然接受了邀请。

第二天，利别拉列夫妇来到阿蒂劳家，受到热情的接待。宾主海阔天空地闲谈起来。

“亲家母,现在饭还未好,你先吃点东西垫垫饥吧。”说着,阿蒂劳把她领到一间小屋里,递给她一杯酒,酒里已经掺了蒙汗药。利别拉列太太把面包捻碎,拌在酒里,接着把酒喝了,把面包也吃了。

然后宾主入席,愉快地吃了午饭。他们刚站起来,利别拉列太太便昏昏沉沉,上下眼皮像粘在一起似的。阿蒂劳见了,说道:

“亲家母,你应该去歇一会儿,准是夜里没睡好。”阿蒂劳把她扶进内室。她一躺下,马上就睡着了。阿蒂劳怕药性不久就会过去,计划不能实现,就把利别拉列喊来,对他说:

“亲家,让她在这里安安稳稳地睡个够。她今天大概起得太早了,应该让她睡一会儿。”

两位亲家出了门,朝广场走去。阿蒂劳忽然推说有件生意要办,就和利别拉列分手,偷偷回家。

他蹑手蹑脚钻进利别拉列太太睡觉的房间,走到她身边,见她睡得正熟,就连忙把她手上的戒指和脖上的珍珠项链摘下,然后离开了房间。她一直没醒,家里也没人看见。

药性过后,利别拉列太太醒了过来。正要起身,发现项链和戒指不见了。她下了床,到处找,把屋里都翻遍了,但什么也没找到。她愁眉苦脸地走出房间,问达丽娅见到她的戒指和项链没有。达丽娅说没见到,利别拉列太太很是伤心。

她不知如何是好,正在犯愁。这时阿蒂劳先生来了,见她愁容满面,吃了一惊。

“你怎么啦,亲家母,为什么这样悲伤?”

利别拉列太太把事情告诉他。

阿蒂劳装出一副莫名其妙的样子，劝她说：

“亲家母，你好好找一找；你想想是不是放在什么地方，后来忘记啦？准会找到的。如果找不到，我可以以亲家的名誉起誓：偷的人绝没有好结果。你还是仔仔细细找找吧。”

两位亲家母和侍女们一间屋一间屋地找，把家里翻得乱七八糟，可就是找不到。阿蒂劳见到这情景，便大声吼叫起来，一会儿吓唬这个，一会儿又吓唬那个，可是被问的人都发誓说没见到。于是他向利别拉列太太说：

“别泄气呀，亲家母，要高兴，因为我觉得这事该水落石出了。我有个秘诀，不论是谁拿了你的东西，我都能把他找出来。”

利别拉列太太听了，哀求说：

“啊，亲家，我诚心诚意地求你告诉我，免得利别拉列怀疑我干了什么坏事。”

阿蒂劳觉得报仇的时机已到，便把妻子和侍女都打发出去，除非有他的吩咐，任何人都不许走近门口。等她们走出房间。他就用木炭在地板上画了个圈圈，还作了一些符号，写了几个字母（这只有他一人明白），然后走到圈子里，对利别拉列太太说：

“亲家母，你好好躺着，别动弹，如果听到什么，你也别怕；我要是找不到你的戒指和项链，我就不走出这个圈圈。”

“你尽管放心，”利别拉列太太说，“没有你的吩咐，我绝不动一动。”

这时，阿蒂劳转到右面，在地上又画了几个记号，然后又转到左面，在空中写了几个字，装出一副同好多人讲话的样子，什么样的怪腔怪调都有，利别拉列太太听了十分害怕。阿蒂劳见了，安慰她，叫她不要怕。

他在圈子里站了有一刻多钟，然后忽然怪声怪气地嘟囔起来：

宝贝在哪里？
就在草谷底。
只要投进竿，
样样都还你。

利别拉列太太听了这几句话，又好笑，又吃惊。阿蒂劳做完法之后，说：

“亲家母，你全听到了吧，你自认为丢失了的珠宝原来在你自己的身体里。你放心，我们马上就把东西找出来。不过你要知道，我要到一个固定的地方去找才行。”

利别拉列太太迫不及待地要把东西找回来，于是高兴地回答道：

“我全明白啦，亲家，你快点找吧，要仔细一点。”

阿蒂劳先生走出圈子，走到床前，与亲家母躺在一起。亲家母这时一动不动。他脱下亲家母的外衣、内衣，便到那个毛烘烘的谷地里去投竿钓东西。他刚一起竿，就偷偷地从怀里掏出个戒指交给利别拉列太太，说：

“我说得对不对，亲家母？一上来就很顺手，一下子就把钻戒找到了。”

亲家母一见大喜：

“啊呀，我的好亲家，继续钓，说不定还可以找到别的东西。”

阿蒂劳英勇无畏，继续打捞，一会儿取出这一件，一会儿取出那一件。他靠那根探钻，把利别拉列太太丢掉的东西全都钓了出来，她喜出望外。

她把东西都找回之后，对亲家说：

“我的好亲家，瞧你把那么多东西都给我找回来了。请你再看看，是不是可以把我前两天被人偷走的一个小量杯找回来。这小杯子很好看，我已经用惯了。”

“愿意效劳。”阿蒂劳说完，便又把工具探进草谷里，他不畏艰辛，找到了小杯子，不过他已经没有力气把小杯子取出来了。他看到自己白辛苦了一番，便说：

“亲家母，小杯子已经找到，我已经碰到它了。不过它的底朝上，我怎么也钩不住它，无法取出来。”

利别拉列太太非常想弄到这个小杯子，更不用说这种活动是多么合乎她的心意。她求亲家再试几下，想想办法，不过这时亲家已经成了没有油的灯，亮不起来了。他说：

“亲家母，我那根钓东西的家什尖头断了，无法再用，请你稍稍等一下。明天我把家伙送到铁匠那里配一个头，马上就可以把那只调皮捣蛋的小杯子取出来。”

利别拉列太太没有坚持。她告别了阿蒂劳夫妇，满心欢喜地往家里走去。

有天夜里，利别拉列太太跟丈夫躺在床上（因为这一次是由她丈夫在草谷里钓了），便对他说：

“喂，我的夫君，你看你能不能把前两天我们丢失的那只小杯子找出来？前天我把身上戴的首饰丢了，我们的亲家阿蒂劳先生从草谷里一样一样都钓了出来。我当时还请他顺便把我们丢失的那只小杯子也钓出来。他说他已经碰到了杯子，但是取不出来，因为杯底朝上，另外，因为钓东西钓的时间太久，他那家什的头断了。现在你来想想办法，说不定能钓出来。”

利别拉列明白亲家没吃亏，所以他一声也没吭，只好忍气吞声。

第二天早上，两位亲家在广场上见了面，彼此都怒目相视，但谁都不敢提这两件事，也都没有责怪失身的妻子。到了最后，他们都同意自己的妻子兼当对方的妻子。

第十三夜　第四个故事

一个名叫伏童奥的仆人在扑打牛蝇时失手打死了东家。他被控杀人，但由于他的机灵，开了个玩笑而得到解脱。

尊贵的先生们，我多次听说，过失犯罪不像蓄意犯罪那样严重，正因为如此，我们对待那些愚昧无知的人、儿童等罪犯要比那些明知放犯的罪犯宽大。现在轮到我讲故事，我想起一个名叫伏童奥的仆人的案子。这个人本想拍死在东家身上飞来飞去的一只牛蝇，却无意中把主人打死了。

菲拉拉这地方有一个大家出身的杂货店老板，很有钱。老板有个仆人，名叫伏童奥，是个言语粗鲁、做事莽撞的青年。有一天，天气炎热，老板觉得困乏，躺下来想歇一会儿，很快就睡着了。伏童奥挥着扇子，给老板赶苍蝇，好让他安安稳稳地睡一觉。有一只牛蝇特别令人讨厌，老是往主人的光头上飞，不论怎么赶，怎么拍，牛蝇就是不在乎，一停下来就用尖刺刺主人的光头，惹得他不得安宁。伏童奥对它束手无策，决心把牛蝇拍死。等牛蝇刚停下来，准备吸主人的血时，这个莽撞的伏童奥抄起一根粗铜棒，使劲朝牛蝇扔过去，本想把牛蝇打死，想不到竟把主人砸死了。他一看，知道犯了杀人罪，会被判处死刑，便想逃命。后来他想了个主意，决定偷偷摸摸地把人埋掉。他把尸体装在口袋里，拖到离杂货店不远的一个花园里埋掉，然后弄了一头山羊丢在水井里。当天晚上，妻子不见丈夫回家，怀疑伏童奥加害丈夫，就去问他。伏童奥说他没见到主人。她吓得要死，哭喊着呼叫丈夫的名字，但毫无用处。亲朋好友听说她的丈夫失踪，跑到官府去控告伏童奥，要市长下令把他关进大牢，严刑拷打，让他从实招供。市长下令把伏童奥抓来，五花大绑，根据法律把他吊在拷问架上。伏童奥熬不过，答应招供，不过要求把他放下来。伏童奥从拷问架上下来之后，被推到市长面前。他想出一个花招，说道："昨天我在睡梦中听到扑通一声水响，像是有人往水里丢一块大石头似的。我觉得很奇怪，就起来往水井走去。我朝井里一看，见井水十分清澈，也就没再仔细看。可是等我回去，又听到一声响，我不由得一愣。现在想起来，是我家主人打水时失足跌进井里了。为了查明事实，弄清真相，我们可以一起到井边去，我跳进井里看看是怎么一回事。"市长觉得应该了解一下真相，因为事实最能说明问题，于是就带着自己的心腹在许多要员的陪同下朝水井走去，另外还有不少看热闹的人也尾随着一起去了。伏童奥按照市长的命令下了井，在水里摸到了他自己丢下井的那只羊。这时他放大嗓门，煞有介事地喊来主人的妻子，对她说："老板娘，请告诉我，你的丈夫头上有犄角[1]吗？我摸到一个头上长着又长又粗的犄角的东西。这会不会是你丈夫？"女人羞得慌了手脚，一声不响。围观的人迫不及待地想要看看究竟是怎么回事。最后井里的东西打捞上来了。人们一看，原来是一头公羊，人们又跺脚又拍手，差点没笑破肚皮。市长一看是这么回事，便认为伏童奥说得有道理，判他无罪，把他放了。从此以后，谁也没再去追究老板的下落，老板娘被人家看作是一个背叛丈夫的不贞女人。

听故事的青年和小姐们听到从井里打捞出来的是只公羊时，都笑得前仰后合，特别是讲到那个连一句话也说不出的女人时笑得更厉害。不过由于时间关系，还有许多人要讲故事，于是维罗尼卡没等主席吩咐，便说了个谜语，让大伙猜：

白根藏地下，
外伸绿尾巴。
刚来人世间，
满头已白发。
达官嫌我臭，
贵人厌我丑，
只有老百姓，
与我做朋友。

①指妻子不贞，相当于我们所说的"戴绿帽子"。

人们很喜欢维罗尼卡小姐讲的这个谜语，虽然大家都知道谜底，但谁也不愿意抢破谜的头功，要维罗尼卡自己来解。维罗尼卡见大家都不说话，便说道："在你们中间我可算是最没知识，最微不足道的人了。尽管我十分愚钝，你们诸位懂得的比我多，我还是要解释一下这个谜语。我这个粗陋的谜语讲的是葱头。它的白色根头埋在土里，那青绿色的尾巴可以吃，但那是普通百姓的食物，不是老爷们吃的东西。"谜语讲完之后，主席吩咐贝纳多·卡别洛先生讲故事，不过要他讲得简短一些，因为夜色已深。卡别洛先生中断自己的沉思，开始讲下面一个故事。

《趣事集》节选

吉罗拉莫·帕拉鲍斯科

第三个故事

有一个僧人爱上了一位贵族女子，向她求爱。这个女子把这事告诉丈夫。丈夫想要好好教训一下这个僧人，但僧人极力为自己辩护，保住了面子。

在托斯卡纳的阿雷措市，有一个装着木头假腿的僧人，名叫斯特法诺，因为他能说会道，善于传布教义，人们都称他为斯特法诺大师。他本是曼图亚人，因为很早就在阿雷措居住，所以许多人，说得准确些是所有的人，都当他是阿雷措人。他有三十七八岁年纪，长得十分英俊，很健谈，喜欢拈花惹草。他这种人（我是说和这个僧人一样的坏蛋）专门揭发人家的滔天大罪，但毫无慈悲宽容之心。他们成天在教堂讲坛上以及所到之处拼命叫喊，说什么觊觎人家的妻女是犯罪，什么要尽量为教堂捐献。他们说这些话，是为了让那些轻信的人们引狼入室，向他们这些圣洁的穷光蛋奉献自己的田产、房舍，各种财物，即使断绝儿孙们的生计也在所不惜，甚至牺牲亲生骨肉。而这些家伙却对为他们做出奉献的人们的愚蠢行为拍手叫好，欢呼自己的胜利；受辱的母亲越来越多，私生子不断增加；他们肆无忌惮，很少想到他们是耶稣的信徒，很少想到人生在世，不光是要填饱肚皮；他们不停地要吃要喝，贪得无厌。当他们为那些以非法手段取得不义之财而又行将归天的人举行圣餐礼时，一再劝说这些人把不义之财捐献给他们，无需归还原主，因为只有这样，这些人的有罪的灵魂才得以平安。但事情到此并未结束！我敢说，他们从未对谁施过爱心：他们不想听取人家的忏悔，除非有钱可拿；就连上帝的仁慈和基督的血他们也要待价而沽。

哎，你们无疑就是这样的仇世者，所以你们无需爱我们，这是明摆着的！你们筑起高高的围墙，想遮住我们的眼睛，但是谁都知道你们彼此之间要弄阴谋诡计，相互倾轧陷害，干出我们无法想象的最卑鄙、最无耻的勾当。你们虽然云游四方，但没有人愿和你们做朋友。你们会去爱你们的父母、亲人么？我看不会。你们有的身披袈裟，有的穿着法衣，你们这样做不只是因为别有用心，还因为你们贪心不足，仇恨亲人，不愿意和亲人一起生活。既然你们想要加害我们，不择手段地侮辱我们，那你们还能说你们和别人一样爱人，以慈悲为怀吗？因此，你们别指望我们对你们客客气气，因为你们不配。不仅如此，我们还将对你们天天所干或准备干的勾当加倍给以惩罚。不过，我这里所说的一直是我认识的那几个坏蛋（我能相信的人没有几个），不妨让这几个家伙向早期的神父学一点仁慈、善良与虔诚。早期的神父的榜样完全可以说明：如果他们活到今天，一定会是另外一套规矩和做法，与你们现在搞的那一套完全不同。

我们这位斯特法诺大师在这群人中是一个头顶生疮、脚底流脓的坏蛋。他看上了一位出身高贵的美妇人，名叫艾米利娅，是一个名叫治罗拉莫·戴勃伦达里的青年的妻子。这位高贵的夫人没料到她一向认为十分圣洁的这样一个人竟会起这样的念头。她一向殷勤热情地在家里接待斯特法诺，丈夫对他也十分敬重，再说他早就是艾米利娅的忏悔牧师，一年之中她起码要去找他做两次忏悔。

有一天，这个放荡不羁的家伙再也按捺不住欲火，决心要对艾米利娅表白。不过他又觉得无须操之过急，因为狂欢节已到，节后她总要来找他做忏悔。为了不露破绽，他决定不在她家，而是另找一个地方，与她成就好事，在那里既不会有生命危险，又能保住面子。

狂欢节过了八天之后，艾米利娅果然来到斯特法诺安身布道的教堂找他忏悔。斯特法诺等待已久，连忙把她领到远处一间阴暗的房子里，立即向她提问题。对于重大的罪过他一带而过，但对肉欲方面的过失却一再盘问，反复提问题（这是许多神父热衷的话题）。他们不是引导人们走正路，却以这种猥亵不堪的无耻言谈引诱人们堕落，加深人们的罪孽。他们毫无顾忌，对任何人都肆无忌惮地提这类下流问题。

斯特法诺一面高谈阔论肉欲的罪孽（这是他喜爱的话题，此刻这个话题更使他心旌摇荡），一面伺机向艾米利娅表白爱情。他深深叹了口气，说：

“夫人，只有上帝知道我是多么犹豫：在你忏悔之后是否应该宽恕你的罪过，因为我觉得你在提到肉欲方面的罪孽时，把自己说得十分纯洁、谨慎。”

“这是什么话，我的神父？！”艾米利娅大声说，“守身如玉，忠于丈夫难道是罪孽？”

斯特法诺回答说：

“我不相信像你这样一个如花似玉的美人儿就没有一大串紧追不放、使你不得不让步的情人。我总以为你是怕难为情，所以不把心里话全部告诉我，怕我（真了不起！）告诉尊夫，或者怕我不宽恕你的罪，因为如果你有所隐瞒的话，你是得不到宽恕的。你只管直说，不要害羞，也不要怕；我可以保证，你不仅听不到我对你的责备与训斥，而且还可以听到我的赞扬与支持。这是因为我认为一个人的爱情视而不见，会置人于死地，这才是一种不赦之罪，因为他的爱情抵得上千百条性命，只是由于天意，他才过着不起眼的生活。如果人们互通有无、有福共享的话，就不会这样了。”

艾米利娅是个聪明有心眼的女人，她听出神父话里有话，惊骇不已。她暗暗打定主意再和他斗下去，于是便装出一副天真无邪、若无其事的样子，继续和他谈，让他把心里话都倒出来。所以她嫣然一笑，说：

“我的神父，人家都说我是个贞洁正派的女人，难道你不这样认为吗？”

“正好相反，”神父回答说，“我认为你既贞洁又正派，不过你自己不愿意对此加以证明，因为真正的贞洁并不要以痛苦与置人于死地的办法来保持。”

“天主在上！”艾米利娅说，“照你说，我把谁置于死地啦？从来没有人用眼睛向我传送过爱情。”

“不论谁，只要看你一眼，他的魂就会被你勾去。”神父说，“我自己（请原谅我斗胆！）打从见到你之后，就日夜思念你的美貌，日夜祈求爱神赐给我向你表示爱恋的机会（即使为此付出性命也在所不惜！）。如果我的时运不济，白白惹你讨厌，那就请你对我大发慈悲，责怪你自己的美丽与温柔吧；正是你的美丽和温柔才弄得我无法再活下去，因为你不肯帮助我；如果你再迟疑不决，那就为时已晚——我就要不久于人世了。”

这番话在正正派派的艾米利娅听来十分刺耳，更何况她的丈夫对神父也一向敬重；她决心好好把神父教训一番。她说，神父所说的爱情和她的美貌全是无稽之谈，说完，她就走开了。虽然她既没有做什么手势也没再说什么，免得神父想入非非，但神父依然觉得大有希望，艾米利娅回到家，把这事前前后后都告诉了丈夫，不过她要丈夫起誓，对神父先不要采取严厉的报复措施，以后不再邀他上门就是了，因为神父实在太不规矩。她丈夫治罗拉莫看出这个坏蛋的企图，决定戏耍他一下，虽然不会加害于他，不过可以让他来个无脸见人。因此治罗拉莫要妻子想个办法叫神父来找她过夜，然后由治罗拉莫来收拾他。艾米利娅表示同意。为了不使神父生疑，等了两三天，然后艾米利娅派侍女给神父送去两样小礼物：一小瓶护肤香波和一束用绿褐两色丝带扎好的鲜花。这种东西一般都是情妇送给情郎的。好色的神父欣然收下，但没派人回赠礼物，接着艾米利娅又送了一次。这一来神父觉得大功告成，决定星期六（他正好有空）去拜访艾米利娅，同她成就好事。到了那天，也就是圣拉撒路复活日前夕，神父甩下徒弟，前往艾米利娅家中。正好她丈夫不在家，神父喜不自胜。他心花怒放，登上楼，对艾米利娅说他来看望她。艾米利娅表示欢迎，招待他吃饱喝足，谈了一会儿话之后，神父便向她倾诉相思之苦，向她求欢。艾米利娅依照丈夫的吩咐，回答道：

"我的神父，我一向认为背叛丈夫是犯罪，不过你既然说这并不算什么罪孽，而且你又十分爱我，所以我决定答应你的要求，不过你一定要严守秘密。请不要以为我说这些话是拖延时间。明天是圣拉撒路复活日，如果你不传道的话，请你今晚五六点钟来我家，我自己替你开门，因为我丈夫晚上要去庄园，其他的人也都睡了。"

神父正求之不得。此时，他已开始觉得度时如年，便说道：

"夫人，我完全听从你的摆布，至于布道的事你可不必担心，因为今夜与你相会，我一定会力量倍增；明天布道，必然会使大家满意。我希望明天天一亮你就让我离去，免得被人看到，我终究不是你的丈夫。"

他们商定夜间会面，然后，神父起身告辞，去找另外一个女人替他用香膏抹身，以驱除他身上那股死牲口的气味。

艾米利娅把这一切都告诉了丈夫，丈夫又叮嘱了她几句，然后就去一个朋友家吃晚饭。

到了约定的时间，神父已经在艾米利娅家门口了。她开了门，让神父进了屋，把他领到楼上她和丈夫睡觉的房间。进了房间，艾米利娅先叫神父把衣服脱掉，接着推说有点事要安排一下，便走出了房间,神父连吻都没来得及吻她一下。正当神父身上脱得只剩下一件内衣时,早已守候在门口的治罗拉莫和他的朋友(就是和他一起吃饭并且已经了解内情的那位朋友)拼命敲起门来。艾米利娅假装吓得要命,马上奔到阳台上问:

“谁呀?”

治罗拉莫说是她丈夫,叫她开门。艾米利娅装做吓得魂不附体的样子,跑进房间,对吓得半死的神父说:

“我的神父,我们完蛋啦!简直搞不懂是怎么回事。我只当丈夫在十英里之外,没料到他现在在下面敲门。我没有办法可想,求你在这个木箱子里躲一躲(她指着一个大木箱说),在里面坐一会儿,然后我再另想办法。你的衣服我另外藏个地方。天主在上,现在你的命比我自己的命更重要。”

这个倒霉的神父走投无路,只好照办。这时仆人醒了,给主人开了门。治罗拉莫说他和朋友刚一出阿雷措,就碰上了强盗,只好往回走。到了城门口,求士兵开城门求了三个钟头,还付了一个斯库多的税。然后,他吩咐下人收拾隔壁一间屋让朋友安歇,自己躺在老婆旁边;他只装不知神父被锁在箱子里,把老婆紧紧抱在怀里,同她欢叙了整整一夜。

第二天上午,神父平时在里面胡诌乱扯的那个教堂里钟声大作,召唤教民们来做礼拜。治罗拉莫和他的朋友把木箱放到两个身强力壮的小伙子(他们头一天晚上就守候在房子里)肩上,叫他们抬到教堂去,自己在前面开路。到了教堂,治罗拉莫吩咐把箱子放在最显眼的地方,并要两个小伙子告诉大家,是神父要他们等一下再开箱子。两个小伙子一一照办。聚在教堂里的人不知道是怎么回事，说什么的都有。

人们听到钟声响个不停，但台上就是不见人影。这时，突然走出一个年轻人说：

“我们的神父怎么还不来呀，那就让我们看看他叫他们抬来的箱子里装的是什么吧。”

他说完，便在众目睽睽之下打开了箱盖，往里一看，只见神父光穿着一件内衣躺在箱子底。脸色像死人一般。神父见他已被发现，只好硬着头皮，在惊诧万分的人们面前站起来。他记起今天是圣拉撒路复活日，便说道：

“我的虔诚的教民们，我对你们看到我躺在这只箱子里被抬到这里所表现的惊讶并不觉得奇怪。你们知道今天是我们的教堂庆祝主创造伟大奇迹的日子。主使死了四天的拉撒路复活[①]。我也想仿效拉撒路的模样，让你们看一看死去的拉撒路，好使你们在看到我躺在这只箱子里时更了解人生的短暂，使你们在看到我只穿着一件内衣时懂得在那个世界里我们可以一无所求。如果你们能好好思考一下你们眼前的一切，你们可能会大大改变你们的生活。你们是否相信从昨天到现在，我已经像圣拉撒路那样死过千次，又复活过千次，因为我认识了自己的渺小。你们可以不相信，但这是事实！你们不要忘记，每一个活着的人都会死去；还是去找能使你们复活的人吧。不过你们在世的时候，就已经因为纵欲、贪财、高利贷等罪孽而死去，这些罪孽都是你们灵魂的最主要敌人——好色——强加给你们的。所以最重要的是不能觊觎别人的妻子：主对那些和别人的妻子通奸的人绝不宽贷。”

①故事见《新约全书》中的《约翰福音》，第11章。

我们这位好神父就用这一类的训诫结束了他的布道讲演。所有的阿雷措市民,特别是来看事情如何收场的治罗拉莫和他的朋友,对神父随机应变的本领佩服得五体投地。他们指出了神父那令人吃惊的机智与狡猾,对他的布道讲演大笑不已,特别当神父规劝人们别去动人家老婆的脑筋时更是如此。因此,治罗拉莫对他所采取的报复措施已经感到心满意足,从那以后,他不让这位神父以及类似这位神父的骗子再进他的家门。

《开心解闷》节选

什皮奥涅·巴尔加里伊

第五个故事

一位名叫拉维涅拉的姑娘生得聪明伶俐，俏丽动人。她看中一个绰号叫里查多的英俊青年，爱上了他。她通过一种非同一般的方式达到了爱情的顶峰，但里查多始终不知道这位姑娘是谁。

亲爱的小姐和先生们，想来你们一定知道，在我们这个近年来风气变得比过去更骄奢淫逸的城市里，有一位出身名门的姑娘，她生来聪明伶俐，艳丽可爱，可以说是个少见的美人儿，名叫拉维涅拉。她已经是个快要十八周岁的姑娘了，但是那些应当为她操心的人，却不知为什么一点不考虑她的婚姻大事。因此，姑娘在旺盛的青春活力或者说在果敢的性格（这种性格在她身上表现得越来越明显）的作用下，不像许多与她同龄的姑娘那样成天待在闺房里养花喂鸟，给洋娃娃打扮和唱赞美诗，而是每天倚坐在窗口旁眺望圣奥古斯金教堂大门旁的大街。透过百叶窗，她仔细打量每一个过路人，这使她感到一种极大的快乐。但是从外面看她，却看不清楚，因为你们知道，按照已经成为法规的习惯(依我看这是值得赞扬的)，待嫁的除了近亲之外，不能被任何人看到，直到出嫁。

拉维涅拉平时是每天傍晚——过节时则是一整天——这样倚窗而坐，把锡耶纳大部分外出散步或跟随某一位达官显贵骑马而过的年轻小伙子都看个一清二楚。有一个端正英俊的青年曾多次映入她的眼帘。在姑娘看来，他俊秀的容貌、优雅的举止和高贵的气度都大大胜过所有在她窗下走过或策马而过的青年。这位青年因为头发又浓又鬈，被人称为里查多[①]，他的真名叫潘多伏，也是名门出身，至于详细情况我就不想在这里多说了。拉维涅拉见了这个青年几次之后，就像干柴碰到火星一样，爱情之火一下子烧了起来；这火将她内烧外烤，毫不留情，弄得她无论是内心或是躯体都无法安宁。她朝思暮想的就是这位意中人，经常放下手中的活计，跑到半开的窗口旁，等待着她的里查多；不知为什么她对这个年轻人竟突然产生了一种强烈的嫉妒之心。因此，每当见到他时，她总觉得胸中燃起特别炽烈的爱情的火焰，可是见不到他时(这种情况自然更多)，她便狠命地咒骂自己，埋怨爱神，埋怨自己的命运，甚至埋怨里查多，认为他卑贱，不懂礼貌。可是等她经过冷静思考，心情平静下来之后，她觉得用不着责骂自己，因为她爱上的是一个完全配她爱的人；也没有任何理由责备里查多，因为他还蒙在鼓里，不过她对自己的命运和爱神的怨

①意大利语，意为“头发鬈曲的”。

恨之情却与时俱增。因此这个害单相思的少女不久就产生了一个大胆的念头,不再拘泥于行为要检点的观念,想方设法满足自己的心愿。她想起了几个年轻小姐,她们每天都想做或正在做这种事;其中有几个人的想法更为大胆,几乎为世俗所不容,但她们毫不退缩,一定要达到目的方肯罢休。这些人就是她学习的榜样。拉维涅拉还觉得,对一个正在爱恋的人来说,是不存在困难的。但她刚想到这里,头脑中(她还能理智地思考)立即产生了另外几个相反的念头:她在这荒唐的无法控制的情欲摆布下想去干的事,实在太严重了,一旦这个想法得以实现,她一定会招致有损自己名声和玷污门风的巨大危险,而且以后也可能因此而受到无法弥补的损失。

拉维涅拉觉得这些念头很有道理,因为她想起了几个女人的例子。这几个女人由于完全听从无法遏制的欲念的摆布,竟把自己完全葬送了。

拉维涅拉觉得这样想还是对的,她几乎把她战战兢兢提出的那些理由完全压了下去。不过她的认识终究还不十分牢固,心里总还抛不下前面讲的那些理由,因为她感到这些理由很充分。因此姑娘心里又起了波澜。强烈的情欲想要取得斗争的胜利,爱神也在怂恿拉维涅拉听从情欲的支配,把她由于怕遭人非议损害自己名声而产生的各种顾虑抛到一边。因此,她怀着犹豫彷徨的痛苦心情对自己说:“唉,拉维涅拉,你的处境太可怜了,比任何一个恋人的处境都糟,都更令人难以忍受。有的人和你一样也受着爱情的折磨,但当她们向心上人吐露心曲之后,多少会减轻一点痛苦。但这种轻松感你并没有,而且也不可能有,因为你无法向你的意中人一吐衷情。按照爱情的规律来说,他完全应该替你驱除相思之苦。可是这种事你连想都无法想,因为你既然不想对他倾诉心事,也就等于亲手(啊,这真是太可怕了!)扼杀自己的希望。你再想想吧:或者让你的炽烈的愿望听从理智的支配,或者(这样更好)发展成为疯狂的激情。如果你的愿望是合理的,那你就毫不迟疑地把心事告诉你的聪明谦逊的里查多,并求得他的宽恕;如果你的愿望完全违反理智,那你对里查多就一个字都别提,服从理智,想想那几个使你伤心的先例,把这个愿望从心中连根拔除。

"也许,不论你那炽烈的热情的实质如何,你是不达目的誓不罢休的。如果真是这样的话,那为什么不去找那个唯有他才能使你称心如意的人呢?你是不是胆小,不敢去,怕暴露你身上燃烧着的烈火?不过你要知道,如果你这样想的话,你就永远不会把这熊熊的烈火扑灭,不仅如此,它还会烧得更猛烈。所以你还是去一吐衷肠吧,向他请求,向他哀求,要是这还不起作用,你就再添上泪水和叹息。也许你觉得说不出口,不好意思亲自去?那你就写信,或者是让人家写,找人替你送去。

"我真不幸啊!我很清楚我需要什么,而且也清楚该怎么办。可是我在爱神的驱使下,只要心里一冲动,名誉马上就拉我回头。我又想又不想同时体验上千种不同的感情冲动,但又不愿把这些感受告诉任何人,也不想让人家了解这一点。即便里查多有洞察别人心思的本领,但他不认识我,又怎么能施展他的本领?因此,我既然不能靠人家的仁慈和自己的坦率来取得我孜孜以求的东西,那我何不采取欺骗的办法?欺骗,同高贵的心灵是格格不入的，不过我既然觉得在我身上起作用的是不同于理智法则的情欲法则，那又有什么办法？”

这位涉世不深的姑娘陷入了爱的漩涡之中，她像一条没有舵手的小船被狂风卷入了茫茫大海。爱神与名誉都拼命向她施加压力，她怎么也拿不定主意听从哪一方。最后，心潮汹涌的拉维涅拉的脑海里终于闪现出一个想法，就像乌云中的闪电。她觉得如果照这个想法去办，就可以把载有那两个使她痛苦难熬的愿望的小船驶进风平浪静的港口，使这两个愿望都能实现，不会有任何损失。

现在让我把她的打算告诉你们。

那时和现在一样，经常举行狂欢集会，我们那个地方到处都有热闹的节日活动和欢乐的游园会。至于在这些活动中人们多么自由随便，白天黑夜他们又是如何纵情欢乐，在肉食期最后三天人们欢乐的花样何等繁多：行乐、玩耍、狂欢——我就用不着说了。在这几天里，锡耶纳的大街上到处是戴着面罩的男男女女，到了夜里人一点也不见少，可能还要多一些，因为白天看不到的人会在夜里露面。拉维涅拉决定抓住狂欢时人们恣情嬉戏的机会。星期二晚上（星期二是狂欢节最后一天，也可以说是人们最忘情最快乐的一天）吃过晚饭，拉维涅拉对谁也没说，瞒着家里，用面罩罩住她那可爱的面容（虽然她和所有的大家闺秀一样，家里人都尽心照料），溜出家门，上了大街。她孤身一人（只有爱神陪着她），急忙朝里查多住的波斯特列尔广场走去。在那里她等候里查多，要和他一同去玩耍——这是年轻人当中的风习。她没等多久，就看到里查多和现在的人一样，举着一盏灯从门口出来。拉维涅拉连忙朝他走去。这时，她的心几乎快要跳出来了；她鼓足勇气，走到里查多跟前，也不摘面罩，温柔而又嗔怨地说：

“亲爱的小伙子，请行个好，借一借你的火，我的灯灭了。”

里查多懂得，对任何一位行人都应该以礼相待，不仅应该借火，如果行人迷了路，还应该为他指路。因此他回答说，他非常乐意帮助她。他走到拉维涅拉面前，把她从头到脚打量了好几次，因为他很想知道，在这深更半夜碰到的是什么人（他很谨慎）。他看到这个女子戴的面罩很薄，也很讲究，猜想她一定十分美丽，甚至已经想象出面罩下那可爱的面容。这时他头脑中浮现出他的朋友夜间艳遇的情景。促使他想起这一情景的，是她那温柔嗔怨的声音、面罩下那双宛如明星闪烁的眼睛和一声声短促热切的叹息。里查多很想知道面罩下的这个姑娘是谁，因为他已经听出这是一位出身高贵的小姐，便又仔细打量了一番。不过要知道她是谁倒也不难：他看到她的手由于紧张而颤抖，怎么也不能把灯点着，也许是因为灯芯受潮或是别的什么原因。这时里查多已经不再犹豫，决心抓住这个意外的时机。为了摸清陌生姑娘的想法，他很客气地问她愿意不愿意同他在一起，问她这么晚而且又是单身一人要往哪里去。拉维涅拉听了意中人的话，正求之不得，马上回答说：

“先生，如果你不怕麻烦的话，我十分愿意和你在一起。有你的保护，虽然这么晚了，我也不害怕；你去哪里，我也跟你去哪里。不过要答应我一个条件：你首先要做一个高尚的保证，决不破坏我的贞洁，也不要问我是什么人，叫什么名字，除非我自己想告诉你。”

用这样的保证来束缚里查多的手脚并不费事，于是他俩便欢欢喜喜地去逛大街，碰到街上有什么好玩的和开心的活动，他们又是看又是听。过了不久，里查多问她想到哪里度过这个狂欢之夜，要她照实说，不要瞒他，他保证从命。拉维涅拉回答说，里查多认为走哪条路最好，就走哪条路，里查多愿意去哪里，就去哪里。至于她自己，只要里查多和她在一起不觉得腻烦，就跟着他走，到什么地方都行；只要里查多觉得开心，她也会感到高兴。

里查多看她这样，便断定姑娘对他有意，想得到他的爱情。因此，他不假思索，顺着最近的一条路把姑娘带回家，走进楼下一间华丽的客厅。客厅里很快就摆下了一桌精致丰盛的甘食美酒。里查多以为这样可以劝姑娘摘下面罩，看看她究竟是怎么样的一个人。他们还在逛大街时，里查多就一再想这样做，但都未成功。所以现在他又在劝姑娘吃点东西，尝尝桌上那些甘美的点心。他一而再，再而三得请姑娘吃，要她赏光，不要嫌弃。最后，拉维涅拉终于对这个有权对她发号施令甚至对她恩威兼施的人让了步。

“请把这些灯全部拿走。”她说，“我不能再固执己见，拒绝你的美意，否则就太不礼貌了；我想要你知道，对你所做的一切我都感到十分珍贵，我的心和我的意志愿意听从你一切诚心诚意、光明正大的吩咐。”

尽管她这种突如其来的要求很容易引起他的注意，但他毅然抛开心头的疑虑，还是像以前那样照她的要求去做。里查多吩咐把屋里的灯都拿走，于是他和陌生的姑娘坐在黑暗之中。拉维涅拉立即摘下面罩，极口称赞桌上的食物，虽然她没怎么碰这些东西;她渴求的显然是另外一种更甘美更开胃的食品。

两个年轻人在黑暗中坐了一会儿工夫,互相开玩笑,用双关语互相逗乐。后来里查多想起有人说女人在黑暗中和亮光下的情绪完全不同,他想检验一下这种说法是真是假。于是他便挪到姑娘身旁,柔情脉脉地握着她的手,要同她成欢。开始姑娘极力挣扎反抗,不过倒并没有执意相拒的意思。因此,里查多没花多少时间便取得了胜利。后来他们的战场转到了软绵绵的床上。拉维涅拉在床上仍然不肯把她的姓名告诉情人,但她用温暖香柔的话语向里查多倾诉了她长期以来的相思之苦,她是为了让里查多体验她火一般的爱情,同时也要让自己的爱火稍稍降点温才决定同他见面的。总之,她把心里话都告诉了里查多。

不过,我用不着再去讲述拉维涅拉所说的她怎样爱上里查多,怎样看到里查多在她住的那条街上走过,怎样打听到他的为人,又怎样多次在城里和城外和他相逢。里查多听着这位陌生小姐的讲述,不禁感到困惑不解。他本来以为现在这位陌生小姐不会像刚才那样,因为某些特殊的想法——多半是女孩儿家的任性,才不肯显露她的真面目。现在只要把灯拿来,就可以不费口舌,看清她的本相。但里查多大失所望:她又戴上了面罩。里查多快快不乐,不过并没有显露出来,仍然微笑着,那副样子,只当是她与他开玩笑:她虽然让里查多享受了她的玉体之美,却不给他品尝一睹芳容的快乐。里查多费尽口舌,要她向已经不仅是口头上,而且实际上领略了她的爱情的人展露芳容,但这些话毫不起作用。小姐振振有词地把他的理由全驳倒了。于是里查多决定加重劝说的分量,除了动嘴之外,还用手配合行动:他觉得想方设法一睹与他共度良宵的小姐的芳容，是无可非议的。但是拉维涅拉小姐又是用手挡，又是用指甲划，竟把里查多推开了，同时还提醒他曾发过誓，保证既不欺侮她，也不惹她生气。她还说，如果里查多还不肯罢休，一定要费尽心机看她的面容，那就会有使她出丑的危险，她的名誉将会受到不可弥补的损失。为了打消里查多硬摘她面罩的念头，她答应，如果里查多放她离去，不强迫她说出姓名，那么他在两个小时之内就可以知道她是谁。里查多听了，觉得十分奇怪。他想：在他家里她都不肯吐露真情，怎么可能在两个小时后再满足他的要求。不过他也无计可施，想来想去，觉得硬叫她说出名字与地位不大合适，因为她对他一直百依百顺。最后里查多决心让步，不再勉强她。

那天晚上，在卡扎托街区正举行盛大的舞会，全城的名门仕女都应邀参加。拉维涅拉要里查多陪她去。到了那里，拉维涅拉在门口停下来，对他说：

"我亲爱的，我要一个人进去，你别拦我。你可以晚一点进来。上楼之后，你到女士们玩乐的大厅去，在那里请你注意一个咬自己头巾角的女子。她就是那个曾经躺在你的怀里，把心灵和躯体都奉献给你而感到极大欢乐的陌生女子。"

里查多很顺从，完全照陌生小姐的话去办，一点没想到她会设什么圈套，牢记她说的话。等到她说的时候一到，她自己早已消失在人群中时，里查多走进了贵妇人们正在兴高采烈说笑嬉戏的房间，开始仔细审视她们每个人的脸，想根据陌生小姐说的特征寻找同他共度良宵的姑娘。可是一个个看下来，竟没有发现有人咬自己的头巾角，也没有谁的衣服颜色同那位陌生小姐穿的衣服相同。他从男宾的交谈中得知那天没人戴面罩，这时里查多才明白是怎么回事。他以为（事实上也是如此）这位陌生小姐让他在门口等是哄骗他，她趁这个机会从另一扇门溜走了，连楼也没上，更谈不上进什么房间了。原来这幢房子除了卡扎托街上的正门之外，还有一扇便门，出了门，就可以直接到圣克罗切教堂。拉维涅拉就从这扇门跑回家，把里查多丢下不管了。里查多本来还不大相信，等他下了楼，找到那扇没上锁的门时，才相信自己的猜测完全正确。

里查多就这样失去了他所期待的欢乐，这欢乐本可以弥补过去这一夜的所有不快。拉维涅拉既了却了她热烈的愿望，同时又满足了她突然燃起的情欲，而充当这一工具的青年却始终不知道他给谁带来了快乐。拉维涅拉感到十分高兴，因为她确信她的名誉保住了，未被玷污。她同许多人一样都认为，一个人的名誉完全是被邻人所掌握的传闻与看法毁坏的。正因如此，她才觉得，她既保住了羊群，又喂饱了狼，也就是说，她以最令人满意的方式将爱情和名誉成功地结合在一起。